Die Hölle bist Du

D1670404

Dieses Buch widme ich meinem Vater und meiner Schwester,
die mich aus dieser Hölle herausholten.

Katrin Brinker

Die Hölle bist Du

Vom Leben mit einem Psychopathen

© 2004 Katrin Brinker

Satz, Umschlagdesign, Herstellung und Verlag:
Books on Demand GmbH, Norderstedt

ISBN 3-8334-0738-7

Vorwort

Es ist faszinierend zu beobachten, wie das Gehirn in kleinen Schritten seinen abgelagerten Müll hinauswirft. Immer, wenn man glaubt, es gehe einem wieder gut, erleidet man ein erneutes Gefühlstief. Die Wut- und Angstanfälle kehren zurück und es treten wieder Durchschlafstörungen auf. Dadurch wird man zum Nachdenken angeregt und man kann das nächste „Sorgenpäckchen" öffnen, das das Unterbewusstsein ausgeworfen hat. Auf diese Art kann man nach und nach seinen Müll entsorgen. Dabei ist es äußerst wichtig, mit jemandem darüber reden zu können, auch wenn man die Geschichte hundertmal erzählen muss. Mit jedem Erzählen lässt der Schmerz ein wenig nach.

Dabei „achtet" das Unterbewusstsein darauf, dass die Seele immer wieder Erholungsphasen bekommt, in denen es einem gut geht, bevor das nächste „Sorgenpäckchen" ausgespuckt wird.

Dieses Buch schreibe ich, um mein persönliches seelisches Trauma zu verarbeiten.

Vielleicht kann das, was ich erlebt habe, aber auch für andere Menschen in ähnlicher Situation eine Warnung sein.

Man kennt die Geschichten aus Rundfunk und Fernsehen. Ein Familienvater hat seine gesamte Familie und sich selbst ausgelöscht. Nachbarn und Freunde waren schockiert. Nie hätten sie gedacht, dass ein solches Drama in einer so harmonischen Familie stattfinden könne. Auch ich hätte nicht geglaubt, dass es mir widerfahren könne. Doch nun habe ich am eigenen Leib erfahren, was in einer solchen Familie vorgehen kann, die im sozialen Mittelpunkt einer Gemeinde steht, wohlhabend und angesehen.

Es fängt ganz harmlos mit alltäglichen Eheproblemen an, die aber dann zu einem schleichenden Verlust der Würde führen. Immer, wenn ich mir in einem Bereich meine Würde zurückerobert hatte, suchte mein Mann nach einem anderen Weg, mein Selbstwertgefühl zu zerstören. Seines stieg in dem Maße, in dem meines sank. Schließlich konnte ich ihn nicht mehr lieben. Er war mir geradezu zuwider. Doch er hatte es geschafft, dass ich die Schuld bei mir suchte. Ich glaubte, ich sei oberflächlich und sein Übergewicht stoße mich ab. Endlich beschloss ich, ihn zu verlassen. Doch dies konnte mein Mann nicht verkraften und drohte massiv mit Selbstmord. Trotz Eheberatung verschlimmerte sich sein Zustand, so dass er mir damit drohte, mich so fertig zu machen, dass ich auch an Selbstmord denken würde. Des Weiteren hörte ich von einer Freundin, dass er plante, mich entmündigen zu lassen. Nun bekam ich eine Wahnsinnsangst vor meinem Mann und floh mit den Kindern Hals über Kopf, wobei meine Schwester und mein Vater mir halfen.

Durch einen Meineid erwirkte mein Mann einen richterlichen Beschluss, mit dem er mir die Kinder mit Polizeigewalt wegnehmen wollte. Dies gelang ihm Gott sei Dank wegen des beherzten Eingreifens einer Mitarbeiterin des Jugendamts nicht.

So hat sich mein Mann am nächsten Tag allein im Keller erschossen. Die Kriminalpolizei geht davon aus, dass ein erweiterter Suizid, d.h. die Auslöschung seiner Familie, geplant war.

Im Nachhinein habe ich gehört, wie viel Vorarbeit mein Mann in seinen „finalen" Plan gesteckt hat. Er hatte sich schon Reserveschlüssel für den Waffenschrank beiseite gelegt, denn ich hatte ihm die Schlüssel vor meiner Flucht abnehmen lassen. Auch hatte er sich, kurz bevor er die Kinder holen kam, die Folie besorgt, mit der er den Keller wegen der Blutspritzer auskleiden wollte. Außerdem hatte er schon diverses Eigentum verschenkt und versucht, auch noch andere Gegenstände loszuwerden. Unseren VW-Bus wollte er ebenfalls verkaufen, da er keine Verwendung mehr dafür habe, wie mir später sein Freund erklärte.

Diese Fakten machen deutlich, dass er mit seinem Leben abgeschlossen hatte und mich nur noch zerstören wollte, indem er mir das Liebste nahm, nämlich meine und seine leiblichen Kinder.

Er hat sich einen Plastiksack über den Kopf gezogen, einen Strick um den Hals gelegt und sich dann mit einem großkalibrigen Gewehr in den Mund geschossen. Ich erfuhr dies ein Vierteljahr nach seinem Tod und brach erneut zusammen, weil mich das Grauen packte. Was hätte er mit uns angestellt, wenn er uns in seine Gewalt bekommen hätte?

Aber das Schicksal hatte ein anderes Ende vorgesehen als mein Mann.

Eschenhagen, den 22.10.2002

Es ist ein grauer, trister Herbsttag. Günter Brinker stapft mit hängenden Schultern die Auffahrt zu seinem Haus hinauf. Ein stämmiger, blonder Mann mit ausgeprägtem Doppelkinn, ein Wikinger mit neuzeitlicher Kleidung. Er hat gerade seinen Laden aufgeschlossen und kehrt nun nach Hause zurück, um die letzten Momente seines Lebens zu verbringen. Er schließt die Haustür auf und wird von seinem Jagdhund Max schwanzwedelnd begrüßt. Doch er schiebt ihn beiseite, geht hoch zum Waffenschrank und nimmt sein großkalibriges Gewehr heraus. Überschwänglich springt der Hund an ihm hoch, weil er glaubt, es gehe zur Jagd. Aber sein Herrchen geht die Kellertreppe hinunter und zieht die Tür hinter sich zu, der Hund bleibt einsam zurück. Da erschallt ein lauter Knall. Draußen flattern erschreckt die Dohlen von ihren Ruheplätzen aus den Bäumen auf und die Luft ist erfüllt von ihrem Flügelschlag. Dann ist alles still. Die Welt hält den Atem an. Schließlich erklingt ein herzzerreißendes Jaulen, das irgendwann im Heulen der Sirenen untergeht.

Ahlborn, den 31.10.2002

Es klingelt an der Tür. Auf Krücken gehe ich öffnen. Es ist Frau Thesing vom Jugendamt, eine schlanke Frau mit schulterlangem, brünettem Haar. Sie sieht sich einer ausgemergelten Frau mit tiefen, dunklen Augenringen gegenüber, die nur an Krücken laufen kann, weil sie erst vor kurzem am Fußgelenk operiert wurde. Sie hatte sich einen kompletten Bänderabriss zugezogen. Diese Frau bin ich. Ich bitte Frau Thesing ins Wohnzimmer und biete ihr einen Kaffee an, den sie dankend annimmt.

„Frau Brinker, wie geht es Ihnen?", erkundigt sich Frau Thesing.

„Mir geht es schon besser. Ich habe zwar immer noch Durchschlafstörungen, aber da mein Mann tot ist, brauche ich keine Angst mehr zu haben." Ich lehne mich in den Sessel zurück und nehme einen Schluck Kaffee.

Frau Thesing ergreift das Wort: „Wissen Sie eigentlich, dass die ganze Sache wesentlich schlimmer hätte ausgehen können? Die Kripo hat sich mit unserem Jugendamt in Verbindung gesetzt und hatte noch Fragen zu der Internetgeschichte, die Ihr Mann veröffentlicht hat. Die Kripo geht davon aus, dass es ein erweiterter Selbstmord hätte werden sollen."

Vielleicht glaubt sie ja, dass ich nun entsetzt bin. Doch ich bin eher erleichtert und sage: „Endlich höre ich das mal von offizieller Stelle. Ich habe das von Anfang an befürchtet, deshalb bin ich ja mit den Kindern vor meinem Mann geflohen, aber keiner wollte mir so recht glauben."

„Doch, Frau Brinker, Ihr Mann hatte eine schwere Persönlichkeitsstörung. Was Sie mitgemacht haben müssen! Sie sollten sich unbedingt in psychotherapeutische Behandlung begeben. Da ist so viel, was Sie und Ihre Kinder aufarbeiten müssen."

„Ich habe mich bereits um einen Termin bei der Lebensberatungsstelle Dohren bemüht. Er ist am 28.11."

„Das ist gut! Ihr Mann meinte, er könne Sie damit anschwärzen, dass Sie eine Ehetherapie wünschten und zudem noch eine Psychotherapeutin aufsuchten. Es ist aber vielmehr ein Zeichen von Stärke. Sie hatten erkannt, dass Sie Hilfe brauchten. Er hat das nie gesehen!"

Diese Worte tun mir gut, denn mein Mann hatte mit diesen Äußerungen unsere Bekannten mehr oder weniger davon überzeugt, ich sei überlastet und realitätsfremd.

Darauf antworte ich ihr: „Wissen Sie eigentlich, was mein Mann für eine Kindheit hatte? Meine Schwiegermutter besuchte mich einmal, als die Zwillinge etwa drei Monate alt waren und ich gerade mit ihnen spielte. Sie giggelten und lachten. Darüber erschrak meine Schwiegermutter und erzählte mir, dass man Säuglinge nur wickeln und füttern dürfe und ansonsten in einem dunklen Zimmer aufbewahren müsse. Ich war entsetzt und erklärte ihr, dass das vollkommen falsch sei. Sich mit den Kindern zu beschäftigen und sie fühlen, sehen, hören zu lassen fördere die Intelligenz. Ihr habe aber der Arzt damals solche Anweisungen gegeben, antwortete sie mir. Nun traten ihr Tränen in die Augen und sie erzählte weiter, dass sie immer viel im Laden habe arbeiten müssen und sich ein Kindermädchen um Günter gekümmert habe. Zwischendurch sei sie nach Klein-Günter schauen gegangen und er habe in seinem Laufstall gestanden und ihr seine Ärmchen entgegengereckt. Sie habe ihn so gerne hoch nehmen wollen, aber das

Kindermädchen habe es ihr verboten, da er sonst gleich wieder zu weinen anfange, wenn sie zurück zur Arbeit gehe. – Außerdem hat mir mein Mann einmal erzählt, er sei hauptsächlich in anderen Familien aufgewachsen, weil zu Hause nie jemand da gewesen sei."

Darauf erwidert Frau Thesing: „Solch ein Kindheitstrauma hätte wahrscheinlich gar nicht therapiert werden können, da solche Erlebnisse vor der Erinnerungsschwelle liegen und ihr Mann sie gar nicht im Bewusstsein trägt."

Kurz darauf muss sie wieder aufbrechen, um ihren nächsten Termin wahrzunehmen. Ich bedanke mich noch einmal bei ihr: „Frau Thesing, ich bin Ihnen so dankbar, dass Sie den Polizeieinsatz verhindert haben, bei dem mein Mann mir die Kinder gewaltsam wegnehmen wollte."

„Ja, mir war damals schon ganz seltsam zu Mute, als ich den Gerichtsbescheid auf den Tisch bekam, in dem der Richter so etwas anordnete, ohne die Mutter oder das Jugendamt anzuhören. Von so etwas habe ich noch nie vorher gehört. Und als ich Ihren Mann dann noch erlebt habe, als ich einen Gewalteinsatz ablehnte, hätte ich ihm die Kinder niemals überlassen können. Eher hätte ich sie in meine Obhut genommen. Er hat sogar mich bedroht und behauptet, ich hätte sein Leben zerstört. Dass ich an seinem Tod schuld sein würde, weil ich ihm die Kinder nicht rausgeholt habe."

Ich begleite Frau Thesing zur Tür und kehre anschließend zu meinem Vater zurück ins behagliche Wohnzimmer, wo er ein Feuer im Ofen entzündet hat.

Rückblick

Uelzen, Sommer 1981

Ich war ein hübsches, schlankes, hochgewachsenes Mädchen mit vollen, langen Haaren. Mein Freund und ich, beide 17 Jahre alt, waren Segelflieger und trieben uns im Sommer meistens auf dem Segelflugplatz in Uelzen herum. Dieses Jahr fand ein Fliegerlager statt und Günter, Mitte zwanzig, und ein Freund von ihm nahmen daran teil. Sie kamen eigens aus dem hohen Norden zu uns, um hier bei besserer Thermik fliegen zu können.

Dort bin ich ihm sofort aufgefallen. Ich dagegen habe mich kaum für ihn interessiert. Die beiden suchten jedoch meine Nähe und überredeten meine Clique dazu, schwimmen zu gehen. Sie erzählten, sie hätten beim Fliegen einen tollen See in der Nähe gesehen, der in einem Wald liege. Außerdem fuhren die beiden einen BMW, was auf uns Jugendliche natürlich Eindruck machte. So fuhren mein Freund und ich und noch ein anderer Junge mit den beiden zum Schwimmen. Wir tollten allesamt im Wasser herum, wobei Günter und sein Freund gerne untertauchten, um mich am Bein unter Wasser zu ziehen. Schließlich war ich durchgefroren und beschloss, aus dem Wasser zu gehen. Wir Jugendliche zogen uns an, während die beiden Männer im Wasser blieben. Ich fragte sie, ob sie nicht auch zurück wollten, aber die beiden kicherten und sagten, dass sie noch nicht raus könnten. Also beschlossen wir, zu Fuß zurückzukehren. Mir war schon klar, warum sie nicht aus dem Wasser kommen konnten. Ich stellte mich aber lieber ahnungslos, weil es mir peinlich war.

Diesen Sommer unternahm ich nichts mehr mit den beiden Männern zusammen. Insbesondere deshalb nicht, weil mir Günters Freund erzählte, dass sie morgens aufwachten und nur meinen Namen stöhnten. Es war mir unheimlich, dass sich zwei erwachsene Männer so aufdringlich für mich interessierten, denn ein Lolita-Typ war ich noch nie.

Uelzen, Sommer 1985

Inzwischen studierte ich in Hamburg und kam nur am Wochenende zu meinen Eltern zu Besuch. Bei schönem Wetter ging ich auch zum Fliegen. Diesen Sommer, als Günter erneut unseren Flugplatz besuchte, war ich solo. Kurz zuvor hatte ich eine Beziehung zu einem „Casanova-Typen" beendet, den ich in flagranti mit meiner Mitbewohnerin erwischt hatte. Deswegen suchte ich wohl auch lieber die Nähe zu jemand Soliderem.

Günter umwarb mich und spielte mit mir eine Streitpatience nach der anderen. Dieses Spiel war eine Leidenschaft von mir und ich war beinahe unschlagbar darin. Er verlor ein ums andere Mal und nur selten konnte er ein Spiel für sich entscheiden. Aber das war ihm egal. Hauptsache, er konnte in meiner Nähe sein. So entstanden die ersten zarten Liebesbande.

Seine Aufmerksamkeiten und Komplimente imponierten mir. Er hob mich, symbolisch gesehen, auf ein Podest und himmelte mich an. Ich fühlte mich wertvoll und anerkannt. Welches junge Mädchen würde da nicht dahinschmelzen?

Damals war er auch schon etwas übergewichtig, aber mir schmeichelte es ungemein, so viel Beachtung geschenkt zu bekommen.

In diesen Sommerferien kam er häufig in mein Elternhaus zu Besuch, wo ich meine Semesterferien verbrachte, und brachte dabei meiner Mutter gern Blumen mit.

Schließlich sollte ich ihn auch einmal in Eschenhagen besuchen kommen und seine Eltern kennen lernen. Dies tat ich denn auch. Sie empfingen mich sehr herzlich. Günters Mutter war Mitte fünfzig und sein Vater etwa zwanzig Jahre älter als sie. Das irritierte mich etwas, denn sein Vater war vollkommen ergraut und konnte kaum noch laufen. Auf so einen „alten" Vater war ich nicht vorbereitet gewesen. Doch er nahm mich fröhlich in den Arm, um dann mit seinem Allgemeinwissen zu prahlen. Er ging sogar so weit zu behaupten, er habe schon gewusst, dass es einen Mikrokosmos gebe, noch bevor jemand anderes davon wusste. Ich war sehr überrascht und fragte ihn, ob er schon im 19. Jahrhundert gelebt habe. Über diese Bemerkung ging er jedoch hinweg.

Von Günters Eltern hörte ich, dass ich das erste Mädchen sei, das Günter mit nach Hause gebracht habe. Als ich mit Günter allein war, fragte ich ihn, ob das wahr sei. Da erzählte er mir, er habe schon andere mit nach Hause genommen. Sie hätten allerdings im Morgengrauen verschwinden müssen, seine Eltern hätten davon nichts mitbekommen sollen. Auch habe er zu Hause nie geraucht. Dies alles verwunderte mich, da Günter normalerweise zwei Packungen Zigaretten am Tag rauchte. Aber weiter machte ich mir keine Gedanken darüber.

Nun erfuhr ich auch, wie gut situiert Günter war. Er würde einmal das Geschäft seines Vaters übernehmen.

So war er in fremder Umgebung auf seine Traumfrau gestoßen, die ihn liebte, obwohl er kein Adonis war, und die nichts von seinem Wohlstand wusste.

Im darauf folgenden Jahr pendelte ich zwischen der Uni, meinen Eltern und Günter hin und her. Im Winter war ich manchmal ärgerlich, wenn ich

Günter am Wochenende besuchte und er fast nur mit der Jagd beschäftigt war. Manchmal kam ich freitagabends an und wir verbrachten die Nacht miteinander. Doch am nächsten Morgen hatte er einen Jagdtermin und kam nachmittags nur ganz kurz nach Hause, um zu duschen. Anschließend ging es geradewegs weiter zum so genannten „Schüsseltreiben", das stets nach einer großen Jagd erfolgte und bei dem sich die Jäger in einer Gaststätte mit Schnaps durchglühen und bei einer deftigen Mahlzeit stärken konnten. Dies dauerte bis spät in die Nacht an. Die lieben Frauen durften dann zu fortgeschrittener Stunde dazustoßen und ihre Männer abholen bzw. mitfeiern und dann mit dem Taxi heimfahren.

Am Sonntagmorgen erfolgte dann üblicherweise eine Jagdnachbesprechung oder auch eine neue Jagd. So bekam ich Günter an solchen Wochenenden noch einmal am Sonntagnachmittag ein bis zwei Stunden zu sehen, bevor ich meine Rückfahrt nach Hamburg antreten musste. Jede Tour dauerte zwei bis drei Stunden. Wenn man dann seinen Freund kaum zu Gesicht bekommt und nur vorm Fernseher sitzen oder ein Buch lesen kann, ist das sehr öde. Freunde hatte ich in Eschenhagen noch nicht, mit denen ich etwas hätte unternehmen können.

Ich stellte ihn diesbezüglich auch zur Rede, denn es sei besser, wenn er mir vorher Bescheid gebe, dass ein solches Jagdereignis stattfinde. Denn dann könne ich lieber meine Eltern besuchen, anstatt bei ihm zu Hause zu hocken und ein Buch zu lesen. Er sagte mir, es tue ihm Leid, aber im Winter würden nun einmal viele Jagden anfallen.

Aber vorgewarnt hat er mich auch weiterhin nicht. Als ich wieder mal in so ein Jagdereignis platzte, nahmen mich die Jäger zur Brust. Ich solle Günter mal nicht so an die kurze Leine legen und ihm seinen Freiraum lassen. Ich erklärte ihnen zwar, dass ich ihm diesen Freiraum gar nicht nehmen wolle, dass ich nur dann Besseres mit meiner Freizeit anzustellen wüsste. Das prallte aber an den vom Alkohol bereits etwas benebelten Gehirnen ab und die Jäger forderten mich auf, mit ihnen feuchtfröhlich zu feiern. Ich wollte nicht nachtragend sein und schloss mich ihrer Runde an. So wurde ich ins Schnapstrinken eingeführt. Es schmeckte scheußlich, aber lustig wurde es dann ja doch.

Eschenhagen 1986

So verging die Zeit und es ergaben sich einige Situationen, in denen ich spürte, dass Günter mir einen Heiratsantrag machen wollte. Ich war aber noch nicht so weit und wechselte dann schnell das Thema. Einmal hat er mich jedoch so damit überrascht, dass meine Ausweichtaktik fehlschlug. Er kam spontan an meinen Sessel, kniete nieder und bat um meine Hand. Wir waren nun etwa ein Jahr zusammen, ich war zwar nicht wahnsinnig verliebt in ihn, aber ich dachte, er sei der geeignete Mann, um eine Familie zu gründen. So willigte ich ein, bestand allerdings darauf, erst mein Studium zu beenden. Damit war er einverstanden, wollte sich aber schon vorher verloben. Das taten wir dann 1986. Seine und meine Familie feierten in seinem Haus. Wir hatten eine große Tafel und seine Mutter ging eifrig mit der Schnapsflasche herum. Am Abend kippte darüber leider mein Großvater um und wir mussten den Notarzt kommen lassen, der ihm etwas fürs Herz verabreichen musste. So endete die Feier etwas früher als geplant.

Kanada, Sommer 1987

Einmal machten Günter und ich mit meiner Schwester und ihrer Familie Urlaub in Kanada. Meine Schwester und ich besaßen dort ein Chalet in der Provinz Quebec, eine Autostunde von Montreal entfernt. Doch trotz dieser Nähe zu einer Weltstadt befand sich unser Häuschen in einem Naturschutzgebiet. Malerisch lag es an einem Flusslauf, umgeben von großen Wäldern.

Nur wenige Häuser befanden sich in unserer Nachbarschaft, die meistens auch nur am Wochenende bewohnt waren, weil es sich hierbei um Ferienhäuser der Montrealer handelte.

Die Sommer waren dort sehr heiß und man verbrachte die Tage damit, im Fluss zu baden und sich in der Sonne zu räkeln. Wenn einen ein Anfall von Arbeitswut überkam, konnte man auch ein paar Bäume auf dem

Grundstück fällen, um zu verhindern, dass der Wald zu dicht wurde. Oder man staute einen Teil des Flusses mit Steinen auf, um eine etwas tiefere Badebucht zu erhalten.

Alle zusammen machten wir in dieser Zeit einen einwöchigen Ausflug den St.-Lorenz-Strom hoch, um die Stadt Quebec zu besichtigen. Während dieses Ausflugs nahmen wir an einer Bootsfahrt teil, um die Wale zu beobachten, die in den St.-Lorenz-Strom kommen, um ihre Jungen aufzuziehen. Das ist ein herrliches Erlebnis. Kaltes, blaues Wasser, klare, saubere Luft und weiße Wattewolken, die, wenn sie den Horizont berühren wie Eisberge aussehen. Wenn man in einem kleinen Boot fährt und den Motor ausschaltet, kommen die Wale bis ans Boot heran, so dass man sie beinahe streicheln kann. Anfangs ist es sehr unheimlich, denn wie leicht könnte solch ein Koloss das Boot umwerfen. Ganz mulmig im Bauch wurde mir, als der Bootsführer über die Abtauchstellen der Wale fuhr. Dies sind kreisrunde Flächen, an denen das Wasser spiegelglatt ist, während das umgebende Wasser vom Wind gekräuselt wird. Über dieses stille Wasser zu gleiten, wo kurz zuvor ein Wal abgetaucht war und man nicht wusste, ob er genau hier wieder auftauchen würde, erzeugte ein inneres Kribbeln. Doch wie gutmütig sind diese Riesen des Meeres. Man kommt sich so klein vor und dennoch spürt man keine Bedrohung. Das ist eine großartige Erfahrung.

Jedenfalls sind Günter und ich meiner Schwester bei diesem Urlaub des Öfteren auf die Nerven gegangen mit unserer ewigen Schmuserei. Günter forderte alle paar Minuten ein Küsschen bei mir ein.

Als wir in unser Chalet zurückgekehrt waren, kam es bald zu einem Konflikt zwischen Günter und mir.

Kaum befand ich mich im Bett, überkam ihn der Liebeshunger. Wir liebten uns morgens und abends. Mittags, wenn ich mich nur mal hinlegen wollte, um ein Buch zu lesen, kam er auch gleich angestiefelt. Oftmals dachte ich, er sei abgelenkt durchs Holzhacken, und schlich mich heimlich ins Haus, doch wenige Minuten später bemerkte er mein Fehlen und besuchte mich, um mich zu beglücken. So hatten wir etwa fünfmal am Tag Geschlechtsverkehr. Dies wurde mir einfach zu viel und ich erklärte ihm, das sei mir zu häufig. Für ihn brach eine Welt zusammen. Er fing an zu weinen und meinte, ich liebte ihn nicht mehr. Er werde jetzt einen langen Spaziergang machen und es gebe hier ja viele Sumpfgebiete in der Gegend.

(Anmerkung aus späterer Erkenntnis: eine echte Borderline-Reaktion, eine kleine Zurückweisung wird zu einer drastischen Ablehnung gesteigert.)[1] Ich war verwirrt und verstand ihn nicht. Ich hatte ihm doch gar nicht gesagt, dass ich ihn nicht mehr liebte, sondern wollte nur etwas weniger Sex haben. Wie kam er nur darauf, dass ich ihn nicht mehr liebte? Nun bekam ich es mit der Angst zu tun und rannte ihm hinterher. Schließlich holte ich ihn ein, nahm ihn in die Arme, tröstete ihn und beteuerte meine Liebe. In meinen Armen weinte er wie ein Kind.

Ich dachte nun, die Fronten seien geklärt und das Problem sei gelöst. Doch im Laufe unserer zukünftigen Ehe sollte dieses übersteigerte Zuwendungsbedürfnis immer wieder zu Konflikten führen.

Eschenhagen 1990/91

Im Jahre 1990 beendete ich mein Studium erfolgreich, konnte aber keine Arbeit finden. Wahrscheinlich hatte ich mich auch nicht redlich genug darum bemüht, weil es ja viel einfacher war, meinen Mann in seinem Geschäft zu unterstützen. Dies hatte mir eine Bekannte sowieso geraten. Sie verstehe überhaupt nicht, warum ich nicht mein Studium geschmissen und gleich mit meinem Mann an einem „Strang" gezogen hätte.

Doch ich wollte es stets abschließen, auch wenn ich mir damit nur hatte beweisen wollen, dass ich es schaffen konnte. Außerdem hatte ich auch ein wenig Hoffnung, doch eine Anstellung zu finden und erfolgreich zu sein.

Wie dem auch sei, wir heirateten schließlich 1991 und veranstalteten eine große, prächtige Hochzeitsfeier. Einige Leute munkelten zwar, dass es eine Muss-Heirat sei, weil etwas „Kleines" unterwegs sei. Dies war leider nicht der Fall, ich hätte mich sehr darüber gefreut.

An dieser Stelle fällt mir eine Hochzeitskarte ein, die ich von einer Freundin bekam. Darauf war ein Bären-Hochzeitspärchen abgebildet. In der Gedankenblase des Bärenmännchens war ein überquellender Honigtopf, in der Gedankenblase des Bärenweibchens viele kleine Bärenjungen abgebildet. Oh, wie richtig hatte sie uns erkannt! Ich wollte Kinder und er

---

1 Erläuterung des Begriffes Borderline-Persönlichkeit im Anhang

wollte ein gemütliches Leben, in dem er nicht mehr arbeiten musste und sich dick und rund fressen konnte.

Das Fest konnte man als gelungen bezeichnen. Wir hatten eine tolle Band, die eine gute Tanzstimmung verbreitete, und das Essen war ebenfalls vorzüglich.

Als erste Showeinlage traten die Jäger mit ihrem Blasorchester auf. In ihrer anschließenden Ansprache konnten sie nicht umhin, mir eine erneute Standpauke zu halten, dass ich meinen Mann öfter auf die Jagd gehen lassen solle. Dabei hatte ich ihn nie an die kurze Leine gelegt. Als wir zusammen wohnten, hatte ich nichts dagegen, wenn er zur Jagd oder sonst wohin ging. Es waren damals nur diese Wochenenden, an denen ich mir vollkommen überflüssig vorkam und ich ihn weniger sah als die Autofahrten dauerten.

Danach trugen meine Schwester und ihr Mann mit einem befreundeten Ehepaar ein eigens für diesen Anlass komponiertes Lied vor und verteilten die Hochzeitszeitung. Dies erfreute mich zutiefst, denn sie gehörten zu meiner Familie und gaben sich mir zuliebe Mühe. Denn die ganze Feier über hatte ich nie das Gefühl, dass ich im Mittelpunkt stand, sondern kam mir vor wie das Anhängsel meines Mannes.

Kaum ein anderer Mann wagte es, mich zum Tanzen aufzufordern, lediglich ein Trauzeuge, mein Schwager und mein Vater hatten den Mut oder die Lust dazu, mit mir zu tanzen. Ansonsten blieb dieses Vorrecht allein meinem Mann vorbehalten.

Die Feier dauerte bis fünf Uhr morgens, und weil ich nicht mehr zu Fuß nach Hause gehen konnte, holte mein Mann unsere „Hochzeitskutsche". Dabei handelte es sich um eine von unseren Trauzeugen geschmückte Schubkarre. Das war ein lustiger Einfall.

Unsere Flitterwochen verbrachten wir in meinem Chalet in Kanada. Gleich bei unserer Ankunft in Montreal wurden wir von einem fantastischen Naturereignis begrüßt. Der Himmel war überzogen von Polarlichtern. Als wir bei unserem Haus ankamen und ausstiegen, befand sich über unseren Köpfen eine rot-grüne Spirale, die sich langsam drehte. Es war atemberaubend. Doch bald war dieses Schauspiel zu Ende und wir sanken vollkommen übermüdet von der Reise in unsere Betten.

Abends gingen Günter und ich oft unten am Fluss spazieren und beobachteten die umherschwirrenden Glühwürmchen. Man fühlte sich wie im Märchen.

Einmal kehrten wir von so einem Spaziergang ins Haus zurück und fanden uns zu unserer Überraschung einem Waschbären gegenüber. Der Frechdachs hatte die Fliegengittertür geöffnet und suchte nach etwas Fressbarem. Ich befürchtete, dass er mir alle Gegenstände herunterreißen werde, wenn ich jetzt hektisch reagierte. Also bewegte ich mich ganz langsam und er beobachtete mich, wie ich die Tür in geöffneter Stellung einhakte und vorsichtig ein paar Schritte zur Seite machte. Er schaute mit seinen drolligen Augen in die meinen und dann fegte er nach draußen.

An einem anderen Abend erschreckte mich eine Fledermaus. Günter war schon zu Bett gegangen, während ich noch etwas auf dem Sofa las. Als ich müde wurde, wollte ich noch nach dem Feuer im Ofen sehen und öffnete zuerst unten das Aschefach, als mir plötzlich ein Lederflügel entgegenschlug. Im ersten Moment registrierte ich gar nicht, was mir da passierte, und stieß einen spitzen Schrei aus. Schließlich wurde mir bewusst, dass es sich um eine Fledermaus handelte. Doch den Gedanken, dass sie schwer verbrannt sein könnte, aber trotzdem noch am Leben war, konnte ich nicht ertragen und rannte hoch zu Günter. Als wir beide nach unten zurückgekehrt waren, saß die kleine Fledermaus aber schon vollkommen unversehrt auf dem Sofa. Wir öffneten die Tür und scheuchten sie hoch. Sie flog ein paar Kreise und fand dann den Ausgang. Das arme Ding muss ganz schön was ausgestanden haben.

So verbrachten wir äußerst angenehme Flitterwochen und kehrten dann nach Deutschland zurück.

Daran, dass ich nun im Blickpunkt der Dorfbevölkerung war, musste ich mich erst noch gewöhnen. Alle Leute kannten mich, doch ich musste erst noch die vielen Gesichter kennen lernen und ihnen die richtigen Namen zuordnen. Denn es gehörte unbedingt zu den Pflichten einer Geschäftsfrau, die Kunden mit Namen ansprechen zu können. Auch musste ich mich damit abfinden, dass die Leute über uns tratschten. Aber ich konnte mich rasch eingliedern und die meisten Menschen fanden mich ganz sympathisch, mich, die junge Frau Brinker.

Mit den Angestellten bin ich auch gut ausgekommen. Es herrschte ein freundschaftliches, kollegiales Klima und hier und dort wurde ein kleines Pläuschchen abgehalten, wenn gerade keine Kunden im Laden waren. Es hätte ein sehr angenehmes Leben sein können. Doch nun ließ mein Mann den Arbeitgeber „heraushängen". Vor versammelter Mannschaft hielt er mir eine Standpauke, dass man während der Arbeitszeit keine Gespräche zu führen habe und was das für einen Eindruck auf die Kundschaft mache, wenn sie zur Tür hereinkomme und wir uns unterhielten.

Ich war sprachlos. Die anderen hatten ebenfalls gequatscht und wurden nicht heruntergeputzt. Außerdem bin ich eine pflichtbewusste, arbeitsame Person, wie andere bestätigen können. Niemals zuvor hatte sich jemand über meine Arbeitsmoral beschwert! Doch ich wollte keinen Streit vor den Angestellten austragen. Zu Hause aber stellte ich Günter zur Rede. Wie solle ich von den Angestellten respektiert werden, wenn er in einem solchen Ton mit mir rede? Günter allerdings meinte, ich solle halt einfach als gutes Vorbild vorangehen, und die Angestellten würden sich dem dann anschließen.

Also ging ich den kleinen Schwätzchen aus dem Wege und versuchte mich abseits zu halten. Ich schaute die neu gelieferte Ware auf Mängel durch, während sich die Angestellten angeregt unterhielten, ohne zu arbeiten. Doch wenn ich an ihnen vorbeiging, sprachen sie mich an, und so wechselte ich doch ab und zu den einen oder anderen Satz mit ihnen. Dies rief jedoch wieder meinen Mann auf den Plan, der mich wiederum zurechtwies, und zwar *nur* mich. Zu Hause schimpfte ich mit ihm, er sei ungerecht. Die Angestellten hätten bereits die ganze Zeit geschwatzt und als sie mir eine Frage stellten, hätte ich nur aus Höflichkeit geantwortet. Außerdem unterstellte ich ihm, er sei einfach nur zu feige, seine Angestellten zurechtzuweisen.

Meine Einwände prallten jedoch an Günter ab.

Allerdings hatte ich nicht den Eindruck, dass seine Methode viel Erfolg zeigte und die Angestellten deswegen weniger Gespräche führten. Sie schwatzten munter weiter und das einzige, was sich änderte, war, dass ich mich immer mehr absonderte. Ich arbeitete fleißig und räumte das Lager auf, wenn kein Kunde zu bedienen war, und die Angestellten unterhielten sich angeregt und ließen es sich gut gehen. Mein Mann aber reagierte nicht darauf. Er sah dem Treiben gelassen zu und telefonierte mit seinen Freunden. Als er mich wieder einmal maßregelte, drohte ich Günter, dass ich einfach nicht weiterarbeiten und zu Hause bleiben würde, wenn er solche Zurechtweisungen nicht unterlasse. Endlich änderte er sein Verhalten und langsam bildete sich ein harmonisches Arbeitsklima aus. Doch es kostete einige Zeit, bis sich die Angestellten etwas von mir sagen ließen, denn ich war ja bislang der Fußabtreter meines Mannes gewesen und hatte nichts zu sagen.

Diese Problematik und die Tatsache, dass ich immer noch nicht schwanger war, rüttelten an meiner Selbstsicherheit. Ich fühlte mich als Frau unvollkommen und beruflich hatte ich auch nicht viel erreicht. So hatte mein Mann leichtes Spiel mit mir und ich ließ mir Dinge gefallen, die ich sonst so nicht geduldet hätte.

Anfangs hatten wir uns zu Hause immer die Arbeit geteilt, schließlich arbeiteten wir gleich lang im Laden und hatten entsprechend auch die gleiche Freizeit zur Verfügung. Nun aber begann er sich langsam von der Hausarbeit zurückzuziehen. Dies war ein nahezu unauffälliger Prozess. Meistens verbarg er sich hinter einem Unwohlsein, ihm täten die Füße weh oder er habe Rückenschmerzen, oder aber er stellte sich einfach zu schusselig an. Beispielsweise wollte ich die Küche sauber machen und er sollte das Wohnzimmer übernehmen. Er raffte alle herumliegenden Sachen zusammen, häufte sie auf einen Berg in einer Ecke des Wohnzimmers und saugte dann flüchtig Staub, so dass seine Arbeit in wenigen Minuten beendet war. Als ich schließlich aus der Küche kam und die Bescherung sah, stellte ich ihn zur Rede, was das für ein Aufräumen sei. Man müsse den Stapel noch mal durchschauen, was weggeworfen werden und was in Schubläden oder ins Regal geräumt werden könne. Dies überforderte meinen Mann jedoch und so begann ich mich in den Teufelskreis zu begeben, langsam aber sicher alle in und um das Haus anfallenden Arbeiten selbst zu erledigen. Abgesehen von den üblichen Aufgaben einer Hausfrau übernahm ich nach und nach das Rasenmähen, Glühbirnenauswechseln, Getränkekistenschleppen und sogar, seinen Jagdhund zu bürsten und das Fell aus dessen Pfoten zu schneiden. Im Endstadium unserer Ehe kam mein Mann nur noch nach Hause, um zu schlafen, zu essen und fernzusehen. Die einzige Arbeit, die ich ihm nie abnahm, war das Heckenschneiden.

Mit dem Aufräumen aber hatte ich ein Problem, denn Günter hob viele Dinge auf und konnte sich nur selten von etwas trennen. Warf ich etwas weg, so bekam ich Vorwürfe. Also hob ich alle Zettel und Gegenstände, die er im Laufe der Zeit auf Treppenstufen oder Tischen und Schränken deponiert hatte, auf und packte sie gestapelt in sein Büro. Dafür schimpfte er, dass ich sein Büro in Unordnung brächte.

Konnte er aber in seiner Unordnung etwas nicht wieder finden, hatte ich es seiner Meinung nach bestimmt weggeworfen. So quoll unser Haus auch regelmäßig von Zetteln und Gegenständen über. Und an allem war ich schuld!

Günter hatte mittlerweile mit dem Rauchen aufgehört. Ich bezeichnete ihn als militanten Nichtraucher, denn er ging gegen jeden Raucher vor, der ihm begegnete. Auch seinen Freunden hielt er ellenlange Standpauken, wie ungesund das Rauchen sei, wie viel die Krankenkassen sparen könnten, wenn es nicht mehr die raucherbedingten Krankheiten gebe und wie sehr Raucher die Nichtraucher mit ihrem Qualm belästigten. Seine Freunde machten sich lustig über ihn und ließen ihn links liegen, wenn es ihnen zu viel wurde. Doch ich selbst war ebenfalls Raucher und bekam dieselben Predigten immer und immer wieder zu hören, ohne dass ich ausweichen konnte. Zusätzlich erzählte er mir des Öfteren, ich stänke aus dem Hals wie eine Kuh aus dem Arsch. Einmal bekamen meine Eltern ein solches Gespräch mit und mein Vater nahm sich Günter zur Brust. Mein Vater erklärte ihm, dass man nicht so mit seiner Frau sprechen dürfe. Günter spielte den verständnisvollen Ehemann, verteidigte sich zwar, aber zeigte Einsicht. Waren wir aber wieder allein, so behandelte er mich weiter wie gewohnt. Er steigerte sich sogar noch und schrieb mir folgenden Brief:

Ich hab es satt ...

... in meinen eigenen vier Wänden die Flucht vor den Umweltverpestern Raucher nehmen zu müssen.

... in meiner Freizeit jeden Tag den Qualen des Rauchens ausgesetzt zu sein, der Qualm bringt die Augen zum Tränen, die 2000 Gifte muss ich auch noch einatmen.

... nach jedem Essen von dem vermeintlichen Genuss Rauchen eingenebelt zu werden.

... jeden Morgen in einen Raum zu kommen, der nach kaltem Rauch stinkt, dass einem übel werden kann.

... eine Frau zu küssen, deren Atemgeruch die schwere Luft in dem Raum

noch übertrifft und deren Kleidung nach Rauch stinkt.

... in Räumen zu leben, die von dem Qualm grau sind, und auf Gardinen zu schauen, die vom Rauch braun statt weiß sind.

... bei allen Gelegenheiten erst so lange zu warten, bis meine Frau aufgeraucht hat.

... bei jedem Überflug des Papageien in Ascheregen zu versinken.

... usw.

Ich verlange von Dir, dass Du in den gekennzeichneten Räumen <u>nicht</u> mehr rauchst. Zuwiderhandlungen empfinde ich als schallende Ohrfeige und reagiere darauf mit Flucht. Sollten keine Änderungen in der nächsten Zeit eintreten, stelle ich Dich vor die Alternative

Günter oder Zigarette.

Du weißt, dass ich Dich liebe, und Du solltest meine Geduld nicht über alle Maßen strapazieren. Was Du Dir heute geleistet hast, ist für mich sehr beleidigend und demütigend gewesen. Ich habe lange über diesen Brief nachgedacht und ich hoffe, dass Du Einsicht zeigst. Ich habe mich durch das Rauchen lange genug peinigen lassen und habe einen Punkt erreicht, an dem ich Dein Verhalten so nicht mehr erdulden kann.

Ich liebe Dich
Günter

Wenn man diesen Brief liest, bekommt man den Eindruck, wir hätten in einer verräucherten Räuberhöhle gelebt, in der die Luft zum Schneiden dick war. Tatsächlich belief sich mein täglicher Zigarettenkonsum aber auf 10–15 Zigaretten und ich habe jeden Tag gelüftet.

Als ich damals diesen Brief erhielt, geriet ich in Panik. Ich hatte Angst, dass er mich einfach so vor die Tür setzen würde, und ich wusste nicht, was dann aus mir hätte werden sollen. Inzwischen hatte ich jegliches Selbstvertrauen verloren. Ich rief Günters besten Freund, der gleichzeitig unser Trauzeuge war, an und erzählte ihm von diesem Brief. Er bot mir seine Hilfe an und wollte mit uns ein Gespräch führen. So einigte ich mich mit Günter, dass ich in der Ferienwohnung rauchen könne, wenn sie denn leer stehe. Ansonsten sollte ich in den Garten gehen. Damit fand ich mich ab.

Günter war zwar nun Nichtraucher, dafür stieg sein Gewicht aber stetig an. Wenn er sich in unser Segelflugzeug setzte, konnte er sich kaum noch selber anschnallen, weil er den vorhandenen Platz bis an die Grenzen ausfüllte. Als ich ihm einmal beim Anschnallen half, erklärte er mir von sich aus, ohne dass ich ihn darauf angesprochen hatte, dass er nicht weiter zunehmen werde. Ich bräuchte keine Angst haben, dicker würde er nicht werden, denn das Flugzeug hätte eine maximale Zuladung von 110 Kilogramm. Diese wollte er schon aus versicherungstechnischen Gründen einhalten.

Doch auch diese Grenze überschritt er. Dafür kaufte er sich mit Freunden ein größeres Flugzeug, das eine höhere Zuladungskapazität besaß.

So wog er bald 120 Kilogramm und steckte sich als nächstes Ziel, jedes Kilogramm abzunehmen, das ich zunähme, wenn ich schwanger würde. Doch leider wurde ich nicht schwanger und litt immer häufiger unter den Nachfragen der anderen Leute, wann denn mal ein Stammhalter geboren werden würde. Ich sprach auch mit meinem Mann über Adoption, aber das kam für ihn nicht in Frage. Es sollten schon Kinder mit seinen Genen sein. Da es so aussah, als bleibe dieser Wunsch unerfüllt, wollten wir unser Leben auf andere Weise gestalten und beschlossen, viel zu reisen und etwas von der Welt zu sehen.

Unser schönster Urlaub fand in Australien statt. Dort verbrachten wir eine Woche auf einer Insel im Great Barrier Reef. Dies ist ein Tauchparadies. Es war faszinierend, dort unter Wasser die Meerestiere zu beobachten. Die Farbenvielfalt der Korallen und Fische war berauschend. Man kam sich vor wie in einem Aquarium, denn die Fische waren überhaupt nicht scheu und kamen dicht an uns heran. Einmal begegneten wir ein paar Weißspitzenriffhaien, die immerhin etwa zwei Meter lang waren. Weil ich fürchterliche Angst vor Haien hatte, versuchte ich mich sogleich hinter meinem Mann zu verstecken. Ich fasste ihn an den Schultern und zog mich hinter seinen Rücken. Diese Anekdote nutzte mein Mann des Öfteren, um den Leuten zu sagen, dass ich lieber ihn den Haien zum Fraß anbieten würde als mich selbst. Das störte mich eigentlich nicht, aber ich betonte stets, er wisse, dass ich sehr große Angst vor Haien hätte und dass ich ihm gesagt hätte, ich würde mich in einem solchen Fall hinter ihm verstecken.

Ansonsten haben wir uns dort in der Sonne geaalt oder Spaziergänge auf der Insel gemacht. Kulinarisch wurden wir ebenfalls verwöhnt. Es gab ein erlesenes Buffet vom Allerfeinsten, auch Austern gehörten dazu. Allerdings ist das für mich nur salziges Schlabberzeug. Mannsgroße Muschelschalen waren mit diversen Meeresfrüchten gefüllt. Eine riesengroße, raffiniert dekorierte Obstpalette wurde ebenfalls angeboten und vieles mehr, was das Herz begehrte. Für Günter war es das Paradies pur. Man hatte ein Drei-Gänge-Menü und konnte sich obendrein noch vom Buffet bedienen.

Ein weiterer Höhepunkt war die Beobachtung der Meeresschildkröten, wie sie an Land kamen, um ihre Eier abzulegen. Sie kehren stets an ihren Geburtsort zurück, auch wenn sie sich in einem ganz anderen Weltmeer aufgehalten haben. So gingen wir in einer Vollmondnacht leise an den Strand, um die Schildkröten zu beobachten. Zuvor wurde uns erklärt, wie wir uns zu verhalten hatten. Die Schildkröten sind sehr scheu, wenn sie an Land kommen, aber wenn sie ihr Loch gegraben und mit dem Eierlegen begonnen haben, kann man sich ihnen nähern. Es ist ihnen dann nicht mehr möglich, die Eiablage zu unterbrechen. So entdeckten wir nach einiger Zeit Schildkrötenspuren im Sand und folgten ihnen die Düne hinauf. Tatsächlich fanden wir eine Schildkröte, die mit der Eiablage bereits begonnen hatte. Ich habe sogar ein solches glibberiges, tischtennisballgroßes Ei in der Hand gehalten. Als wir uns umdrehten, sahen wir eine weitere Schildkröte aus dem Wasser kriechen. Wie viel Mühe es diese Tiere kosten musste, sich derart weit vom Wasser zu entfernen und ein Loch zu schaufeln! Aber dies ist erforderlich, da sonst eine besonders hohe Flut das Nest zerstören würde. Diese Schildkröte hielt sogar genau auf uns zu und wir mussten die Beine einziehen, weil sie sonst über uns hinübergekrochen wäre. Als sie sich durch eine Mulde schleppte, fing der Sand unter ihr an zu brodeln. Auf einmal schlüpften Dutzende von kleinen Schildkröten aus dem Sand und beeilten sich, das Wasser zu erreichen. Wir begleiteten sie und scheuchten die Möwen fort, die sich trotz der Dunkelheit zum Festmahl versammelt hatten. Die meisten schafften es aber ins Wasser, wo schon die nächsten Räuber auf sie lauerten. So sagt man, dass pro Nest nur ein bis zwei Tiere die Geschlechtsreife erreichen.

Leider ging diese Woche nur allzu schnell vorbei und wir verließen dieses Paradies mit dem Helikopter. Das war eine wirklich schöne Zeit für uns gewesen.

Danach besuchten wir Freunde von Günter in Narromine, auf dem australischen Festland. Dort hatte Günter sich früher schon zum Segelfliegen aufgehalten. Vor seinem Studium durfte Günter Urlaub in Australien machen, so lange er wollte. Ich glaube, dieser Urlaub dauerte damals ein halbes Jahr. Immer, wenn sein Geld zu Ende ging, rief er zu Hause an und es wurde ihm welches per Postüberweisung zugeschickt. Von dieser Zeit hat mir Günter oft vorgeschwärmt. Nun lernte ich seine Freunde von damals kennen und sie nahmen uns herzlich auf. Doch in puncto Thermik spielte das Wetter nicht sonderlich gut mit. Tatsächlich regnete es für australische Verhältnisse sehr häufig. Wir sind zwar ein- oder zweimal geflogen, mussten aber stets auf der Strecke abbrechen und zurückfliegen.

Einmal hat uns Günters Freund mit einer Motormaschine zu einer Opalmine geflogen, wo wir einige wunderschöne Steine erwarben.

Ansonsten verlief diese Phase des Urlaubs recht ereignislos. Diese zwei Wochen wurden etwas lang mit dem Warten auf besseres Wetter, obwohl sich Günters Freunde alle Mühe gaben, uns zu unterhalten.

Anschließend besuchten wir noch andere Freunde von Günter in einer anderen Ecke Australiens. Ich kannte sie schon aus Deutschland, weil sie mal einen Urlaub bei uns verbracht hatten.

Eine weitere Freundin, die ich ebenfalls aus Deutschland kannte, wohnte in Sydney. Sie zeigte uns diese Metropole und das Wahrzeichen der Stadt, das Opernhaus. Allerdings habe ich auch Sydney hauptsächlich bei Regen erlebt.

Alles in allem war es ein gelungener Urlaub, aber ich freute mich nach der langen Zeit auch wieder auf zu Hause.

Dort holte uns der Alltag wieder ein und meine Schwiegermutter fragte mich, was bei uns nicht in Ordnung sei, dass wir noch kein Kind bekommen hätten. Sie fragte mich sogar, ob Günter eventuell unfruchtbar sei.

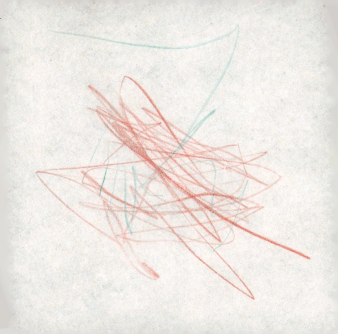

Eschenhagen 1994/95

Schließlich beschlossen Günter und ich, unserer Kinderlosigkeit auf den Grund zu gehen. Die Ärzte meinten, man solle zuerst den Mann untersuchen, da dies mit erheblich weniger Aufwand verbunden sei. Sie kamen zu dem Schluss, dass mein Mann der reinste Zuchtbulle sei, so hoch war seine Spermienzahl. Demnach musste es an mir liegen. Mein Selbstvertrauen sank in den Keller. Nun unterzog ich mich diversen Untersuchungen, die ergaben, dass mein Prolaktinspiegel zu hoch war und deswegen keine Eier heranreifen konnten. Außerdem tötete meine Schleimhaut das Sperma zu schnell ab. Deshalb sollte eine künstliche Befruchtung erfolgen.

Zunächst wurde ich mit Hormonen bombardiert und meine Eierstöcke erreichten die Größe von Pflaumen. Dies ist nicht ganz ungefährlich, da sie bei starken Erschütterungen platzen können. Ich glaube, ich hatte über zwanzig Eier, die mir in einer Operation unter Vollnarkose abgesaugt wurden. Die drei besten Eier wurden zurück in die Eileiter gespült und das Sperma meines Mannes hinterher geleitet. Die Befruchtung erfolgte in meinen Eileitern.

Nach der Befruchtung musste ich im Krankenhaus bleiben. Am nächsten Tag bekam ich noch eine Hormonspritze und nun begann es mir fürchterlich schlecht zu gehen. Ich musste mich unentwegt übergeben und wurde von Würgekrämpfen geschüttelt. Eine Blutuntersuchung ergab, dass ich einen extrem hohen Schwangerschaftshormonspiegel hatte, so dass die Ärzte von weiteren unterstützenden Hormonspritzen absahen. Ich litt unter starker Übelkeit und mein Bauch füllte sich mit Wasser. So sah ich nach einer Woche aus, als sei ich im siebten Monat schwanger. Ich musste sitzend schlafen, weil ich sonst keine Luft bekam. Außerdem musste ich eine spezielle Eiweißdiät einhalten, aber mein Bauchumfang nahm immer mehr zu. Meine Bettnachbarin litt unter dem gleichen Problem und musste sogar punktiert werden, da sie sonst gar nicht mehr hätte atmen können. Mir ging es von Tag zu Tag schlechter und ich wollte nur noch hinaus aus dem Krankenhaus. Das Krankenhausessen erregte Übelkeit in mir. Allein das Geklapper des Geschirrs auf dem Flur reichte aus, mich zum Würgen zu bringen. War das Essen dann auf dem Zimmer, konnte ich den Geruch nicht ertragen und rannte mit meiner Brechschale auf den Flur, um meinen Zimmergenossinnen nicht gar zu sehr den Appetit zu verderben. Ich hielt Rücksprache mit meinem Hausarzt, der mir anbot, mich zu Hause zu behandeln. So verließ ich das Krankenhaus auf eigene Verantwortung und ließ mein Blut bei meinem Arzt untersuchen. Der erklärte mir, mein ganzer Eiweißhaushalt sei durcheinander . Es sei besser, wenn ich das essen würde, worauf ich Lust hätte, aber ich solle dabei darauf achten, viel Rohkost zu mir zu nehmen. Daran hielt ich mich und siehe da, es ging mir fortan besser. Der Bauchumfang und die Brechanfälle gingen zurück. Als ich zwischenzeitlich wieder ins Krankenhaus musste, weil ich eine Zwischenblutung hatte, war mein Bauch schon fast wieder normal. Der Bauch meiner damaligen Bettnachbarin aber, die immer noch im Krankenhaus lag, war nach wie vor so dick.

Als ich schließlich wieder zu Hause war, begann erneut die Zeit der Übelkeit. Dies steigerte sich so stark, dass ich nicht einmal Wasser bei mir behalten konnte. Mein Frauenarzt hatte inzwischen festgestellt, dass ich sieben Kinder unter dem Herzen trug! Als ich dies dem Krankenhaus mitteilte, in dem die Befruchtung erfolgt war, konnten es die Ärzte dort kaum glauben. Ich solle demnächst zur Untersuchung kommen. Sie sahen mich aber eher als erwartet wieder, denn in der Nacht musste ich mich so oft übergeben, dass ich schon Blut spuckte, weil meine Speiseröhre verätzt war. Ich schleppte mich dann zu meinem Mann, der unten im Wohnzimmer schlief. Er hatte es in der Nacht nicht mehr ausgehalten, meinen Würgegeräuschen zuzuhören. Es war auch so entsetzlich, dass ich manchmal befürchtete, er werde gleich sein Gewehr holen und mir den Gnadenschuss geben. Nun sagte ich ihm, dass er mich unbedingt ins Krankenhaus bringen müsse.

Dort wurde ich erst mal an einen Tropf angeschlossen. Ich war nur noch Haut und Knochen und man kam zu dem Ergebnis, dass einige Föten abgetötet werden mussten. Ich wurde eine Woche lang künstlich ernährt, bevor ich langsam wieder mit dem Essen beginnen konnte. Dies war eine schwere Zeit für mich. Ich, die so gerne Kinder haben wollte, musste nun abtreiben. Aber es war unumgänglich. So wurde ich in eine Spezialklinik nach Köln überwiesen. Die Zahl der Föten sollte auf zwei reduziert werden, wobei pro Woche ein Fötus durch die Bauchdecke hindurch totgespritzt wurde. Die Gefahr, dabei alle Föten zu verlieren, ist nicht gering, da es zu Hormonschwankungen kommen kann, die bewirken, dass alle Föten abgehen. Zwei Föten sind auf natürlichem Wege abgestorben, so dass ich mich dieser Prozedur nur dreimal unterziehen musste.

Mein Mann stand mir stets zur Seite und ich war ihm sehr dankbar dafür. Auch meine Eltern besuchten mich häufig. So waren meine Eltern die eine Hälfte der Woche bei mir und die andere Hälfte mein Mann. Die Behandlung war Gott sei Dank erfolgreich und ich behielt zwei Föten.

Als ich wieder zu Hause war, blieb meine Mutter bei mir, um mich zu trösten. Ich weinte viel um die verlorenen Kinder. Doch meine Mutter gab mir zu verstehen, dass ich nach vorne schauen müsse und dass ich mit meiner Trauer die beiden verbliebenen Kinder gefährden könne. So riss ich mich zusammen.

Ich sollte viel liegen, um keine vorzeitigen Wehen zu bekommen. Allerdings konnte ich auch gar nicht lange stehen. Wenn ich beim Metzger warten musste, suchte ich mir schon nach wenigen Minuten einen Sitzplatz, weil ich das Gefühl hatte, dass mir meine Kinder unten herausfallen könnten. Ich bewunderte andere Schwangere, die mit ihren prallen Bäuchen so lange stehen konnten. Doch ich hatte durch diese ausgeprägte Übelkeitsphase einen starken Muskelschwund, der mich dazu zwang, viel zu sitzen oder zu liegen. Die ganze Schwangerschaftszeit über fühlte ich mich wie eine Vogelmutter, die dazu verdonnert ist, auf ihren Eiern sitzen zu bleiben und sie auszubrüten. Doch ich habe mich nicht beschwert. Wenn dies der Preis dafür sein sollte, dass ich in meiner Unvollkommenheit als Frau doch auf diesem Wege Kinder bekomme, so wollte ich ihn gerne bezahlen.

Richtig gut fühlte ich mich nur im 6./7. Monat. Danach ging es erneut mit mir bergab. Ich litt unter Gestose. Dabei lagert der Körper verstärkt Wasser ein und der Blutdruck steigt rapide an. Ich quoll auf und hatte einen hochroten Kopf, der sich anfühlte, als ob er gleich platzen würde. Mein Gewicht nahm stetig zu, das meines Mannes jedoch wurde nicht geringer, obwohl er mir einst versprochen hatte, jedes Kilo, das ich in einer Schwangerschaft zunähme, selbst abzunehmen. Ich schimpfte diesbezüglich aber nicht mit ihm, denn ich hatte ganz andere Sorgen. Es fällt mir nur gerade im Moment zu diesem Thema ein, da ich diese Zeilen schreibe. Damals kam mir dieses Versprechen gar nicht in den Sinn.

Schließlich musste ich wieder ins Krankenhaus, wo man mich ständig überwachte. Außerdem drückte mir ein Kind eine Niere ab. So traf man Vorsorge, die Zwillinge eher zu holen. Man wollte die Kinder fünf Wochen früher per Kaiserschnitt auf die Welt bringen. Ich wollte dies bei Bewusstsein erleben und wählte als Betäubung die Rückenmarksspritze. Mein Mann wollte gerne bei der Geburt dabei sein. Als man mich aber holte, war er leider noch nicht da. Allerdings hatten sie den OP-Termin auch eine Stunde vorverlegt. Wie ich später von meiner Mutter erfuhr, musste mein Mann erst noch Getränke holen und dies und das erledigen, obwohl sie ihn immer wieder zum Aufbruch gedrängt hatte. Aber das war typisch für meinen Mann: Immer, wenn irgendwelche Termine anstanden, musste er Dinge erledigen, für die er sonst nie Zeit hatte.

Nun wurde ich in den Operationssaal geschoben und mein Mann war immer noch nicht da. Sie schnitten mir den Bauch auf und ich fühlte, wie man in mir herumwühlte. Es tat aber nicht weh. Doch ich spürte, wie ich auf einmal leichter wurde, und ich konnte von meinem Kind nur die kleinen Füßchen sehen, die aus einer grünen Decke hervorschauten. Das Kind wurde sogleich zu einem Ärzteteam in den Nebenraum gebracht. Auch beim nächsten Kind konnte ich zunächst nur die Füßchen sehen. Aber beide Babys schrien sogleich, als man sie aus meinem Bauch holte, und mir liefen die Freudentränen über mein zu einem Ballon aufgeblähtes Gesicht. Irgendwann sagte man mir, dass mein Mann eingetroffen sei. So bekam der Vater seine Kinder noch vor mir zu Gesicht, weil ich ja erst noch zugenäht werden musste. Die Zwillinge waren beiden wohlauf und mussten nicht in den Brutkasten. Sie wogen beide knapp vier Pfund.

Endlich konnte ich sie in den Armen halten, Hanna im rechten, Christoph im linken. Es waren zwei kleine Weltwunder zu bestaunen. Christoph hatte ein schlankes Gesicht, volle Haare und einen tollen Teint, da er eine leichte Gelbsucht hatte (so komisch es klingt). Er sah richtig gut aus. Hanna dagegen hatte einen kahlen, kugelrunden, weißen Schädel und kirschrote Lippen. Ich konnte mich gar nicht satt sehen an ihnen und musste mir ihr Bild tief in mein Bewusstsein einprägen. Günter umarmte uns drei und ihm liefen die Tränen über das Gesicht, so glücklich und stolz war er.

Den nächsten Tag ging es mir sehr schlecht. Ich konnte alles nur noch unscharf erkennen, mir war übel und ich war sehr matt. Ich hatte nicht einmal mehr die Kraft, nach meinen Kindern zu sehen. In der Nacht schaute auch ständig die Krankenschwester nach mir. Dies dauerte etwa drei Tage, bis es mir wieder besser ging. Nun erzählten mir die Ärzte, dass ich dem Tod noch mal knapp von der Schippe gesprungen sei. Bei mir hatte sich das so genannte HELP-Syndrom eingestellt. Dabei werden die roten Blutkörperchen zerstört und normalerweise fallen die Frauen dabei in ein Koma, aus dem sie nicht mehr erwachen. Dieses Syndrom kommt von einem Tag auf den anderen und ich hatte nur Glück, dass die Kinder schon geholt waren, sonst hätte ich es wohl nicht überlebt. Die Ärzte hatten es mir nur nicht erzählt, um mich nicht zu beunruhigen. Als ich davon meinem Mann erzählte, war er überrascht. Ihm hatten sie auch nichts gesagt.

Nun war es Gott sei Dank überstanden und ich war überglücklich, einen so liebevollen Mann zu haben, der mir in dieser schwierigen Zeit zur Seite stand. Weil ich so dick und aufgequollen war, tröstete mich mein Mann damit, dass wir ja nun gemeinsam abnehmen könnten. Aber am allerglücklichsten war ich darüber, dass ich zwei süße, gesunde Kinder zur Welt gebracht hatte.

Es begann eine anstrengende, aber schöne Zeit. Die Säuglinge mussten alle vier Stunden gefüttert werden, auch in der Nacht. Wir machten es so, dass sie nachts die Flasche bekamen, wobei mir Günter half. Anschließend konnte er sich wieder schlafen legen, während ich noch nach oben ging und mir die Milch abpumpte, damit ich tagsüber etwas Muttermilch zum Zufüttern hatte. Tagsüber stillte ich beide Kinder. Doch Hanna weigerte sich immer häufiger, an die Brust zu gehen, worauf ich sie nach drei Monaten abstillte. Christoph stillte ich sieben Monate lang.

In dieser Zeit ist mein Mann wirklich zu kurz gekommen, das gebe ich zu. Aber es ist auch verständlich, dass ich unter diesen Umständen für ein reges Sexualleben kaum Kraft hatte. Oftmals bekam ich nachts nur vier Stunden Schlaf und hielt tagsüber noch eine Stunde Mittagsschlaf. Deshalb war ich meist so ausgelaugt, dass ich nicht richtig nachdenken konnte. Ich konnte nun gut nachvollziehen, wie sich jemand fühlt, der durch Schlafentzug gefoltert wird. Die ersten Monate funktionierte ich wie ein Roboter.

Meine Pfunde sind in dieser Zeit nur so von mir abgefallen, es waren 50 Pfund. So hatte ich beinahe mein ursprüngliches Gewicht wieder erreicht. Die zehn Pfund, die „hängen" geblieben waren, standen mir eher gut zu Gesicht, da ich vorher etwas untergewichtig war. Mein Mann hatte diesbezüglich keine Erfolge zu verzeichnen.

An den Wochenenden dieses Sommers ging mein Mann wie immer zu dieser Jahreszeit zum Segelfliegen. Ich hätte eigentlich mitkommen sollen, doch ich erklärte ihm, es sei viel zu umständlich, die Windeln, das Breichen, die Flaschen und sonstiges Zubehör mitzunehmen. Es sei für mich viel einfacher, die Babys zu Hause zu versorgen. So machte ich meinen Sonntagsspaziergang mit dem Kinderwagen meistens allein. Natürlich begegnete ich auf der Straße Bekannten, die nach Günter fragten. Ich erzählte ihnen, dass er auf dem Flugplatz sei. Am nächsten Wochenende begegnete ich denselben Bekannten erneut, die mir wiederum dieselbe Frage stellten. Darauf musste ich die gleiche Antwort geben wie das Wochenende zuvor.

Manchmal ließ mir Günter ein Auto zu Hause und benutzte den Geschäftswagen, um zum Flugplatz zu fahren. Dann konnte ich ihm nach dem Mittagsschläfchen der Kinder einen Besuch abstatten. Ansonsten aber hat er seine Kinder in dieser Zeit nicht viel zu Gesicht bekommen. Ich hätte mir ein harmonischeres Wochenende im Kreise der Familie vorstellen können, doch ich war selbst Segelflieger und habe bereits als Jugendliche beobachten können, wie einige Ehen zerbrachen, weil der Mann seine Freizeit auf dem Flugplatz anstatt mit seiner Familie verbrachte. Dies sollte mir nicht passieren! Mein Mann sollte diese Freiheit haben, es würden schon wieder andere Zeiten kommen, in denen wir wieder gemeinsam zum Fliegen gehen könnten.

Einmal waren wir auf eine Gartenparty eingeladen. Dort stellten wir stolz unseren Nachwuchs vor, und mein Mann präsentierte sich als liebevoller Vater. Als wir aber nachmittags nach Hause zurückkehrten, bogen wir in unsere Auffahrt ein und sahen überraschenderweise Besuch vor der Tür stehen. Im Auto sagte ich Günter, er solle die Leute erst mal in den Garten lotsen, da ich kurz seine Hilfe bräuchte. Die Kinder waren müde, hungrig und hatten die Hosen voll, ob er nicht eben wenigstens die Flasche für Hanna fertig machen könne? Derweil könne ich ihnen die Windeln wechseln, und das Füttern könne ich dann allein übernehmen. Dass er die Windeln wechseln solle, schlug ich ihm gar nicht erst vor, denn dies verweigerte er stets vehement. Doch er schaute mich entgeistert an. Es sei unhöflich, seine Gäste allein sitzen zu lassen, er müsse sich um sie kümmern und ich solle zusehen, wie ich allein klarkäme!

Und so geschah es auch.

Eschenhagen, Januar 1996

Günter und ich gingen zum Jägerball. Endlich mal wieder ein rauschendes Fest. So gerne ich mit meinen Kindern zusammen war, nun wollte ich mich auch mal wieder vergnügen. Da sie bereits abgestillt waren, konnte ich wieder Alkohol trinken und rauchen. Ich tanzte viel und amüsierte mich vorzüglich. Von einigen Leuten wurde ich angesprochen, wann wir denn das nächste Kind planen würden. Auf diese Frage wusste ich keine ehrliche Antwort, da ich den Leuten nicht erzählen wollte, dass ich unfruchtbar sei. So sagte ich nur, dass uns zwei Kinder erst mal reichen würden. Allerdings war ich in diesem Moment bereits schwanger und wusste nur noch nichts davon.

Wenige Tage darauf war meine Regel überfällig. Ich konnte es kaum glauben, badete heiß und schleppte mit meinem Mann schwere Schränke, weil ich dachte, dass ich so die Regel einleiten könne. Doch mit der Zeit dämmerte mir, dass ich doch schwanger sein könnte, und ging zum Arzt. Überglücklich nahm ich das positive Untersuchungsergebnis entgegen. Nun musste ich zwar schon wieder abstinent leben, dafür aber fühlte ich mich als vollwertige Frau.

Mein Mann war auch ganz aufgeregt. Sein Leitspruch war: „Kinder machen Spaß, man muss nur genug davon haben!" Nur meine Mutter hatte Angst um mich. Der Verlauf der letzten Schwangerschaft war ihr noch in schlechter Erinnerung. Außerdem sollte man nach einem Kaiserschnitt zwei Jahre lang nicht schwanger werden, da sonst die Gebärmutter reißen kann. Aber ich hatte überhaupt keine Angst. Ein tiefes inneres Gefühl sagte mir, dass alles gut gehen würde. Tatsächlich war ich noch nie so gesund gewesen wie in dieser Schwangerschaft.

Natürlich war mir in den ersten drei Monaten auch übel, aber das war kein Vergleich zu der Zwillingsschwangerschaft. Ich glaube, ich habe mich insgesamt nur viermal übergeben. Das eine Mal geschah, als ich Christoph die Windeln wechseln musste. Mein Mann weigerte sich strikt, dies zu tun. Allenfalls konnte ich ihn gelegentlich dazu überreden, eine Windel zu wechseln, in der sich nur Urin befand. An diesem Tag aber hatte Christoph eine volle Ladung in der Windel. Da ich wusste, dass mir leicht übel wurde, wickelte ich ihn vorsichtshalber auf dem Fußboden, damit er mir nicht von der Wickelkommode fallen konnte, falls ich schnell zur Toilette müsste. Die Windel quoll über bis zu den Schulterblättern. Als ich das sah und roch, kam „es" mir schon hoch, aber ich schluckte „es" wieder runter. Ich säuberte seinen Po und Rücken schon mal grob und konnte die Windeln entsorgen, als mich eine heftige Übelkeitswelle erfasste. Ich rief nach Günter und rannte zur Toilette, wo ich mich vollkommen entleerte. Dann verbrachte ich noch eine kurze Verschnaufpause neben der Toilette hockend. So war ich etwa fünf Minuten mit mir selbst beschäftigt und ging davon aus, dass mein Mann inzwischen das Baby gewickelt und angezogen hätte. Doch als ich die Tür öffnete, kniete dort mein Mann und hielt den Säugling mit weit ausgestreckten Armen von sich. Ich schimpfte mit Günter und beeilte, mich das Baby schnell anzuziehen. So viel zum Thema treu sorgender Papa!

Bis auf die Übelkeit aber war ich kerngesund. Einmal fragte ich sogar den Arzt, wann er mir denn Eisenpräparate verschreiben werde. Doch er entgegnete mir, dass ich so etwas nicht bräuchte, ich könnte sogar noch Blut spenden gehen. Es ging mir so gut, dass ich noch bis zum Schluss mit dem Fahrrad zum Arzt fuhr. Nur am Abend vor meinem nächsten Termin fühlte ich mich so seltsam, dass ich beschloss, den nächsten Tag das Auto zu nehmen. Der Fall erledigte sich jedoch von selbst, da in dieser Nacht die Wehen einsetzten.

Eschenhagen, Oktober 1996

Inzwischen hatten wir ein Aupairmädchen eingestellt, das mich bei der Versorgung der Kinder und der Haushaltsführung unterstützen sollte. Außerdem wollte mir meine Mutter die ersten zwei Wochen nach der Geburt helfen.

Am Abend, bevor meine Wehen einsetzten, entschloss sich Hanna endlich mit eineinhalb Jahren, doch auf ihren eigenen zwei Beinen zu gehen. Wir hatten gerade das Abendbrot beendet und die Zwillinge durften noch etwas im Wohnzimmer toben, als Hanna aufstand und loslief. Meine Eltern, mein Mann und ich klatschten Beifall und sie drehte eine Runde nach der anderen um den Tisch und juchzte und lachte aus vollem Herzen. Dieses

Kind lief wie ein Uhrwerk und wollte gar nicht mehr aufhören. Es war schon richtig unheimlich. Doch schließlich mussten die beiden ins Bett.

Um ein Uhr nachts bekam ich meine Wehen. Die Abstände zwischen den Wehen verkürzten sich gegen vier Uhr auf fünf Minuten. So entschloss ich mich, meinen Mann zu wecken. Schlaftrunken wie er war, behauptete er erst mal, es sei unmöglich, dass ich bereits Wehen hätte. Allerdings war ich schon drei Tage über den berechneten Termin hinaus. Als ich aufstand, um zur Toilette zu gehen, übermannte mich schon wieder eine Wehe. Dies überzeugte meinen Mann dann doch, dass es Zeit war, ins Krankenhaus zu fahren. So weckten wir meine Eltern und fuhren los.

Eigentlich wollte mein Mann anfangs nicht bei der Geburt dabei sein. Ich hatte ihn damals schon bei der Schwangerschaftsgymnastik danach gefragt. Als er ablehnte, war ich ihm nicht böse. Ich wollte dann meine Schwester fragen, ob sie mir beistehen wolle. Als er dies erfuhr, änderte er aber seine Meinung und wollte mich doch lieber selbst unterstützen.

Bei der Untersuchung fragte ich den Arzt, ob ich es wohl bis zum Mittagessen schaffen würde mit der Entbindung. Er lachte und meinte, es werde eher bis zum nächsten Tag dauern, denn der Muttermund sei noch ganz geschlossen. Am liebsten wäre ich gleich wieder nach Hause gefahren, aber das ließ der Arzt nicht zu.

Kurz darauf begann bei mir die Übelkeit, verursacht durch die Schmerzen. Nun war mir gar nicht mehr nach Essen zu Mute. Ständig musste ich würgen und mein Mann erinnerte mich immer daran, ordentlich zu atmen. Ich hätte ihn auf den Mond schießen können, doch ich war sehr froh, dass er bei mir blieb. Die Krankenschwestern hatten nämlich alle Hände voll zu tun und schauten nur sporadisch bei mir vorbei. Wenn man dann allein mit seinen Schmerzen ist, bekommt man doch ganz schön Angst.

Um neun Uhr war der Muttermund schon acht Zentimeter weit offen. Man hatte mir auch etwas gegen die Übelkeit gegeben und ich hatte wieder die Hoffnung, die Strapazen bis zum Mittagessen hinter mich gebracht zu haben. Die Wehen rasten über mich hinweg, so dass ich zwischendurch kaum zum Verschnaufen kam. Die Hebamme hatte eine Sonde an der Schädeldecke des Babys befestigt. Dadurch waren wir bereits in der Lage, den Herzschlag des Babys zu hören. Jedes Mal, wenn ich eine Wehe bekam, verringerte sich der Herzschlag und mein Mann holte besorgt die Hebamme. Sie spritzte mir ein wehenhemmendes Mittel. Bald darauf wollten sie mir wieder ein wehenförderndes Mittel zuführen, doch der Apparat stellte seine Funktion nach wenigen Minuten ein. Das schadete aber nichts, da die Presswehen von sich aus einsetzten. Nun dauerte es nicht mehr lange und mein „Krümel" erblickte laut protestierend das Licht der Welt. Man legte ihn mir auf den Bauch und wir schauten uns staunend an.

Mein Mann saß hinter mir und stützte mich, als der Kleine eine volle Fontäne abgab und dem Papa auf die Hose strullte. Die Hebamme nahm mir den Kleinen ab, um ihn zu waschen, als mein Mann aufgeregt nach Lappen für seine Hose rief. Die Schwestern aber meinten, dass sie zuerst das Baby versorgen müssten. Ich sagte auch, er solle sich nicht so aufregen. Lachend bat ich ihn, sich mal mich anzuschauen, wie verschwitzt und blutverschmiert ich aussah.

Leider bin ich bei der Geburt fürchterlich gerissen und es mussten über zwanzig Stiche gesetzt werden. Dies dauerte eine Stunde lang. Danach konnte ich duschen und bekam mein Mittagessen. Doch Hunger hatte ich keinen mehr! Ich betrachtete lieber den kleinen Sebastian, wie er friedlich schlummernd in meinem Bett lag. Mein Mann war inzwischen nach Hause gefahren, um die frohe Nachricht zu verbreiten.

Hanna und Christoph waren ganz verrückt nach dem Baby. Ich war regelrecht abgeschrieben und Hanna wollte die Mutterrolle am liebsten selbst übernehmen.

Als Sebastian später dann sitzen konnte, durfte er zu den Mahlzeiten im Hochstuhl mit bei Tisch sitzen. Hanna und Christoph wollten ihn dann immer füttern, doch er weigerte sich standhaft, den Mund aufzumachen. Hanna kullerten die Tränen über die Wangen, weil sie Angst hatte, er müsse verhungern. Ich erklärte ihr zwar, dass er bei mir an der Brust Milch trinke und dass Babys erst keine andere Nahrung zu sich nähmen. Doch sie konnte das nicht begreifen. Sebastian aber gedieh hervorragend. Er nahm gewaltig zu, wurde jedoch nicht dick dabei, da er unheimlich in die Höhe schoss. Ich glaube, er wird einmal zwei Meter groß.

Eschenhagen, April 1997

Es war Ostern und wir hatten wunderschönes Wetter. So begann der Oster-sonntag viel versprechend. Günter hatte im Garten Osternester aus Moos vorbereitet und ich hatte sie mit Ostereiern gefüllt. Die Zwillinge stürzten begeistert los. Hanna packte die Ostereier emsig in ihr Körbchen, während sich Christoph die Schokolade erst mal in den Mund steckte, frei nach dem Motto: Was man hat, das hat man! Sebastian saß derweil in seinem Kinderwagen und schaute dem munteren Treiben begeistert zu.

Am Nachmittag jedoch nahm das Verhängnis seinen Lauf. Wir fuhren alle in Begleitung meines Vaters an einen See, der einem Freund von uns gehörte, um dort Bekannten beim Angeln zuzusehen. Wir fuhren jedoch auf die falsche Seite des Sees. Günter ordnete an, dass mein Vater und ich die Kinder im Kinderwagen auf die andere Seite schieben sollten, während er mit dem Wagen zum Treffpunkt fahren wollte. Ich wandte ein, dass ich lieber das Auto fahren würde und er den Kinderwagen schieben könne, denn es gab keine befestigten Wege. Daraufhin brauste er auf: „Aber wehe, du fährst den Wagen im Schlamm fest!" Das schüchterte mich ein und mein Vater und ich willigten ein, die Kinderwagen zu schieben.

Es war jedoch eine noch schwierigere Arbeit, als ich befürchtet hatte. Mein Vater war auch nicht mehr der Jüngste und hatte ebenfalls mit sei-nem Übergewicht zu kämpfen. Ihm brach der Schweiß aus, der in dicken Perlen auf seiner Glatze erschien und ihm dann übers Gesicht lief. Mein Vater kam gehörig ins Schnaufen, so dass ich mir Sorgen machte, er könne sich überanstrengen. Überall waren Schlammlöcher, Hufspuren und Bo-denfurchen, so dass sich die Räder ständig verkeilten. Wir schnauften und zerrten, die Kinder plärrten, aber Günter, der Herr Papa, schaute nicht einmal nach uns, ob wir Hilfe bräuchten. Er stand die ganze Zeit mit dem Rücken zu uns und mein Rufen konnte er wohl nicht hören, weil der Wind ungünstig stand. So kam ich denn mit einer gehörigen Portion Wut im Bauch an, die ich lautstark und unter Tränen an meinem Mann ausließ. Was ihm wohl einfalle, uns solchen Strapazen auszusetzen, ohne einen Blick auf uns zu werfen, ob alles in Ordnung sei! Genauso gut hätte mein Vater einen Zusammenbruch erleiden können, während Günter sich in aller Seelenruhe mit seinen Freunden unterhielt.

Er fühlte sich ungerecht und unmenschlich behandelt. Deshalb redete er nicht weiter mit uns, sondern ließ uns allein zurück und trat den Heimweg zu Fuß an.

Eigentlich waren wir abends mit den Kindern zum Osterfeuer eingeladen, aber Günter ließ sich nicht blicken.

Außerdem lag meine Mutter mit Grippe im Bett. Ihre grauen, mit blondierten Strähnen durchzogenen Haare klebten an ihrem Kopf. Ihr Gesicht mit der kleinen flachen Stupsnase war vom Fieber gerötet und ihre braunen Augen schauten müde und matt glänzend über den Deckenrand ihrer Zudecke. Sie hustete und ihr Asthma war rasselnd zu hören, während sie versuchte, sich mit mir zu unterhalten.

Mein Vater hatte sich am Nachmittag derart übernommen, dass er auch zu erschöpft war, um mir zur Hand zu gehen. Er ging auch lieber sogleich zu Bett.

So traf mich Günters Strafe in vollem Maße, weil ich drei kleine Wilde allein ins Bett bringen musste. Während ich Sebastian die Flasche gab, sprangen Hanna und Christoph über Tisch und Bänke, brachen fast Sebastians Spieluhrmobile ab, machten Kirschsaftflecken in sein Bett und fielen beinahe kopfüber aus seinem Gitterbett. Ließ ich aber Sebastians Flasche los, um die beiden zur Raison zu bringen, fing Sebastian zu schreien an. Es war die reinste Folter und ich war heilfroh, als alle drei endlich schliefen. Ja, Väter haben es leicht, ihr angekratztes Ego zu pflegen: Sie hauen einfach ab!

Abends telefonierte ich diverse Freunde an auf der Suche nach meinem Mann, doch niemand hatte etwas von ihm gesehen oder gehört. Gegen 22 Uhr hatte ich die Idee, im Laden anzurufen. Tatsächlich nahm am anderen Ende der Leitung mein Mann den Hörer ab. Doch er weigerte sich, mit mir zu reden oder nach Hause zu kommen, obwohl nun schon einige Stunden seit unserem Streit vergangen waren.

Dies war eine bittere Lehre für mich. Nie wieder würde ich meinen Mann so anschreien, denn dann würde er mich zur Strafe im Stich lassen.

Nun quälten mich auch noch Gewissensbisse. Hatte ich meinen Mann tatsächlich so unmenschlich behandelt, wie er behauptete? Es sah mir eigentlich gar nicht ähnlich, so emotional zu reagieren und mich in Anwesenheit anderer Leute zu streiten. Hatte ich damit nicht meinen Mann vor den Augen seiner Freunde blamiert? Mit all diesen Gedanken saß ich allein zu Haus und hoffte, dass mein Mann bald käme. Doch irgendwann ging ich resigniert ins Bett.

Ostermontag verbrachte Günter den ganzen Tag auf dem Segelflugplatz und flog bei schönstem Wetter Thermik, während ich mit dem Lammbraten und den drei kleinen Kindern allein dastand. Nur mein Vater schaute ab und zu herein und unterstützte mich ein wenig.

So hatte ich keine sehr schönen Ostertage. Es gab ohnehin kaum Feiertage, an denen Günter und ich nicht aneinander gerieten.

Am Ende des Monats krachte es schon wieder zwischen meinem Mann und mir. Das Wochenende zuvor hatte ich ihm Samstag und Sonntag freigegeben, damit er auf den Flugplatz gehen konnte. Dieses Wochenende ging er Samstag bereits wieder zum Fliegen. Auch am Sonntag ging er los, versprach aber, zum Mittagessen wieder da zu sein. Der Sonntagvormittag war für mich chaotisch. Die Zwillinge stritten sich nur. Melanie, das Aupairmädchen, hatte ihren freien Tag und ging zur Kirche. Anschließend war sie mit einer Freundin verabredet. Zu meinem Glück erschien ihre Freundin nicht, so dass sie mir mittags beim Füttern helfen konnte. Trotzdem war die Wohnung vom Kindergeheul erfüllt und das kann ganz schön an den Nerven zerren. Melanie empörte sich über Günter, der mich so im Stich lasse. Schließlich hatten wir alle Kinder im Bett, als Günter endlich gegen 13 Uhr erschien. Er habe einem Freund noch beim Abrüsten des Flugzeugs helfen müssen, aber dafür habe er sich den Nachmittag für uns freigehalten. Ich schluckte meinen Ärger hinunter, war aber Günter gegenüber einigermaßen reserviert. Ich wollte nicht noch so eine Szene wie zu Ostern provozieren.

Am nächsten Tag, als meine Wut verraucht war, stellte ich ihn zur Rede. Ich erzählte ihm, wie böse Melanie auf ihn gewesen sei, dass ich mich um die drei allein zu kümmern hatte, während er unterwegs war. Eigentlich wäre ja ihr freier Tag gewesen. So erklärte ich Günter, er kümmere sich zu wenig um seine Familie. Dadurch, dass er sich so wenig mit uns beschäftige, mache er sich immer überflüssiger. Die Kinder würden auch immer weniger von ihm wissen wollen. Wenn wir abends vorm Zubettbringen mit den Kindern in unseren Ehebetten schmusten, kuschelten sich alle nur bei mir an. Früher war das anders!

Aber wenn er jetzt nach Hause kam, spielte er nicht mit den dreien, sondern setzte sich nur vor den Fernseher. Dabei durften sich die Kinder allenfalls auf seinen Schoß setzen. Er würde sie wohl gelegentlich zu seinen Verabredungen mitnehmen, doch ich bin davon überzeugt, dass er nur seine Angelegenheiten regeln würde und sie lediglich daneben stehen dürften.

Ich hatte ihm mit meiner Schilderung ins Gewissen reden wollen, aber er meinte nur, dass ich damit unsere Beziehung beendet hätte. Ich wolle nur einen anderen Mann. Obwohl ich ihm darauf erwiderte, dass dem nicht so sei, sondern dass ich ihn nur zum Nachdenken bewegen wolle, zog er trotzdem aus dem Schlafzimmer aus und quartierte sich in der angrenzenden Ferienwohnung ein.

Am nächsten Morgen kam er zu mir und fragte mich, ob ich ihm nichts zu sagen hätte. Schließlich hätte ich die Beziehung beendet. Mir fehlten die Worte. Aber entschuldigen wollte ich mich nicht, nur weil ich ihm die Leviten gelesen hatte. Was konnte ich noch tun, um meine Unzufriedenheit zu äußern, ohne ernstlich unsere Ehe zu gefährden? Emotional durfte ich schon gar nicht werden, aber eine ruhige Diskussion zu führen war auch nicht gestattet, ohne dass mein Mann gleich seine Sachen packte und auszog. Also musste ich alles hinunterschlucken, ohne mich zu beschweren.

Günter sagte mir zwar immer wieder, dass er mich liebte, aber nur dann, wenn er mit mir schlafen wollte. So fühlte ich mich nur noch als Sexobjekt oder Statussymbol benutzt, wenn er mit stolzgeschwellter Brust seine Familie vorführte. Das war ein Teufelskreis, weil sich in mir der Frust anhäufte, ich aber mit meinem Mann darüber nicht reden konnte. Aus diesem Grund war es mir unmöglich, meinem Mann zu sagen, dass ich ihn liebte, denn das tat ich zu diesem Zeitpunkt schon nicht mehr. Ich war sehr traurig, dass es sich zwischen uns derart abgekühlt hatte. Früher war er so warmherzig gewesen, so dass ich gedacht hatte, er würde ein sehr guter Vater sein.

Uelzen, Mai 1997

Wir haben uns dann aber doch wieder vertragen. Da ich mich mit meinen Freundinnen über Eheprobleme ausgetauscht hatte, wurde mir klar, dass es während des ersten Lebensjahres eines Babys stets kriselte. So schöpfte ich neue Hoffnung.

Günter, die Kinder und ich nebst dem Aupairmädchen verbrachten zwölf Tage in Uelzen, um dort zu fliegen. Wir hatten recht schönes Wetter. Die Kinder hatten auch ihren Spaß daran, den ganzen Tag im Freien herumzutoben. Günter flog in dieser Zeit sehr viel. Nur ich bin nicht so viel zum Fliegen gekommen, wie er es mir versprochen hatte. Er hatte mir vorher ins Gewissen geredet, wie wichtig es sei, dass ich wieder mit dem Fliegen begänne, da sonst mein Pilotenschein verfalle. Ich solle bloß zusehen, dass ich möglichst häufig ins Flugzeug käme. Aus diesem Grund sei es auch wichtig, dass wir an diesem Fliegerlager teilnähmen. Es stellte sich jedoch heraus, dass fast gar kein normaler Flugbetrieb aufgezogen wurde. Meistens wurden nur Flugzeugschlepps durchgeführt, für die ich mit meiner Pilotenlizenz keine Berechtigung hatte. So war mein Mann die ganzen Tage in der Luft, während ich am Boden blieb und mich um die Kinder kümmerte. An dem einen Wochenende jedoch wurde auch die Seilwinde in Betrieb genommen und Günter bot mir ganz gönnerhaft an, den heutigen Tag zum Fliegen zu nutzen. Er werde sich um die Kinder kümmern. Ich hatte erst Bedenken und erinnerte ihn daran, dass er den Kindern Mittagessen bereiten müsse und sie auch nicht aus den Augen lassen dürfe, da den ganzen Tag Flugzeuge starten und landen würden. Er meinte aber, ich müsse mir keine Sorgen machen. Außerdem sei ja auch noch das Aupairmädchen da. So flog ich von etwa 11–14 Uhr Thermik, hatte dann aber doch ein mulmiges Gefühl und entschloss mich zu einem raschen Abstieg. Ich flog höhenfressende Flugmanöver, kreiste in Abwinden und zog die Bremsklappen, um rasch an Höhe zu verlieren. Im Landeanflug sah ich meine kleine Hanna mit hochrotem Gesicht, ohne Mütze, in der prallen Sonne herumkrabbeln, derweil mein Mann mit einem Funkgerät an der Startbahn stand. Nach der Landung ging ich sofort zu meiner Tochter, klemmte sie mir empört unter den Arm und machte mich auf den Weg zu meinem Mann, wo ich meiner Entrüstung Luft machen wollte. Christoph hatte ich mittlerweile entdeckt. Er spielte glücklicherweise an einer schattigeren Stelle. Bei Günter angelangt, fragte ich ihn, wo Sebastian sei, und erfuhr, dass das Mädchen ihn im Kinderwagen spazieren fuhr. Dann wollte ich wissen, ob er den Kindern etwas zu essen gemacht habe. Er verneinte dies und gab als Grund an, dass er dem Fluglehrer seine Unterstützung angeboten habe. Der habe nämlich Mittagspause machen wollen und er habe ihn für diesen Zeitraum abgelöst. Ich solle mir aber keine Sorgen machen, er sei nicht ins Flugzeug gestiegen, sondern habe nur die Flugschüler überwacht, die schon allein fliegen durften. Da ich inzwischen gelernt hatte, dass es wenig Sinn machte, meinen Mann auszuschimpfen oder ihm ins Gewissen zu reden, packte ich mir innerlich wutschnaubend meine Kinder und fuhr mit ihnen zum Vereinsheim. Es war mir nun klar, dass ich mich auf meinen Mann nicht verlassen konnte. Wenn ich fliegen wollte, musste ich alles vorher organisieren, damit die Versorgung der Kinder gewährleistet war. Am Vereinsheim traf ich auch das Mädchen mit Sebastian an. Wir gaben den dreien etwas zu trinken und ich kochte eine kleine Mahlzeit. Langsam nahm Hannas Gesicht auch wieder eine normale Färbung an, aber sie stand wohl kurz vor einem Sonnenstich.

Als ich am Abend doch noch mal vorsichtig versuchte, Günter zur Rede zu stellen, erklärte er mir, ich sei überfürsorglich. Kinder müssten so nebenbei groß werden.

Bei dieser Gelegenheit fällt mir eine Geschichte ein, die mir meine Freundin Christine wenige Monate nach Günters Tod erzählte. Sie passt zu dem eben geschilderten Verhalten meines Mannes: Kurz nach Sebastians Geburt waren wir von einem Landwirt zum Weihnachtsbaumschlagen eingeladen worden. Zu diesem Fest kamen viele Leute, und im Wald wurde ein großes Lagerfeuer errichtet und eine Cafeteria aufgebaut. Zum Aufwärmen gab es Punsch und Glühwein. Christine schilderte mir, wie Günter mit den damals eineinhalb Jahre alten Zwillingen in einem Trabbi-Cabriolet eine Runde um die andere fuhr. Es war bitterkalt und die Kinder hatten weder Mützen noch Kapuzen auf. Er saß vorne, war dick eingemummelt und strahlte glücklich wie ein Kind über das ganze Gesicht. Mir ist im Nachhinein schleierhaft, wieso die Kinder keine Mützen aufhatten, denn ohne hätte ich sie gar nicht aus dem Haus gelassen. Jedenfalls war es so und einige Leute regten sich auch schon über Günters Unachtsamkeit auf. Während der Schilderung dieser Geschichte fragte ich meine Freundin, wo ich damals gewesen sei, denn ich konnte mich gar nicht an die Fahrt erinnern. Sie erzählte mir, ich sei mit Sebastian im Kinderwagen am Lagerfeuer gewesen, wo die anderen Frauen meinen Sprössling begutachteten.

So hatte Günter wiederum seine eigenen Wünsche in den Vordergrund gerückt und gegenüber den Kindern unverantwortlich gehandelt.

Eschenhagen, 1998–2001

Nun kam die Zeit, in der ich mir um Günters Übergewicht doch ernstlich Sorgen machte. Er litt an Gicht und hatte deswegen vom Arzt Medikamente verschrieben bekommen. Ich las mir die Beipackzettel durch und sah, dass die Medikamente einige Nebenwirkungen hatten. Aus meiner Studienzeit kannte ich eine Frau, die viel stärker an Gicht litt als mein Mann und die es allein durch eine Ernährungsumstellung in den Griff bekommen hatte. Ich setzte mich mit meinem Mann zusammen und redete mit ihm darüber. Ich erzählte ihm von der Frau und klärte ihn darüber auf, welche Lebensmittel man in großer Menge essen solle und welche man meiden bzw. weniger zu sich nehmen dürfe. Er meinte aber nur, dass er das wisse, der Arzt aber habe ihm gesagt, es sei besser, regelmäßig seine Medikamente zu nehmen.

Als Günter das nächste Mal zum Arzt ging, beschloss ich, ihn zu begleiten. Mir erzählte der Arzt eine ganz andere Version. Natürlich sei eine Nahrungsumstellung das Beste, aber ich solle mir mal meinen Mann ansehen. Er lebe viel zu gerne viel zu gut! Wohl oder übel musste ich ihm Recht geben.

Günters Übergewicht beeinflusste aber nicht nur seine Gichtanfälligkeit, sondern beeinträchtigte auch seine Gelenke. Er konnte sich kaum noch seine Strümpfe anziehen und wahrscheinlich litt er auch unter so genannten „Spiegeleiern", ein Begriff, den Günter selbst geprägt hatte. Er sprach einmal von einem Bekannten und sagte mir, dass dieser Mann „Spiegeleier" habe. Verdutzt fragte ich Günter, was das sein solle. So erklärte er mir, dass dieser Mann einen so dicken Bauch habe, dass er seine Hoden nur mit Hilfe eines Spiegels sehen könne. Bei mir dachte ich nur, dass wer im Glashaus sitze, nicht mit Steinen werfen solle. Ich wagte es jedoch nicht, dies laut zu äußern.

Gelegentlich renkte sich Günter seinen Rücken aus und war dann mehrere Tage bewegungsunfähig. Doch alles, was er dagegen tat, war, sich Schmerzspritzen geben zu lassen. Wie oft redete ich ihm ins Gewissen, zur Rückenschule zu gehen oder Sport zu treiben. Aber dafür fand er nie Zeit. So versuchte ich ihm beim Abnehmen zu helfen und kochte nach Diät. Er nahm dann auch vier bis fünf Kilo ab, fiel dann aber in sein altes Ernährungsmuster zurück. Er aß sehr schnell und schlang sein Essen förmlich herunter, was allen Leuten negativ auffiel. Ihm beim Essen zuzusehen erinnerte einen leicht an ein Schwein, das sich über seinen Futtertrog hermachte.

Außerdem tat er sich immer nur geringe Mengen auf den Teller und nahm lieber zwei- bis dreimal nach. Ich erzählte Günter von meiner Beobachtung und schlug ihm vor, doch lieber eine große Portion auf den Teller zu nehmen, damit er sehen könne, welche Menge er verspeise. Aber das tat er damit ab, dass es keine feine Art sei, sich den Teller voll zu laden. Auf diese Art und Weise konnte er sich selber besser einreden, er esse gar nicht viel. Weiterhin sagte ich ihm, dass er langsamer essen müsse und jeden Happen 40-mal kauen solle, bevor er ihn hinunterschlucke. Das Gehirn brauche nämlich 20 Minuten, um ein Sättigungsgefühl zu signalisieren. In diesem Zeitraum könne man aber durch zu schnelles Essen eine große überschüssige Menge zu sich nehmen. Aber auch dies lehnte mein Mann ab.

Unlogischerweise meinte er, dass ihm das Essen besser schmecke, wenn er es rasch herunterschlinge.

Er nahm also keine Ratschläge von mir an. Wenn ich jedoch fleischlos kochte, mäkelte er herum, dass er nach kurzer Zeit wieder Hunger bekomme. Hielt ich ihn auch zu Hause kurz, so ging er während der Arbeit schnell zu der seinem Geschäft gegenüberliegenden Metzgerei, deren Inhaber unsere Freunde waren, und holte sich dort, was er zu Hause nicht bekam.

Des Weiteren bekam ich schnell mit, wie sehr mein Mann gereizt wurde, wenn ich das Essen rationierte. Also stellte ich meine Bemühungen ein.

Seinen Lebensstil konnte ich nicht ändern, also nahm ich meinen eigenen in die Hand. Nachdem ich nun zwei Jahre lang nur zu Hause geblieben war und meine Unterhaltungen nur von Kindern handelten, dürstete es mich nach geistiger Nahrung. Ich beschloss, die Abendschule zu besuchen. Da ich Gesellschafter in der Firma meines Mannes war und auch die Bilanzen zu unterschreiben hatte, aber prinzipiell gar nichts davon verstand, entschied ich mich für einen Buchführungskurs. Mein Mann verstand zwar nicht den Sinn und Zweck meines Unternehmens, aber ich ließ mich nicht beirren.

Am Anfang hätten sie in dem Kurs genauso gut Chinesisch sprechen können, so viel verstand ich von der Materie. Doch ich biss mich durch. Beim zweiten Kurs fragten mich die anderen Teilnehmer sogar schon um Rat. Bei der Abschlussklausur erhielt ich die Note „sehr gut". Dies hatte ich mir zu Hause allerdings schwer erkämpft, denn ich litt unter Prüfungsstress, wobei mein Magen sehr übersäuerte. Des Weiteren war ich in der Lernphase sehr gereizt und konnte meinem Mann nicht die liebevolle Ehefrau sein, die er gewohnt war. So führte dies dazu, dass auch er gereizt war und mir vorwarf, ich betriebe meine Weiterbildung auf dem Rücken der Familie.

(In Wirklichkeit, so weiß ich heute, war es ihm ein Dorn im Auge, dass ich meinen Horizont erweiterte und ihm womöglich auf die Finger schauen konnte. Denn später durfte ich mir die Bilanzen trotzdem nicht anschauen und musste sie blind unterschreiben.)

Ich ließ mich aber nicht davon abhalten, alle Kurse zu besuchen, die nötig waren, um den Abschluss als Finanzbuchhalter zu absolvieren. Allerdings sagte ich meinem Mann nicht mehr, wann die nächste Klausur stattfand, und lernte heimlich, wenn er nicht zu Hause war. Und siehe da, es herrschte Frieden im Hause Brinker!

Ich fand auch nicht, dass meine Familie darunter litt. Nur bei einer einzigen Gelegenheit hätte ich mir einen eingeschränkten Vorwurf machen können, nämlich bei meiner letzten Prüfung. Zwei Tage vorher ging es meiner Tochter schlecht. Ich glaubte, sie habe eine Magen-Darm-Grippe, ging aber mit ihr am darauf folgenden Tag lieber zum Kinderarzt, der vorsichtshalber einen Abstrich im Hals nahm. Am nächsten Tag machte ich mich morgens gleich auf den Weg zur Prüfung. Derweil blieb das Aupairmädchen zu Hause und mein Mann erwartete im Laden den Anruf vom Kinderarzt. Die Prüfung dauerte normalerweise drei Stunden, ich riss sie jedoch in der Hälfte der Zeit ab. Beim Abgeben der Arbeit schaute mich der Dozent verdutzt an, ich erklärte ihm jedoch, dass es meiner Tochter schlecht gehe und ich eiligst nach Hause müsse. Trotz allem erzielte ich noch die Note „gut". Ich fuhr zum Laden und erhielt dort von meinem Mann die Information, dass Hanna Scharlach habe. Er habe sich gerade auf den Weg machen wollen, die Antibiotika aus der Apotheke zu holen. Ich nahm ihm das ab und nur wenige Stunden nach der Einnahme ging es meiner Tochter besser.

So ging ich einmal die Woche abends zur Schule und hatte nach drei Jahren meinen Finanzbuchhalter gemacht. Darauf war ich sehr stolz und mein Selbstbewusstsein wuchs. Ich war eine vollwertige Frau, die Kinder bekommen konnte, und intelligent war ich obendrein.

Aber im Geschäft ließ mich mein Mann nicht in die Bilanzen schauen. Er machte sich überall Lesezeichen in die Seiten, wo unterschrieben werden musste, und seine Mutter und ich bekamen einen Kugelschreiber in die Hand gedrückt. Auf meine Bitte, die Bilanz vorher durchlesen zu dürfen, erhielt ich nur eine gereizte Antwort, dass dafür keine Zeit sei. Wenn ich nachhakte, wurde er immer aggressiver.

Um doch etwas Überblick zu bekommen, schaute ich mir die Monatsauswertungen an, die der Computer auswarf, und schrieb mir die entsprechenden Zahlen in eine Liste. Dies tat ich regelmäßig und konnte schon vor Erhalt der Bilanz den Gewinn bzw. Verlust abschätzen.

Auf diese Art und Weise lernte ich die Umsätze der einzelnen Warenlager einzuschätzen und mir fiel seinerzeit ein Fehler auf. Der Umsatz in einem Lager, das mein Mann verwaltete, war außerhalb jeder Schwankungsweite zu gering angesetzt worden. Ich wollte Günter darauf aufmerksam machen und ging zu ihm ins Büro. Dort saß er bereits mit seiner Büroangestellten vor dem Computer und grübelte über die Buchhaltung nach. Normalerweise wusste ich, dass ich meinen Mann in solchen Augenblicken nicht ansprechen durfte, aber ich dachte, vielleicht ist es ja genau das Problem, über das sie sich gerade die Köpfe zerbrechen. Also erzählte ich ihm, dass mir ein Fehler aufgefallen sei. Doch gereizt herrschte er mich an, dass keine Fehler in der Monatsauswertung seien, ich solle verschwinden. Die Büroangestellte aber wollte sich anschauen, was ich entdeckt hatte. Sie stimmte mit mir überein, dass dieser Umsatz unmöglich stimmen könne, sie habe dort einen Fehler gemacht. Augenblicklich drehte sich mein Mann nach uns um, riss mir den Zettel aus der Hand und ließ sich den Fehler zeigen. Nun scheuchte er mich mit aggressiven Worten aus dem Büro, er müsse jetzt seine Ruhe haben und ich solle ihn bloß nicht ansprechen. Eigentlich hatte ich Dank erwartet, aber ich war bereits an den Tonfall meines Mannes gewöhnt und ging einfach wieder an meine Arbeit.

Es war schon ein Unding, wie er mich behandelte, aber seine Mutter behandelte er noch viel schlimmer. Es verging kaum ein Tag, an dem er sie nicht anschrie. Kaum erschien sie in seinem Büro und sprach ihn an, während er am Computer saß, wurde sie auch schon niedergebrüllt: „Du nervst! Lass mich in Ruhe!" Es war ihm egal, ob die Angestellten oder sogar Kunden anwesend waren, er schmetterte ihr trotzdem Sätze an den Kopf wie: „Du bist zu doof, ein Glas Wasser umzukippen!"

Auch die Büroangestellte klagte mir ihr Leid. Sie litt ebenfalls unter seinen Zornausbrüchen und warnte oft schon meine Schwiegermutter beim Betreten des Ladens, nicht gerade in diesem Augenblick ins Büro zu ihrem Sohn zu gehen. Richtig Spaß an ihrer Arbeit hatte die Büroangestellte auch nicht mehr. Sie erzählte mir, dass Günter ihr vorgeschlagen hatte, beim Einkauf mitzuentscheiden. Sie sei schließlich auch im Verkauf tätig und wenn die Angestellten überzeugt von der Ware seien, verlaufe auch der Verkauf entsprechend besser. Diese Argumente waren sehr überzeugend und sie freute sich über das Vertrauen ihres Chefs und die zusätzliche Verantwortung. Doch Reden und Handeln meines Mannes stimmten leider nicht überein. Er konnte wunderschön und überzeugend reden, aber von der Wirklichkeit wurde man enttäuscht. Ich hatte diese Erfahrung schon oft genug selbst gemacht und nach meiner Enttäuschung konnte mein Mann mich sogar stets davon überzeugen, dass es an mir lag, wenn nicht alles so klappte wie geplant. Doch nun machte auch die Angestellte diese Erfahrung.

Sie wurde dazugebeten, wenn die Vertreter im Haus erschienen, und mein Mann fragte sie, welche Artikel sie einkaufen wolle. Sie betrachtete die Kollektion und wählte einige Artikel aus. Nun aber argumentierte mein Mann alles haarklein auseinander, warum er gerade diese Teile nicht kaufe, sondern andere Artikel auswähle. Er meine es gut mit ihr und wolle sie darin schulen, nach welchen Auswahlkriterien man entscheiden müsse. So weit, so gut.

Das kann ja die ersten paar Male auch so geschehen, doch es lief beständig so weiter. Jedes Mal, wenn ein Vertreter im Haus erschien und mein Mann die Angestellte rief, schaute sie mich an und rollte resigniert mit den Augen. Sie fand sich damit ab, einfach die Vororder in den Laptop zu tippen und meinem Mann nach dem Mund zu reden.

Ich arrangierte mich ebenfalls mit meinem Mann und versuchte ihn nicht zu reizen, tat meine Arbeit und überwachte nebenbei die Kosten und Erträge der einzelnen Warenlager.

Mit der Zeit hatten meine Tabellen einen Umfang erreicht, der es mir gestattete zu erkennen, dass es mit der Firma bergab ging. Das Eigenkapital sank auf Null und ging sogar ins Negative. Die Firma wurde nur noch über Fremdkapital finanziert. Vorsichtig machte ich meinen Mann darauf aufmerksam, dass wir unter diesen Bedingungen Konkurs anmelden müssten.

45

Nun stand ihm der Schrecken ins Gesicht geschrieben. Ich solle bloß den Mund halten. Was sollten wir denn sonst für Arbeit finden? Außerdem bestehe ein Großteil des Fremdkapitals aus privaten Familienkrediten. Auf diese Art und Weise hätten wir gute Zinseinkünfte.

Ich hatte zwar gelernt, dass man in einem solchen Fall zunächst das Eigenkapital (Einlage ins Stammkapital) erhöhen müsse, aber ich war verunsichert. Mein Mann konnte schon immer sehr überzeugend reden, außerdem war er schließlich Diplom-Kaufmann und ich hatte nur an der Abendschule gelernt. Also glaubte ich seinen Worten!

Als nächstes Ziel meiner Selbstverwirklichung wollte ich das Rauchen aufgeben, denn ich hatte nach den Schwangerschaften und dem Abstillen wieder damit angefangen. Auch dies gelang mir und mein Mann war stolz auf mich. Ich tat es aber nicht für ihn, sondern für mich. In mir wuchsen Bedenken über meine Gesundheit und ich wollte meinen Kindern möglichst lange erhalten bleiben.

In dieser Zeit ging es unserem Hund immer schlechter, er war schon sehr alt und hatte Hodenkrebs. Ich hing sehr an dem Tier und es tat mir Leid zuzusehen, wie es immer mehr abbaute. Seinen Darm hatte der Hund auch nicht mehr unter Kontrolle und so roch ich morgens beim Aufstehen des Öfteren den beißenden Gestank von Kot im Flur. Doch ich weigerte mich, den Dreck wegzumachen, denn mir drehte sich der Magen um. Das war Günters Aufgabe, schließlich war es sein Hund! Es war eine kleine Rache für mich, da er damals bei den Kindern nie die „vollgeschissenen" Windeln gewechselt hatte. Als ich ihn damit einmal aufzog, zuckte er nur mit den Schultern und meinte, dass dies nicht so schlimm sei wie die Kinderwindeln.

Ich schlug vor, den Hund einschläfern zu lassen, aber Günter brachte es nicht übers Herz. Der Hund jedoch kam kaum noch mit dem Hintern hoch, die Hinterbeine rutschten ihm weg und er landete jaulend auf dem Bauch. Ich schaute mir dies noch ungefähr einen Monat lang an und stützte das große Tier, so gut ich konnte. Dann aber bestand ich darauf, den Hund einschläfern zu lassen. Günter sagte, dass er das nicht könne, und wenn ich es täte, sei er mir böse. Ich redete auf ihn ein, dass es so nicht mehr weitergehen könne, das Tier leide zu sehr. So erklärte er sich schließlich damit einverstanden. Er werde den Tierarzt anrufen, damit der zu uns ins Haus komme. Er selbst aber werde im Laden bleiben und ich solle dafür sorgen, dass der Hund eingeschläfert werde. Darauf rief ich meine Freundin an, ob sie zu mir kommen könne, damit sie die Kinder beschäftige, während ich bei dem Hund blieb. Für mich war es ein Liebesdienst, dem Tier in seinen letzten Minuten beizustehen.

Beim ersten Klingeln stand meine Freundin vor der Tür und der Hund schlug kräftig Alarm. Beim zweiten Klingeln aber verkroch er sich unter dem Tisch, als ahne er, dass dies der Tierarzt sei. Er ließ sich auch nicht hervorlocken, sondern ich musste ihn an den Vorderbeinen herausziehen. Derweil nahm meine Freundin die Kinder mit in die Ferienwohnung, nur Hanna sträubte sich unter Tränen. Sie wollte auch mit dabei sein. Ich ließ sie gewähren. So knieten wir beide auf dem Fußboden und nahmen den abgemagerten riesigen Hund auf unseren Schoß. Wir streichelten ihn und redeten beruhigend auf ihn ein. Der Tierarzt setzte die Spritze und erklärte uns, dass der Hund gleich in sich zusammensacken werde. Doch ich spürte nichts, so entspannt lag er auf unseren Schößen. Schließlich fragte ich den Tierarzt, ob er schon tot sei. Der antwortete, dass er schon einige Minuten tot sei, und hob ihn hoch. Der Kopf des Hundes fiel zur Seite und seine Zunge hing schlaff heraus. Ich nahm meine Tochter in den Arm und barg ihr Gesicht an meinem Bauch. Mir liefen die Tränen über das Gesicht und ich musste den Blick vom Hund abwenden, der hinausgetragen wurde. Meine Tochter aber weinte nicht, sondern strahlte und fragte mich, ob er nun im Himmel sei. Dann kam auch Christoph schon angerannt und suchte den Hund überall. Wir erklärten ihm, dass er nun im Himmel sei. Doch Christoph strahlte nicht, sondern weinte hemmungslos. Er rannte durchs ganze Haus, um ihn zu suchen.

Als mein Mann nach Hause kam, war er mir gegenüber einigermaßen reserviert. Er wisse zwar, dass es besser für den Hund sei, er brauche aber noch etwas Zeit, um mir zu verzeihen.

Am nächsten Morgen weckte ich die Kinder und fand Christoph am ganzen Körper von roten Flecken übersät. Konnte es sich hierbei um die Masern handeln? Aber er war doch dagegen geimpft! Also musste ich mit ihm zum Kinderarzt. So kommt ein Unglück zum anderen, dachte ich mir. Wann komme ich denn mal zur Ruhe? Beim Arzt stellte sich jedoch heraus, dass es sich um einen nervösen Ausschlag handelte, der wahrscheinlich vom Ereignis des Vortages herrührte.

Nun aber kehrte doch endlich wieder Ruhe ein und der normale Alltag konnte wieder seinen Lauf nehmen – dachte ich.

Eines Abends aber kam mein Mann an mein Bett und schaute mich mit seinem traurigen, resignierten Dackelblick an. Er schaffe es nicht, ohne meine Hilfe abzunehmen. Ob ich bereit sei, ein Belohnungssystem einzuführen, das folgendermaßen aussah: Habe er in einer Woche ein Kilo abgenommen, so sollten wir viermal Geschlechtsverkehr haben. Nehme er nichts ab, so sollte sich die Anzahl auf zweimal verringern. Sollte er gar zunehmen, so gebe es in dieser Woche gar keinen Sex.

Zuerst war ich über diesen merkwürdigen Vorschlag irritiert, erinnerte mich aber daran, dass ich früher über eine recht gut ausgeprägte Libido verfügt hatte. Einer meiner Freunde hatte sich sogar einmal bei mir beschwert, dass ich an nichts anderes denken könne. So glaubte ich, ich könne zwei Fliegen mit einer Klappe schlagen. Zum einen würde ich meinen Mann sexuell übersättigen, zum anderen würde er schlanker und somit wieder attraktiver für mich werden.

Doch dies war eine meiner größten Fehleinschätzungen. Mein Mann war sexuell gesehen ein Fass ohne Boden. Sooft ich auch mit ihm schlief, nie war es genug. Schließlich freute ich mich sogar insgeheim, wenn er zugenommen hatte und ich in der betreffenden Woche nicht mit ihm ins Bett musste. Im Endeffekt führte diese Methode auch nicht zum Erfolg, obwohl mein Mann mir erklärte, wie viele Kalorien man beim Geschlechtsverkehr verbrenne. Er stellte es so raffiniert an, dass er in einer Woche drei Kilo zunahm, um dann wöchentlich ein Kilo abzunehmen. Nach zwei bis drei Monaten beschwerte ich mich bei ihm, dass ich nur noch mit ihm viermal die Woche verkehren würde, wenn er pro Woche ein Kilo unter seine jeweils untere Gewichtsgrenze kommen würde. Doch das wehrte Günter ab, denn er sei ja bereits für das Zunehmen bestraft worden und dies dürfe nicht wiederholt fortgesetzt werden. Jetzt, nachdem ich viel zu lange stillgehalten hatte, prustete ich vor Empörung los und brach unser Abkommen ab. Ich ekelte mich vor ihm und ich ekelte mich vor mir. Wie hatte ich mich nur auf so einen Handel einlassen können? Ich fühlte mich sexuell erniedrigt. Unser Liebesleben wurde fortan stark eingeschränkt. Ich verweigerte mich oft. Doch dies führte dazu, dass mein Mann unausstehlich wurde und die Angestellten und die Familie anschrie. Um des lieben Friedens willen prostituierte ich mich für ihn. Ich versuchte meinen ehelichen Pflichten weitestgehend nachzukommen. Ich schminkte mich nicht mehr und kaufte mir nur schlichte weiße Baumwollslips, um möglichst sexuell unauffällig zu sein. Ich war glücklich, wenn ich nicht seine schweren Schritte hören musste, die auf das Schlafzimmer zukamen. Doch wenn ich tagsüber erlebt hatte, wie er bei lautem Kinderlachen ausrastete und die Kinder anschrie, Ruhe zu geben, oder wenn ich die tobenden Kinder aus dem Wohnzimmer trieb, damit er in Ruhe auf dem Sofa liegen konnte, dann wusste ich, dass ich ihn nicht abweisen durfte, wenn er das Schlafzimmer ansteuerte.

Hatte er sich von seinem sexuellen Druck befreit, war er wieder der liebevolle Vater und ausgeglichene Chef. Aber spätestens nach vier Tagen war es wieder so weit und der Kreislauf begann von vorne.

Er zeigte mir Zeitungsausschnitte oder Fernsehberichte, die Statistiken über Sexualität präsentierten. Ich war aber nicht bereit, den darin formulierten Anforderungen nachzukommen. Immer wieder kam der Vorwurf, dass ich mit ihm schon seit einer Woche nicht geschlafen hätte. Ich selbst habe diesen Zeitraum oftmals nicht so lange eingeschätzt, deshalb fing ich heimlich an, im Kalender zu notieren, wann wir Verkehr miteinander hatten. So war Günters geschätzter Zeitraum von einer Woche meistens tatsächlich nur vier Tage lang. Er glaubte mir aber nicht, sondern behauptete, ich hätte ein falsches Wahrnehmungsvermögen.

Wenn ich an diese Zeit zurückdenke und mich an den Vorwurf meiner Schwiegermutter nach Günters Tod erinnere, kommt großer Zorn in mir auf. Sie meinte nämlich: „Ach, da muss Günter aber sexuell sehr unglücklich gewesen sein!" Aber wie kreuzunglücklich war ich gewesen? Ich war doch nur dazu da, mit meinem Mann aus „medizinischen" Gründen ins Bett zu gehen und ihm obendrein alle Arbeiten rund um Haus und Garten abzunehmen.

Zum Thema Sex fällt mir noch eine andere Begebenheit ein. Im Laden kam einmal eine Angestellte zu mir und sagte: „Katrin, du musst mal ins Büro gehen und sehen, was dein Mann sich im Internet anschaut."

„Wieso, was macht er denn da?"

Sie lachte verschämt und sagte: „Er schaut sich nackte Frauen an!"

Ich ging zu Günter ins Büro und stellte ihn zur Rede: „Ich habe gehört, du schaust dir hier pornographische Aufnahmen an."

Er verteidigte sich: „Hier, schau mal! Ich tippe nur den Suchbegriff „Gras" ein und dann erscheint so ein Bild."

Er führte mir das am Computer vor und tatsächlich erschien das Bild einer nackten Schönheit vor einem Hintergrund aus Schilf.

„Günter, das kannst du nicht hier im Büro machen. Das geht nicht vor den Angestellten!"

„Ich kann aber wirklich nichts dafür. Es war ein Versehen!"

Im Jahr 2001 ging es uns wirtschaftlich sehr schlecht. So beschlossen wir, in jenem Jahr keinen Urlaub zu machen und lieber das Wohnzimmer zu renovieren. Das war notwendig, denn unser neuer Hund war einfach nicht stubenrein zu kriegen. Er pinkelte ständig auf den Teppich, obwohl er schon drei Jahre alt war und ihm die Tür zum Garten Tag und Nacht offen stand. Eine Zeitlang dachte ich, wir hätten es geschafft, aber dann entdeckten wir wieder eine neue Pfütze. Dem Hund verbot ich das Wohnzimmer, aber dieses „Mistvieh" konnte die Türen aufmachen. Auch wenn ich den Hund hier beschimpfe, lieb hatte ich ihn trotzdem. Ich hatte den Eindruck, dass er rückfällig wurde, wenn er eingeschnappt war. Gelegentlich fuhr Günter für einige Tage in den Osten zur Jagd und nahm seinen Hund nicht mit. Zu solchen Anlässen stahl sich der Hund heimlich ins Wohnzimmer und ruinierte den Teppich. Die Bitte, dass mein Mann ihn zur Jagd mitnehmen solle, wurde abgelehnt. Es sei organisatorisch nicht möglich, und das, obwohl das Tier ein Jagdhund war. Der Teppich stank also mittlerweile, obwohl ich ihn häufig nass reinigte. Deshalb beschlossen Günter und ich zu sparen, um im Herbst Laminat zu verlegen.

Doch dann kam mein Mann mit der Nachricht nach Hause, dass sich Bekannte scheiden ließen und ihre Bibliothek verkaufen wollten. Sie sollte 2000 DM kosten. Ich gab meinem Mann zu bedenken, dass wir unser Wohnzimmer renovieren wollten und er außerdem überhaupt nicht las. Er meinte jedoch, dass viele alte, wertvolle Bücher zum Bestand gehörten, und es sei eine Schande, eine solche Bibliothek auseinander zu reißen und die Bücher einzeln zu verkaufen. Eine Weile dachte ich darüber nach, kam dann aber doch zu dem Schluss, dass er die Bibliothek nicht kaufen solle.

Am nächsten Tag kam mein Mann freudestrahlend nach Hause und berichtete mir, dass er sie trotzdem gekauft habe. Nun begann ich vor Enttäuschung zu heulen und fragte ihn, warum er mich überhaupt um meine

Meinung gefragt habe, wenn er dann doch nur nach seinem Kopf handelte. Man könne sich auch gar keine Gäste mehr nach Hause einladen, weil es in unserem Wohnzimmer so stinke. (Mit diesem Argument, so erkenne ich heute, konnte ich ihn überzeugen. Wenn seine Familie in so einem Gestank leben musste, war es nicht schlimm, aber wenn Außenstehende dies bemerken würden, wäre der schöne Schein nicht mehr gewahrt. Unbewusst hatte ich damals das passende Argument getroffen.) Dies gab ihm zu denken und am Wochenende reinigten wir gemeinsam den Teppich. Nun sah er ein, dass der Gestank nicht vollständig beseitigt werden konnte, und versprach mir, die Renovierung noch vor Weihnachten durchzuführen. Erstaunlicherweise bekam er das Geld zusammen. Das wunderte mich. Er hatte zwar ein wesentlich höheres Gehalt als ich und bekam obendrein auch noch das Kindergeld, doch viel durfte ich nicht von seinem Konto abheben, da er leicht in die „Miesen" abrutschte, weil er angeblich so viel Steuern zu zahlen hatte.

Damals dachte ich nicht weiter darüber nach und war einfach glücklich, dass wir renovieren konnten. Nach Günters Tod aber erhielt ich einen Anruf von Günters Freund. Auch seine Freunde hatten nach diesem Schock einiges seelisch aufzuarbeiten und so kamen ihnen Erinnerungen an frühere Gespräche. Es war zu der Zeit, als ich zur Entbindung der Zwillinge im Krankenhaus lag. Da hatte Günter damit geprahlt, er habe sich in seinem Haus ein Geheimfach angelegt, das kein Mensch finden würde. Dort habe er sich einen Geldvorrat angelegt.

Nach diesem Telefonat mit dem Freund wurde mir so einiges klar, z.B. wo das Geld für die Renovierung des Wohnzimmers hergekommen war, obwohl das Konto kurz zuvor noch leer geräumt worden war. Es war bitter für mich zu erfahren, dass mein Mann so etwas tat, noch dazu zu einem Zeitpunkt, da unsere Ehe noch intakt war.

Einmal, als wir zusammen kuschelten, sagte mir Günter: „Du gehörst mir!"

„Günter, ich gehöre niemandem außer mir selbst! Du hast keinen Anspruch auf Zärtlichkeit von mir. Wenn ich sie dir gebe, dann schenke ich sie dir!"

„Na, aber ein bisschen gehörst du mir schon!"

Vom Gegenteil ließ er sich nicht überzeugen.

Mit der Zeit wuchs mein Ekel gegen meinen Mann immer mehr. Er glaubte, einen Anspruch auf mich zu haben, und ich gab ihm nach, wenn sein Druck auf die Familie zu groß wurde. Ich sagte ihm unverhohlen, sein Aussehen stoße mich ab, er müsse unbedingt abnehmen. Beim Sex würde ich mich von ihm erdrückt fühlen und sein Schwabbelbauch sei auch nicht gerade schön. Er bestand darauf, dass, wenn ich ihn liebte, es mir egal sein müsse, wie er aussehe. Daraufhin erklärte ich ihm, dass mir das bei der Liebe egal sei, aber nicht beim Sex. Nun schnappte er verständlicherweise ein und behauptete, dass ich nur einen Mann mit Waschbrettbauch haben wolle. Ich entgegnete, dass ein Waschbrettbauch nicht nötig sei und dass es mir reiche, wenn er auf 100 Kilogramm abspecken könne. Aber es kam, wie es kommen musste, er zog wieder in die Ferienwohnung und verweigerte jeglichen Umgang mit der Familie.

Ich machte mir selber Vorwürfe, so oberflächlich zu sein. Warum konnte ich meinen Mann nicht so lieben, wie er war? Dabei verdrängte ich die psychischen Grausamkeiten, die er mir antat. Ich erkannte nicht, unter welchem Druck ich mit meinem Mann schlief. Schließlich brachte mein Mann es fertig, uns so zu terrorisieren, dass ich meinen ehelichen Pflichten nachkam, damit der familiäre Frieden gewahrt blieb. Doch in seiner wortgewandten Art – Sie können sich später selbst beim Lesen seiner Briefe davon überzeugen – schaffte er es, mich davon zu überzeugen, die Schuld bei mir zu suchen. Andere Männer schlagen ihre Frauen, um ihre Ziele zu erreichen. Diese Methode wäre bei mir fehlgeschlagen, denn dann hätte ich sofort eine Trennung herbeigeführt. Aber diese subtile Art, in mir Zweifel und Selbstvorwürfe zu erzeugen, ließ mich bei ihm ausharren, obwohl mein Herz danach schrie, ihn zu verlassen.

Am dritten Tag nach seinem Auszug sah ich es als unabdingbar, eine Trennung von meinem Ehemann in Betracht zu ziehen. Weil ich wusste, dass meine Schwiegermutter ihre Firmenanteile auf mich übertragen wollte, ich aber kein Erbschleicher sein wollte, bat ich sie um eine Unterredung. Sie erzählte natürlich Günter, dass ich mich mit ihr treffen wollte. Er kam darauf sogleich aus der Ferienwohnung und fragte mich, was ich vorhätte. Also erklärte ich ihm meine Absicht. Er war wie vom Donner gerührt, aber ich traf mich trotzdem mit meiner Schwiegermutter. Ich sagte ihr, dass sie diese Firmenübertragung nicht vornehmen solle, da sich Günter und ich wahrscheinlich trennen würden. Er erdrücke mich sexuell. Wenn ich nicht mit ihm schliefe, sei er unausstehlich und feinde alle Leute an. Sie bedauerte mich, aber erzählte mir, dass das bei ihrem Mann ganz genauso gewesen sei. Das werde sich aber im Alter legen. Nun traf auch mein Mann zu diesem Gespräch ein und wir einigten uns, dass er sein Verlangen zurückschrauben und auch abnehmen werde. Ich sagte ihm, es tue mir Leid, dass ich ein so oberflächlicher Mensch sei. Aber ich könne daran nichts ändern. Trotzdem hatte ich Gewissensbisse ihm gegenüber und suchte die Schuld bei mir.

Natürlich scheiterte auch dieser Versuch und es kam zum großen „Knall" im darauf folgenden Jahr.

Eschenhagen 2002

Das Leben verlief wieder in ruhigen Bahnen. Obwohl Günter nicht abnahm, hatten wir eine gewisse Waffenruhe erreicht.

Wegen *meines* sexuellen „Problems" schlug mein Mann mir vor, ich solle zum Psychiater gehen und diesen Knacks behandeln lassen. Parallel dazu solle ich einen Frauenarzt aufsuchen, der mir Viagra oder Testosteron verschreibe, damit sich mein sexuelles Verlangen steigere. Er rief mich zu einer Dokumentation, die im Fernsehen lief. Dort erzählten amerikanische Frauen, wie öde ihre Ehe zuvor verlaufen war und wie aufregend es jetzt sei, da sie regelmäßig ihre Hormone einnähmen. Sie könnten es kaum noch abwarten, bis ihre Männer von der Arbeit kämen, und würden sie schon in der Tür nahezu überfallen. Diese Lösung meines „Problems" schwebte auch meinem Mann vor. Ich lehnte dies jedoch ab, da ich mögliche Nebenwirkungen nicht in Kauf nehmen wollte. Außerdem, was wäre denn, wenn ich über den Postboten herfiele? Da lachte mein Mann und erwiderte, dass wir ja einen weiblichen Postboten hätten.

Einmal die Woche ging ich zum Sport. Anfangs musste ich mich abends aufraffen, denn eigentlich war ich zu dieser Tageszeit zu kaputt und müde, und ich war es gewohnt, mich faul auf der Couch auszustrecken. Den halben Tag hatte ich im Laden gestanden, zu Hause wartete auch noch genug Arbeit und obendrein hatte ich einen lebhaften Haufen Kinder zu beaufsichtigen.

Doch mit der Zeit freute ich mich auf den Sportabend. Meine Kondition steigerte sich und mein Körper wurde wieder schön straff.

Im Laden hielt man mich des Öfteren für die Tochter meines Mannes oder man sagte ihm, was für eine schöne, schlanke Frau er habe, und er solle auch mal Diät halten.

Ich glaubte, meinem Mann sei dies peinlich, weil er ja nicht mal sieben Jahre älter war als ich, aber weit gefehlt. Einmal bekam ich ein Gespräch zwischen meinem Mann und einem Kunden mit, in dem mein Mann damit prahlte, eine solche Frau zu haben, und neulich im Kindergarten, als er seinen Jüngsten abholen wollte, hätten ihn die anderen Kinder für den Opa gehalten. Er aber finde es gut, so spät Kinder zu bekommen (er war 36 bzw. 37 Jahre alt, so spät ist das gar nicht). Da habe man vorher genügend Zeit zum Amüsieren gehabt.

Diesem Gespräch entnahm ich, dass ihm sein Aussehen überhaupt nicht peinlich war, sondern dass er vielmehr stolz darauf war, dass er trotzdem eine bezaubernde Frau und ebensolche Kinder hatte. Die Zwillinge waren inzwischen sieben Jahre alt, beide schlank von Statur. Hanna hatte wunderschöne lange, blonde, leicht gewellte Haare und Christoph eine kurze mittelblonde Stoppelfrisur. Sebastian, der Jüngste, war zwar erst fünf, doch schon genauso groß wie seine Geschwister, deshalb hielt man sie meist für Drillinge. Er hatte zwar einen kräftigeren Knochenbau als sie, war aber dennoch schlank. Der Schalk schaute ihm aus den Augen und er sah keck aus wie ein Rabauke. Leider zog er Schmutz an wie ein Magnet das Eisen. Insgesamt gesehen waren alle drei wohl geraten und es gab viel Positives von den Lehrern bzw. Kindergärtnerinnen über sie zu hören. Lediglich Christoph fiel manchmal in der Schule auf, weil er bisweilen hinter dem Unterrichtsstoff zurückblieb. Dies lag aber vorwiegend an seiner Faulheit und er musste dann nur wieder angespornt werden.

Ich versuchte mir mein Leben so gut wie möglich ohne meinen Mann einzurichten, denn er war überhaupt nicht belastbar. Unser Tagesablauf sah folgendermaßen aus: Morgens klingelte der Wecker um 6.30 Uhr und ich stand auf, um die Kinder zu wecken. Mein Mann blieb derweil noch liegen. Ich ging zum Bäcker und holte Brötchen, denn mein Mann wünschte stets frische Brötchen zu frühstücken. Als ich zurückkehrte, waren alle angezogen und das Aupairmädchen hatte den Frühstückstisch gedeckt. Nun aßen wir alle zusammen und anschließend brachte ich die Zwillinge zur Schule, die um 7.30 Uhr begann. Unser Laden öffnete jedoch erst um 8.30 Uhr. Deswegen traf ich mit Günter die Übereinkunft, dass ich die Kinder zur Schule bringe und daraufhin gleich in den Laden gehe. Diese ruhige Zeit nutzte ich, um Gardinen zuzuschneiden. Denn während der Öffnungszeit hatte ich meist so viel zu tun, dass ich mit der Arbeit nicht hinterher kam. Derweil könne er die Stunde nutzen, um mit seinem jüngsten Sohn zu spielen oder sein Büro aufzuräumen, das in einem katastrophalen Zustand war. Doch Günter tat weder das eine noch das andere. Stattdessen legte er sich ins Bett, bis es Zeit war, zur Arbeit zu gehen und Sebastian in den Kindergarten zu bringen.

Im Sommer bestand Sebastian aber darauf, mich zur Schule zu begleiten. Er wollte keinesfalls zu Hause bleiben, obwohl es oft zu Streitigkeiten mit seinen Geschwistern kam, die ihn lieber nicht dabei haben wollten. Damals schob ich es darauf, dass er sich zu Hause langweilte, doch es war viel schlimmer. Nach Günters Tod vertraute mir Sebastian an, dass sein Vater ihn geschlagen habe und dass dies sehr stark geschmerzt habe. Zu Lebzeiten meines Mannes hatte sich mir mein Sohn niemals anvertraut und ich mache mir heute Vorwürfe, dass ich damals nicht misstrauischer war, als Sebastian nicht zu Hause bleiben wollte.

Damals aber trottete ich jeden Tag mit drei Kindern zur Schule, wobei Sebastian und ich unsere Fahrräder schoben. Auf dem Rückweg nahm ich Sebastian mit mir in den Laden und brachte ihn kurz vor der Ladenöffnung zum Kindergarten.

Die Zwillinge kamen nach der Schule zu uns in den Laden und gegen Mittag holten wir Sebastian aus dem Kindergarten ab.

Derweil hatte das Aupairmädchen das Haus sauber gemacht und das Mittagessen vorbereitet. Nach dem Essen legte sich Günter zum Schlafen in die Ferienwohnung und auch ich legte mich ein halbes Stündchen aufs Ohr. Dann machte ich mit den Kindern Hausaufgaben. Günter stand gegen zwei Uhr auf und ging, ohne sich zu verabschieden, in den Laden. Den Rest der Nachmittage nutzte ich, um die Wäsche zu machen, Einkäufe zu erledigen und die Gartenarbeit zu verrichten. Auch spielte ich gelegentlich mit den Kindern oder brachte sie zu ihren Freunden, denn in der Nachbarschaft gab es keine Kinder.

Abends kam Günter dann zum Abendbrot und ging anschließend in die Ferienwohnung, um fernzusehen und ein Nickerchen zu machen. Bei uns war es ihm zu laut. An manchen Tagen war er so erschöpft und gereizt, dass ich mich beeilte, den Papagei aus dem Raum zu schaffen, den Zimmerspringbrunnen abzustellen (das Geplätscher brachte meinen Mann zum Wahnsinn) und die Kinder in ihre Zimmer zu scheuchen. Trotz alledem dachte ich damals, es sei wichtig für die Kinder, einen Vater zu haben. Am Wochenende ging er ja auch mal mit uns schwimmen oder machte eine Fahrradtour. Meistens aber musste ich ihn dazu aufrütteln, denn sonst hätte er den ganzen Nachmittag in der Ferienwohnung vor dem Fernseher verbracht. Gegen acht Uhr brachte ich die Kinder ins Bett. Manchmal, so alle zwei bis drei Tage, schaute ich in die Ferienwohnung und bat meinen Mann, doch den Kindern noch gute Nacht zu sagen. So hatten sie nicht viel von ihrem Vater. Deshalb vermissten sie ihn auch später nicht so extrem.

In diesem Jahr hatte ich viel Stress durch meine Berufstätigkeit, die Hausarbeit und die Kinderbetreuung, so dass ich gelegentlich etwas vergaß. Mein Mann schaffte es geschickt, mich zu verunsichern, indem er mir Termine nannte, die ich angeblich vergessen hatte. Normalerweise konnte ich mich immer daran erinnern, was anlag. Selbst wenn ich etwas vergaß und man mich ermahnte, so konnte ich doch sagen: „Na klar, Mensch, das habe ich total vergessen!" Aber bei Günters Hinweisen tappte ich vollkommen im Dunkeln. Manchmal keimte in mir der Verdacht, dass ich vielleicht die Creutzfeldt-Jakob-Krankheit haben könnte, die vom Verzehr BSE-verseuchten Rindfleischs verursacht werden kann. Doch ich vergrub diese Angst in meinem Herzen.

Als ich früher Filme sah, in denen ein Mann seiner Frau einredete, dass sie wahnsinnig werden würde, habe ich immer gedacht, dass mir so etwas nie geschehen könne. Schließlich hätte ich genügend gesunden Menschenverstand. Doch wenn man wiederholt verunsichert wird, hinterfragt man sich doch, ob nicht der andere Recht haben könnte. Mein Mann war sehr intelligent und konnte geschickt meine Schwachpunkte ausloten. Ich wollte perfekt sein und es jedem recht machen. Liebend gerne riss ich die Arbeit an mich, um all meinen Aufgaben gerecht zu werden. Dass mir dadurch zwangsläufig Fehler unterliefen, liegt auf der Hand. Er brauchte also nur auf sie hinzuweisen und gelegentlich ein paar erfundene Fehler dazwischen zu streuen.

Günter ging sogar so weit zu behaupten, dass ich Fehler in meinem Wahrnehmungsvermögen hätte, dass ich die Realität nicht richtig einschätzen könne. Wenn ich ihn beispielsweise wegen einer Situation zur Rede stellte, brachte er immer irgendwelche Gegenargumente vor, die mir aufzeigen sollten, dass ich in meiner Wahrnehmung irrte.

Leider konnte er mich nicht mehr wegen meines Rauchens kritisieren und an meinem Sexualverhalten durfte er auch nicht zu heftig nörgeln, da er Angst hatte, ich könnte ihn verlassen. So suchte er sich ein anderes Betätigungsfeld, mich zu demoralisieren. Dies war die Kindererziehung. Er warf mir vor, die Kinder schlecht erzogen zu haben. Sie seien zu laut und machten zuviel Schmutz. Andere Leute hätten ihn daraufhin schon angesprochen. Außerdem seien sie unhöflich und gäben den Leuten nicht die Hand. Einmal sei es ihm sogar passiert, dass er mit einem Kind in einen Laden gegangen war (dort konnte man Angelbedarf und Futter kaufen) und das Kind da gesagt habe, dass es dort stinke. So etwas durfte seiner Meinung nach nicht passieren! Wenn er seine Familie mit zu den Familienfesten seiner Männerclique nehme, beschwerten sich die Männer über unsere Kinder, so erzählte mir mein Mann. Ich hielt dagegen, dass diese „Honoratioren" sowieso nichts mit Kindern anfangen könnten und dass man auf deren Meinung nicht allzu viel geben dürfe. Ich erzählte meinem Mann, dass ich von der Lehrerin nur Lob zu hören bekäme, wie einfühlsam und sozial unsere Kinder seien. Auch die Kindergärtnerin lobte unseren Jüngsten, der sehr kreativ sei und sich gut in die Gemeinschaft eingliedern könne. Dies seien alles fachkundige Personen, auf deren Urteil man viel mehr geben müsse. Doch diese Argumente hätte ich genauso gut einer Wand vortragen können. Er blieb bei seinem Standpunkt und Lust und Zeit, zu Elternabenden zu gehen, hatte er auch nicht.

So entwickelte ich meine Fähigkeit weiter, unliebsame Episoden unserer Ehe zu verdrängen, um mir, soweit möglich, ein glückliches Leben aufzubauen. Ich war auch ganz zufrieden mit meinem Leben, wie ich es mir eingerichtet hatte. Zwar war ich traurig, dass ich in meiner Ehe nicht glücklich war, aber ich dachte, ich hätte es auch schlechter treffen können. Wenn die Kinder groß seien, würde ich dann meiner eigenen Wege gehen.

Doch Günters Zorn gegen die Kinder wuchs, denn sie nahmen ihm meine Liebe weg. Ich würde mich zu sehr um sie kümmern und ihn vernachlässigen. An eine Situation, in der ihn sein Jähzorn übermannte, erinnere mich immer noch ganz erschrocken. Wir fuhren mit unserem VW-Bus und die Kinder hatten Durst. Also reichte ich ihnen die Becher und die

Brauseflasche nach hinten. Mein Mann empfahl mir, die Becher lieber selbst zu füllen, doch ich entgegnete, dass sie mittlerweile alt genug seien, dies allein zu tun. Ich sei schon des Öfteren allein mit ihnen gefahren und da hätten sie sich gänzlich selber versorgt. Aber wie sollte es anders sein, diesmal entglitt dem Jüngsten die geöffnete Flasche und durch die Kohlensäure spritzte die Brause nur so in den Fahrgastraum. Mein Mann wurde zunächst aschfahl im Gesicht, doch im nächsten Augenblick puterrot. Abrupt fuhr er an den Straßenrand, stieg aus und riss die Schiebetür zu den Kindern auf. Ich sprang sogleich auch aus dem Wagen, um notfalls eingreifen zu können, falls er sie schlagen wollte. Zornbebend, mit geballten Fäusten stand er vor den erstarrten Kindern und schrie sie an. Sie würden Werte von mehreren Tausend Euro vernichten, nur weil sie nicht nachdächten und keine Rücksicht zu nehmen gelernt hätten. Sie könnten das gar nicht bezahlen, was sie immer anrichteten. Ihre Eltern seien auch keine „Dukatenscheißer"! Ich war zunächst paralysiert, als er dann angestrengt seine Aggression zu unterdrücken versuchte, bemühte mich aber, die Wogen zu glätten, indem ich versprach, dass ich alles wieder sauber machen würde. Schließlich bekam er sich wieder in den Griff und wir konnten weiterfahren. Ich versprach ihm, dass ich die Flecken wieder rausbekäme. Außerdem habe sein Hund auch zu einem nicht unerheblichen Teil der Flecken beigetragen. Aber nein, sein Hund mache bei weitem nicht so viel Dreck wie unsere Kinder.

Blombach, Sommer 2002

Da wir ja Geld sparen wollten, verbrachten wir unseren Urlaub im Osten Deutschlands, wo mein Mann einen alten, aber sehr geräumigen Wohnwagen stehen hatte. Er hatte ihn sogar mit Wellblech überdacht und eine Kabine mit Dusche und WC angebaut. Dieser Wohnwagen befand sich in einem kleinen, abgelegenen Dorf, hinter einer Scheune. Er war sozusagen die Jagdhütte meines Mannes.

Hier verbrachten wir unseren Sommerurlaub und wollten in der Nähe segelfliegen. Ein befreundetes Ehepaar aus Uelzen hatte sich uns angeschlossen. So teilten sich drei Piloten, mein Mann, unser Freund und ich, zwei Flugzeuge. Wir hatten vor, abwechselnd zu fliegen, derweil die anderen sich um die Kinder kümmerten. Doch leider spielte das Wetter ganz und gar nicht mit. Es regnete mehr oder weniger jeden Tag. So besuchten wir das Aquarium in Berlin und fuhren mit der U-Bahn zum Sony-Center. Für die Kinder war die Fahrt mit der U-Bahn besonders aufregend. Ich war am meisten von dem 3D-Kino begeistert, in dem wir einen Film über Raketen und eine Raumstation ansahen. Sebastian stand des Öfteren während der Vorstellung auf, um nach den Gegenständen zu greifen, die scheinbar dicht vor seiner Nase im Raum schwebten.

Ansonsten unternahmen wir auch Ausflüge mit dem befreundeten Ehepaar. Die Tage vergingen und das Wetter blieb beständig schlecht. Der Urlaub war fast beendet, wir hatten nur noch etwa fünf Tage. Unsere Freunde wurden ungeduldig und wollten lieber nach Hause. Mir ging es ganz genauso. Sie fuhren ab, doch wir blieben da. Mein Mann hatte den Wetterbericht gesehen, es sollte bald besser werden. So war es auch. Doch einen Tag davor stach mich eine Wespe in den Fuß. Er schwoll auf das doppelte Volumen an, da ich allergisch gegen Bienen- und Wespengift bin. Den ganzen Tag lag ich stöhnend vor Schmerzen im Bett und betäubte mich mit Alkohol. Ich bat meinen Mann, das Nest zu suchen und zu vernichten. Es schwirrten sehr viele Wespen herum. Aber mein Mann erwiderte, es sei ihm unmöglich, das Nest zu finden, und außerdem sei es unsere eigene Schuld gewesen, weil wir den Müll in den Säcken draußen herumstehen lassen hätten. Außerdem würden die Kinder ihre Getränke und Süßigkeiten nicht wegräumen. Ich solle besser die Kinder härter an die Kandare nehmen und sie zur Ordentlichkeit erziehen.

Am Nachmittag saß ich in der Wohnzimmerecke unseres Wohnwagens und schaute fern, als sich zwei Wespen in den Raum verirrten. In Panik rief ich meinen Mann, er solle sie töten. Ich schrie und weinte vor Angst, noch einen Stich abzubekommen. Ich war hysterisch und wollte nur nach Hause. Bei einem allergischen Schock kann es auch zu einem Atemstillstand kommen. Aber mein Mann ließ sich nicht erweichen und meinte nur, es gebe zu Hause auch Wespen.

Am nächsten Morgen war mein Fuß einigermaßen abgeschwollen und draußen lachte uns die Sonne entgegen. So fuhr die gesamte Familie nebst Aupairmädchen auf den Segelflugplatz. Die Vereinsmitglieder dort halfen meinem Mann, das Flugzeug an den Start zu ziehen und es in die Luft zu bringen. Derweil spielte ich mit dem Mädchen Canasta und die Kinder suchten Frösche. Es war sehr heiß und obwohl ich mich im Schatten aufhielt und meinen Fuß hoch lagerte, schwoll er erneut an, die Haut spannte sich rot und glänzend.

Am Nachmittag landete mein Mann und ich humpelte zu ihm, um das Flugzeug an den Rand des Flugfeldes zu ziehen.

Die nächsten zwei Tage fuhr mein Mann allein zum Flugplatz, ich blieb lieber beim Wohnwagen und kühlte meinen Fuß in einer Plastikwanne, die ich mit kaltem Wasser gefüllt hatte. Davon hatten wir mehrere aufgestellt und die Kinder planschten darin und begossen ab und zu meinen Fuß. Die Wespen umschwirrten uns zwar immer noch, aber ich hatte meine Panik überwunden und achtete nur auf jeden Schritt und jede Bewegung. Melanie, das Aupairmädchen, zog sich einen Sonnenbrand auf dem Rücken zu und ich schmierte sie mit Quark ein. Sie lag auf einer Matte auf dem Rasen und der Quark begann zu trocknen, als der Hund ankam und sie genüsslich ableckte. Wir mussten alle herzhaft lachen, alle bis auf meinen Mann natürlich, der fliegen war.

Am Sonntag musste mein Mann eine Transportmöglichkeit für das Mädchen organisieren, das gerne in die Kirche wollte. Dies kostete ihn auch einige Euros. Ich konnte ja nicht fahren und er wollte zum Fliegen. So verbrachte ich den Vormittag allein mit den Kindern. Ich schickte sie zum nahe gelegenen Spielplatz, weil sie sich langweilten. Darauf gingen erst mal zwei von ihnen los, es kam aber nur eins zurück. Nun schickte ich die beiden los, weil ich nicht laufen konnte. Aber es kam erneut nur ein Kind zurück. Verflixt noch mal, dachte ich bei mir. Wie schaffe ich es nur, sie wieder komplett zusammen zu kriegen? Aber das Glück war auf meiner Seite und es trudelten schließlich alle drei wieder bei mir ein. Da habe ich sie dann doch lieber wieder fernsehen lassen.

Endlich kam der Tag, an dem wir aufbrechen und den Heimweg antreten konnten.

Eschenhagen, Herbst 2002

Günter hatte wieder einmal einen Hexenschuss und konnte kaum laufen. Sich krankschreiben zu lassen und Krankengymnastik zu nehmen war aber seines Erachtens nicht möglich. Stattdessen holte er sich jeden Tag seine Schmerzspritze ab und ging zur Arbeit.

Er musste schon schreckliche Schmerzen haben, denn er roch streng nach Schweiß. Als er so zur Arbeit gehen wollte, machte ich ihn vorsichtig darauf aufmerksam, dass er noch mal duschen müsse. Inzwischen hatte ich gelernt, jedes Wort auf die Goldwaage zu legen, um seine Gefühle nicht zu verletzen. Oft genug musste ich mir bei falscher Wortwahl anhören, dass ich ihn unmenschlich behandeln würde. Also fragte ich ihn, ob er sehr starke Schmerzen habe, denn Schmerzen würden einen derart heftigen Schweißausbruch hervorrufen. In seiner Wahrnehmung muss es sich aber so angehört haben, als hätte ich ihm gesagt, er stinke. Denn diesen Vorwurf machte er mir später in einem seiner Briefe.

So schleppte er sich Tag für Tag mit seinem Leiden dahin. Ich bekam nachts kaum noch Schlaf, weil er öfters umherwanderte und unser Parkett entsetzlich knarrte. Er machte mir deshalb den Vorschlag, im Gästezimmer ein Bett zu beziehen. Dabei ging ich davon aus, dass dieses Bett für ihn sein sollte, und beschwerte mich in der folgenden Nacht, warum er denn nicht dort schlafe. Aber es war für mich gedacht. Er wollte in seinem Bett schlafen und in der Nacht in die Ferienwohnung wandern, um dort fernzusehen.

Den darauf folgenden Abend, die Kinder lagen schon im Bett, kam er nur mit Unterhose bekleidet ins Wohnzimmer, wo ich fernsah. Er legte sich vor mir bäuchlings auf den Teppich und vollführte kopulierende Bewegungen, die seinen Bandscheiben gut täten, wie ihm sein Arzt gesagt habe. Wie er so dalag, erinnerte er mich an eine weiße, dicke Termitenkönigin. Da ich sowieso schon unter einer Aversion gegen sein Aussehen litt, wollte ich meinen Ekel durch diesen Anblick nicht steigern. Ich stand auf und wollte still und unauffällig aus dem Zimmer gehen, als er mich ansprach: „Na, Katrin, willst du die Situation nicht ausnutzen und dich darunter legen?"

Ohne ein Wort zu sagen, verließ ich den Raum.

Am nächsten Morgen, es war ein Samstag, lag Günter noch im Bett, als ich vom Bäcker kam. Er lüftete seine Bettdecke und winkte mich heran, ich solle mich zu ihm legen. Doch ich wich eher noch einen Schritt zurück. Die Erinnerung an seinen Vater nahm vor meinem inneren Auge Gestalt an. Wie er da in seinem Sessel mit blutunterlaufenen, tränenden Augen saß und seiner Frau Anordnungen gab: „Lisa, bring mir den Aktenordner Sowieso!" Sie unterbrach ihre Küchenarbeit, um das Gewünschte zu holen, doch es war der falsche Ordner. Daraufhin fuhr ihr Mann sie an: „Oh, du bist aber auch zu doof. Das ist der falsche, hol mir den richtigen!"

Eine andere Situation war, dass ich mich über den üblen Geruch im Hauswirtschaftsraum meiner Schwiegermutter wunderte. Sie war eigentlich eine Reinlichkeitsfanatikerin. Mein Mann klärte mich damals auf, dass es für seinen Vater zu anstrengend sei, auf die Toilette zu gehen, und er deshalb dort ins Waschbecken uriniere.

Diese Erinnerungen und das Bild meines Mannes vor mir im Bett zeichneten mir eine klare Vorstellung davon, wie meine Zukunft aussehen würde. Ich würde zur Pflegerin meines Mannes werden, und das, obwohl ich noch nicht mal die vierzig erreicht hatte und mein Mann nur knapp sieben Jahre älter war als ich. Da stürzte der ganze angestaute Frust aus mir hervor und unter Tränen schrie ich meinen Mann an: „Was bildest du dir eigentlich ein? Du frisst dir eine Wampe an, bis du ein bewegungsunfähiger Krüppel bist, und ich soll dich pflegen? Aber wer soll uns pflegen, wenn mir das Gehirn weggefressen wird?"

Nun brach meine Angst vor der Creutzfeldt-Jakob-Krankheit aus mir hervor.

Erstaunlich behände stand mein Mann aus dem Bett auf und kramte ein paar Sachen zusammen, um wieder in die Ferienwohnung zu ziehen. Ich hielt ihn am Arm fest und sagte: „Lauf nicht wieder davon! Rede mit mir!"

Aber er riss sich los und fauchte: „Diese menschenunwürdige Behandlung lasse ich mir nicht länger gefallen! Jetzt ist ein für alle Mal Schluss!"

Mit diesen Worten verschwand er in die Ferienwohnung und ging kurz darauf zur Arbeit. Erst war ich wie gelähmt, aber da Samstag war, musste ich nicht arbeiten und nutzte die Gelegenheit, sein gesamtes Umkleidezimmer auszuräumen und die Sachen in die Ferienwohnung zu transportieren. Auch seine Medikamente gegen Bluthochdruck und Gicht wanderten hinterher. Dann nahm ich eine Generalreinigung seines Umkleidezimmers vor. Dieser Akt war eine Art Befreiung für mich.

Nun begann der Rosenkrieg, das Endstadium unserer Ehe.

Eschenhagen, September 2002

Günter wohnte nun in der Ferienwohnung und ich mit den Kindern im Haus. Die Ferienwohnung befand sich über der Garage und war über den Hausflur zu betreten.

Für die Kinder war dieser Zustand nichts Neues mehr, lediglich Hanna wollte Genaueres wissen. Aber ich sagte ihr nur, dass Papa und ich Liebeskummer hätten. Wenn sie größer sei und selbst einmal Liebeskummer gehabt habe, könne ich ihr mehr erklären.

Der Jahrmarkt kam zu uns ins Dorf. Mein Konto war leer gefegt, das meines Mannes auch, und ihn persönlich um Geld zu bitten, war ich zu stolz. Mich wunderte es inzwischen, warum das Konto meines Mannes oft leer war, obwohl er ein wesentlich höheres Nettogehalt als ich bekam und zusätzlich auch das Kindergeld auf sein Konto überwiesen wurde. Des Weiteren hatte er nicht unerhebliche Zinseinkünfte. Mein bescheidenes Nettogehalt war schon nach einem halben Monat für die Versorgung der Familie aufgebraucht. Wenn ich dann auf sein Konto zugriff, erlebte ich im letzten halben Jahr unserer Ehe oftmals eine böse Überraschung. Es war kaum noch Geld auf dem Konto, was er mir dadurch erklärte, dass er so hohe Steuernachzahlungen oder Wasserrechnungen etc. zu begleichen habe. Als ich aber heimlich seine Kontoauszüge einsah, konnte ich immense Überweisungsaufträge an Ebay entdecken, nicht aber solche Rechnungen, wie er sie mir genannt hatte.

Um Geld für den Jahrmarkt zu bekommen, entrümpelte ich den Dachboden und ging mit den Kindern auf den Flohmarkt. Wir machten auch ganz gute Umsätze und mit diesem Geld und dem, das ihre Großmutter ihnen schenkte, konnten sie einen vergnüglichen Bummel auf dem Jahrmarkt machen. Ich allerdings versagte mir jede Vergnügung. Jedes der Kinder hatte seinen Brustbeutel dabei und konnte selbst entscheiden, wo es wie viel Geld ausgeben wollte. Das klappte viel besser, als ich erwartet hatte. Zum Schluss hatte Hanna alle ihre Münzen ausgegeben und wollte ihren Geldschein nicht anbrechen. Doch sie war ganz scharf auf eine letzte Karussellfahrt und stand weinend an der Kasse, ich solle ihr Geld geben.

Ich bestand aber darauf, dass sie ihren Schein anbrach. Christoph konnte sich dieses Schauspiel nicht länger mit ansehen und schenkte ihr einen von seinen Euros, um den fehlenden Restbetrag auszugleichen.

Ein paar Tage später kam mein Mann abends zu mir ins Wohnzimmer und gab mir folgenden Brief:

10.9.2002

An Katrin

Du weißt, ich habe Dich immer abgöttisch geliebt und liebe Dich auch immer noch, aber Du stellst unsere Liebe auf eine gewaltige Probe.

Im Laufe unserer Beziehung haben wir uns aneinander angepasst und jeder hat in dem einen oder anderen Bereich einstecken müssen oder auch Vorteile gehabt.

Im Laufe unserer intimen Beziehung aber habe ich mich an vieles gewöhnen müssen, meinen Vorlieben Deinen anpassen oder sie völlig einschränken müssen. Und diese Veränderungen waren leider nur einseitig. Dass ein Mann seine Frau beim Liebesakt nicht mehr küssen darf, ist schon sehr abartig, aber ich habe mich gefügt. Aber es war nur die sprichwörtliche Spitze des Eisberges. Wenn Du aber – wie in letzter Zeit – überhaupt kein Interesse an mir zeigst, jeder möglichen Begegnung, jedem Kuss oder jeder Umarmung aus dem Weg gehst oder sie mit einem erniedrigenden Kommentar versiehst, ist es mehr als frustrierend. Deine Konversation mit mir beschränkt sich auf die (nicht gerade schmeichelhaften) Bezeichnungen Fettbauch, Schwabbelbauch, aufgequollener Körper, Krüppel; Du bezeichnest mich als faul, bestialisch riechend und so stinkend, dass Dir übel wird; wenn ich in meinem Bett neben Dir schlafe, ist mein Schnarchen für Dich Lärmbelästigung; der seltene Sex wird meistens unverblümt unfreiwillig und in einer entwürdigenden Art vollzogen, die Du anschließend mit einigen gehässigen Kommentaren unterstreichst. Ich will nicht weiter darauf eingehen, welche Ursachen Dein Verhalten hat. Dass sie ausreichen, dass Du mich so behandelst, muss in Deinen Augen ja wohl gegeben sein. Ich glaube jedoch nicht, dass dies allein ein derartiges Verhalten erlaubt. Alles in allem lässt Du keine Gelegenheit aus, die Beziehung mit mir als belastend erscheinen zu lassen.

Wenn dies der Fall sein sollte, will ich Dich
von dieser Belastung befreien.

Meine Reaktion konntest Du erwarten, weil ich schon mehrere Male in
ähnlicher Weise auf Deine Eskapaden und eindeutigen Verhaltensweisen
reagiert habe; diesmal aber hast Du es etwas scharf überzogen. Einen Rest
Selbstachtung musst auch Du mir zugestehen. Anstatt mir bei meinen Pro-
blemen zu helfen, hast Du Dich in eine Verachtung für mich reingesteigert,
die meine Probleme nur noch verstärkt.

Ich werde mich aus unserer Beziehung ohne weitere Forderungen zu-
rückziehen und – soweit möglich und solange nötig – ohne Dich zu stören
in der Ferienwohnung leben. Du solltest ein Leben führen, das sich vom
heutigen nur darin unterscheidet, dass ich nicht mehr da bin, um Dich
keinen weiteren Belastungen mehr auszusetzen. Ich werde keinen Anwalt
hinzuziehen und keine Äußerungen Dritten gegenüber machen. Darum
möchte ich Dich auch bitten. Nach und nach werde ich alle Guthaben
und Einkünfte wie Zinsen, Kindergeld etc. auf Deinem Konto gutschrei-
ben lassen, wobei ich dies in möglichst unauffälliger Weise vorhabe, was
aber Zeit beansprucht. Soweit möglich, übernehme ich die Kosten des Un-
terhaltes des Hauses und die Versicherungen von dem mir verbleibenden
Resteinkommen von der GmbH.

Bei der Kinderbetreuung bin ich – soweit nötig – gern bereit, Babysitter-
Dienste oder Transporte (auch für das Aupairmädchen) zu machen, wenn
es mein Zeitrahmen erlaubt. Ich möchte Dich aber darum bitten, die Kin-
der möglichst gar nicht in unsere Auseinandersetzungen einzubeziehen und
sie auch nur selten zu mir zu schicken; je früher sie sich daran gewöhnen,
ohne mich zurechtzukommen, desto leichter fällt es ihnen später, wenn ich
gar nicht mehr für sie da sein kann. Es ist jetzt schon zu beobachten, wie
sehr die Kinder mich gar nicht wahrnehmen oder sogar ignorieren. Es tut
mir in der Seele weh und es geht mir sehr an das Gemüt, wenn ich versuche,
mit ihnen Kontakt aufzunehmen und sie nur einen abweisenden Blick
für mich übrig haben und auf direkte Anrede schon gar nicht reagieren.
Aber Du wirst Dir dabei was gedacht haben und es wird das Beste für die
Kinder sein. Ich stehe sooft es geht am Fenster und beobachte ihr Treiben

im Garten oder auf der Auffahrt; leider sind sie viel zu selten draußen, wenn ich da bin.

Bitte schreib mir auf, welche Verhaltensweisen und Dienstleistungen Du noch von mir für die Restdauer meines Aufenthaltes im Hause erwartest.

Ebenso möchte ich Dich bitten, mir mitzuteilen, wie Deine Planung in der unmittelbaren Zukunft aussieht, damit ich mein Verhalten darauf einstellen ggf. in Deinem Interesse vorher reagieren kann.

Anhang 1:

Dies ist meine persönliche Meinung in einer verzweifelten Situation. Dass Du meine Interpretation der Dinge nicht teilst, ist mir klar. In den letzten Auseinandersetzungen war ich es immer, der den ersten Schritt zur Aussöhnung gemacht hat, mit dem Ergebnis, dass sich für mich nichts zum Positiven gewendet hat, sondern diese Tatsache hat Dich eher noch mehr in Deinem Verhalten bestärkt. Ich erwarte in der derzeitigen Situation einen Schritt von Dir, egal ob positiv oder negativ!

Dein Verhalten, mir die Wäsche und die Schuhe sprichwörtlich vor die Tür zu stellen und die Medikamente ebenfalls dazuzulegen, lässt den Schluss zu, dass Du mit der derzeitigen Situation scheinbar zufrieden bist und durch diese Taten den Status quo erhalten möchtest. Wenn dies nicht so ist, so widersprich mir bitte!

Anhang 2:

Wenn ich gewollt hätte, dass ich eine zweite Gelegenheit zum Schlafen nutzen kann, so hätte ich Dich gebeten, eine Matratze in der Ferienwohnung zu beziehen. Und wenn ich körperlich gekonnt hätte, hätte ich es selber gemacht. Ich hatte es eigentlich gut gemeint und wollte Dir eine Rückzugsmöglichkeit bieten; ich wusste nicht, dass es Dir so wichtig ist, auch nachts fernsehen zu können, was ich bei Dir in den letzten 15 Jahren nicht erlebt habe.

In Liebe
Günter

Dieser Brief lässt Sie, den Leser, vielleicht nachempfinden, dass ich nach einem Streit mit meinem Mann unter heftigsten Selbstvorwürfen litt. Er konnte mich noch so schlecht behandelt haben, er schaffte es aber trotzdem stets, als Opferlamm dazustehen. Wer diesen Brief liest, bekommt von meinem Mann den Eindruck, er sei ein wahrer Märtyrer. In seiner Wahrnehmung hatte er meine Kritikpunkte ins Extreme übersteigert, z.B. der bestialische Gestank: Der bezog sich auf die Tatsache, dass ich ihn einmal vorsichtig darauf aufmerksam machte, er solle besser duschen, bevor er zur Arbeit gehe. Denn durch seine Schmerzen, bedingt durch den Hexenschuss, hatte er seinerzeit sehr stark geschwitzt. Es stimmt zwar, dass ich ihm mal gesagt habe, dass mich sein Schwabbelbauch, sexuell gesehen, stört, doch seine Aufzählung hinterlässt den Eindruck, als hätte ich meinen Mann ständig beschimpft. Dies ist keinesfalls wahr.

Auch stimmt es nicht, dass ich ihm nicht beim Abnehmen geholfen habe. Ich habe nach Diät gekocht, ich gab ihm Ernährungstipps, ich habe ihm Fachliteratur besorgt und bin sogar so weit gegangen, mich seinem Vorschlag zu fügen, Abnehmen durch Sex zu belohnen. Doch alle diese Hilfestellungen blendete er aus, damit er seinem Gewissen nach als unschuldig dastand und ich die alleinig Schuldige war (Borderline-Mechanismus).

Wie stellte er sich das auch vor, sich aus unserem Leben zurückzuziehen, ohne dass es die Außenwelt bemerkt? Das war doch realitätsfremd.

Den abweisenden Blick der Kinder hat er auch fehlinterpretiert. Ich habe die Kinder keineswegs gegen den Vater aufgehetzt. Das hat er sich alles eingebildet. Falls sie einen solchen Blick aufgesetzt hatten, dann, weil sie verunsichert waren über das, was zwischen ihren Eltern vorging.

Damals jedoch entnahm ich dem Brief, es sei ihm klar, dass eine Trennung bevorstehe, und ich wollte ihm in seiner Einschätzung nicht widersprechen. Ich fühlte mich jedoch zu einem Gespräch außerstande und schrieb ihm zurück:

An Günter

Ich sehe es auch so, dass wir uns trennen müssen. Du bist mir nicht egal, aber ich kann Dich nicht mehr so lieben, wie das eine Ehefrau mit ihrem Ehemann tut. Ich sorge mich trotzdem um Dich und auch das Geschäft liegt mir am Herzen. Darum schlage ich Dir vor, dass ich weiterhin im

*Laden arbeite und mit meinem Gehalt und dem Kindergeld auf ca. 900 €
käme. Davon könnte ich die Lebensmittelkosten und Kleidung bestreiten,
wenn keine weiteren Nebenkosten auf mich zukämen. Aus diesen Gründen
möchte ich im Moment auch im Haus wohnen bleiben. Ich bestehe aber
nicht darauf, in Deinem Elternhaus wohnen zu bleiben, und suche mir bei
Gelegenheit eine kleinere Wohnung für mich und die Kinder.*

Gruß Katrin

Darauf kam er ganz aufgelöst zu mir ins Wohnzimmer und sagte: „Das
ist ja ein Ding! Ich habe zwei Tage an meinem Brief geschrieben und du
brauchst nur zwanzig Minuten! Ist dir eigentlich klar, dass du alles kaputtmachst? Du machst mich kaputt und die Firma auch."

Ich war von seiner Reaktion geschockt, denn ich dachte, dass er genauso
wie ich eine Trennung wünschte. Nach seinem Brief dachte ich sogar,
dass wir uns gütlich einigen könnten. Umso mehr war ich von diesem
emotionalen Ausbruch irritiert. Ruhig entgegnete ich ihm: „Günter, ich
mache nicht alles kaputt. Ich habe dir doch geschrieben, wie ich mir vor-
stelle, dass es weitergehen könnte."

„Ach, kein Kunde würde mehr bei uns einkaufen kommen, wenn wir uns
scheiden lassen würden. Was stellst du dir denn vor, wie es auf dem Dorf
zugeht? Außerdem würde ich eine Trennung nicht überleben!"

„Günter, du bist doch nicht dafür geboren, mit mir zusammen zu sein.
Andere Leute haben auch schon Scheidungen überlebt."

Darauf antwortete er resigniert: „Ich werde aber zu denjenigen gehören,
die das nicht überleben. Ich kann nicht ohne dich leben!"

(Später warf mir mein Mann vor, ich hätte seinen Tod billigend in Kauf
genommen, indem ich ihm die Kinder entzog. Aber an diesem Abend sprach
er nur davon, dass er ohne mich nicht leben könne. Auch in den folgenden
Wochen waren nicht die Kinder sein Thema, sondern immer nur seine „ab-
göttische" Liebe zu mir. Erst zum Schluss, als er merkte, dass er mich nicht
an sich binden konnte, blendete er alle diese Erkenntnisse aus, redete sich
ein, es gehe ihm nur um die Kinder, und machte mich zu *der* Schuldigen,
die ihn in den Tod trieb.)

Damals antwortete ich ihm: „Du bist doch verrückt! Du solltest besser
zum Psychiater gehen!"

Er redete aber weiter in diesem Tenor auf mich ein. Nach einiger Zeit hatte ich jedoch geistig zugemacht und tat so, als sei ich in meine Häkelarbeit vertieft. Nach etwa einer Stunde stand er endlich auf und ging an den Computer. Diese Gelegenheit nahm ich wahr, um mich ins Schlafzimmer zu schleichen. Er kam jedoch hinterher und sagte: „Morgen gehe ich gleich zum Notar und mache mein Testament. Fertige bitte eine Liste der Dinge an, die ich noch erledigen soll. Ich nehme mir eine Woche Zeit, diese Liste abzuarbeiten. Nur die Bücherei schaffe ich nicht mehr aufzubauen."

Es handelt sich hierbei um die Bibliothek, die er vor etwa einem Jahr unbedingt, auch gegen meinen Willen, hatte kaufen müssen. Die Bücher waren aber noch immer in der Garage gelagert, obwohl ich ihn während des letzten Winters häufiger darauf angesprochen hatte, dass die Bücher stockfleckig werden könnten. Aber er hatte nie Zeit gefunden, die Regale aufzubauen.

Über sein Ultimatum war ich ganz perplex, und um ihn schnell loszuwerden, antwortete ich: „Ist gut, ich mache dir diese Liste."

Er drehte auf dem Absatz um und verließ das Schlafzimmer. Allein zurückgeblieben, ließ ich die Ereignisse Revue passieren und Angst stieg in mir auf. Wie war das doch gleich in den Fernsehberichten? Ein Vater hat seine ganze Familie umgebracht. Die Nachbarn sind geschockt. Es habe sich doch hierbei um so eine harmonische Familie gehandelt, nie habe man einen Streit mitbekommen und der Vater sei immer ein freundlicher Mensch gewesen. So oder ähnlich klangen doch alle diese Berichte. Nun dachte ich mir: „Jetzt weißt du, wie sich eine solche Situation von innen anfühlt. Oh Gott, er ist Jäger und der Waffenschrank ist voller Gewehre!" Hastig stand ich auf und trug die schlafenden Kinder ins Ehebett. Nun wollte ich die Türen abschließen. Die zum angrenzenden Badezimmer hatte einen Schlüssel, aber bei der zum Flur führenden Tür fehlte er. Ich erinnerte mich daran, dass mein Schwager mir einmal erzählt hatte, ein Schlüssel für die Kinderzimmer passe hier. Das hatten sie ausprobiert, als sie in unserer Hochzeitsnacht unser Schlafzimmer verwüsten wollten. Also beeilte ich mich, den passenden Schlüssel zu finden. Eine innere Kälte ergriff von mir Besitz und ich fing an mit den Zähnen zu klappern. Als ich die beiden Türen verschlossen hatte, kroch ich ins Bett, um mich anzuwärmen, und hörte den leisen Atemzügen meiner Kinder zu. Nun überlegte ich: „Wie kann ich mich verteidigen, wenn er ins Schlafzimmer einzudringen versucht?"

Ich legte mir eine Hautschere und eine Hantel ans Bett. Ich müsste schnell sein und ihn überraschen, wenn er die Tür aufbräche, ansonsten hätte ich keine Chance. Angstvoll wachte ich über den Schlaf meiner Kinder. Zweifel kamen in mir auf. Vielleicht war alles gar nicht so dramatisch, wie ich es sah. Ich wollte aber lieber auf Nummer sicher gehen. Irgendwann zwischen ein und zwei Uhr nachts übermannte mich der Schlaf, ich musste eingenickt sein. Ich schreckte hoch und dachte nur, dass ich noch eine solche Nacht nicht überstehen würde. Ich musste an ein Telefon kommen! Gegen drei Uhr nahm ich all meinen Mut zusammen und schlich mich aus dem Schlafzimmer, um ein Telefon aus dem Wohnzimmer zu holen. Auf dem Flur war alles ruhig. Als ich an der Tür zur Ferienwohnung vorbeischlich, hörte ich den Fernseher laufen. Günter lag also bestimmt dort auf der Couch und schaute fern oder war eingenickt. Flink flitzte ich mit nackten Füßen die gefliese Treppe hinauf, griff mir ein Mobiltelefon und ein Telefonbuch und huschte zurück ins Schlafzimmer. Hastig drehte ich den Schlüssel um und atmete erst einmal tief durch. Nun ging ich ins Badezimmer und suchte mir die Nummer der Telefonseelsorge heraus. Zuerst konnte ich nur schluchzen, dann aber erzählte ich der Frau zähneklappernd meine Geschichte. Manchmal dachte ich, sie sei gar nicht mehr am Apparat, und fragte gelegentlich nach, ob sie noch dran sei. Dieses Gespräch dauerte etwa eine Stunde und viel geholfen hat es mir nicht, außer, dass ich ganz durchgefroren war.

Inzwischen war es vier Uhr und ich beschloss meinen Vater anzurufen. „Vati, du musst mich unbedingt hier rausholen!", war sogleich mein Hilferuf, als mein Vater ans Telefon ging. Er war ganz schlaftrunken, als ich ihn so überfallen hatte. Doch im Nu war er hellwach und ich erzählte ihm die Geschichte dieser Nacht. „Natürlich komme ich sofort!", antwortete er mir.

Einigermaßen beruhigt verkroch ich mich wieder im Bett. Mir war kalt und mein Kopf war ganz leer, als ich um fünf Uhr Schritte auf dem Flur hörte. Erst rüttelte es an der Badezimmertür, dann an der Schlafzimmertür. Als Günter merkte, dass diese auch abgeschlossen war, klopfte er und bat: „Lass mich bitte rein!"

„Geh weg, ich lass dich nicht rein!"

Verzweifelt rief er: „Doch, ich muss dir unbedingt etwas sagen!"

„Nein! Ich habe Angst vor dir!"

Ich hörte, wie er durch Hannas Zimmer ging, um dort auf den Balkon zu gelangen. Nun wollte er durch die Terrassentür ins Schlafzimmer. Mit Hantel und Schere stand ich bereit zuzuschlagen und rief verhalten: „Geh weg, ich habe die Kinder hier bei mir im Schlafzimmer. Sie sollen nicht wach werden."

„Ich habe einen Brief für dich, den musst du unbedingt lesen. Du brauchst keine Angst vor mir zu haben. Ich würde euch nie etwas tun!"

Eigentlich wollte ich gar nichts mehr von ihm hören oder lesen, sagte aber dann trotzdem: „Dann leg den Brief vor die Schlafzimmertür und geh weg!"

Als ich ihn weggehen hörte, öffnete ich die Tür, in der einen Hand die Hantel, schnappte mir den Brief und schloss eiligst wieder ab. Es war ein handgeschriebener Zettel, den ich stellenweise kaum entziffern konnte.

Katrin

Ich kann mich heute noch daran erinnern, wie vor knapp zwanzig Jahren ein Gefühl in mir wuchs, das ich vorher so noch nicht kannte. Das war die Liebe zu Dir, die sich in einem langsamen Prozess entwickelte und die es heute noch gibt.

Diese Zeit kann man nicht einfach ablegen, zerborsten wie ein altes Glas, das herunterfällt. Meine Gefühle für Dich sind immer noch sehr stark und ich kann mir nicht vorstellen, dass sie bei Dir völlig abgestorben sind.

Ich möchte Dich bitten, Deine Position noch einmal zu überdenken, eventuell einem gemeinsamen Gespräch bei einer Beratung zuzustimmen! Ich vermisse Deine Nähe und Deine Zärtlichkeiten so sehr. Du hast Dich in eine Ecke gedrängt, aus der heraus Du mir gegenüber nur noch Abwehr zeigen konntest. Verlasse dieses Loch! Begib Dich zurück in unsere Beziehung und öffne Dich wieder!

Ich bin bereit, dafür <u>alle</u> Opfer zu bringen!

Wenn Du meinst, dass die Jagd stört, gebe ich sie auf. Das Fliegen gebe ich auf! Sage mir, was ich tun soll, ich tue es!

Bitte gib uns eine Chance!

Günter

Ich weinte und dachte: „Hättest du diesen Brief bloß nicht gelesen! Ich will keine Opfer. Alles, was ich will, ist, dass er mich versteht. Oder dass er lernt, selbstkritisch zu sein und nicht gleich zum Gegenangriff übergeht."

Halt, damals dachte ich dies noch nicht. Dazu war ich viel zu übernächtigt, als dass ich noch so geordnet hätte denken können. Mir war nur klar, dass ich nichts von dem wollte, was er mir da anbot. Ich sehnte meinen Vater herbei. Meine Mutter war bereits einige Jahre zuvor gestorben.

Gegen sechs Uhr rief mich meine Schwester an und sagte mir, sie komme mit. Sie führen gleich los. Ich solle aber Martin, Günters besten Freund, anrufen, damit er sich um Günter kümmern könne.

Das tat ich auch und Martin kam sofort. Ich erklärte ihm, dass ich meinen Mann verlassen würde. Um nichts in der Welt wollte ich länger mit ihm zusammen sein. Martin spielte dann den Übermittler zwischen mir und meinem Mann. Günter ging in den Laden und ich meldete die Kinder krank.

Martin beruhigte mich, sagte, Günter werde sich nichts antun. Er habe ihm gestanden, dass er dazu viel zu feige sei. Auch würde er mich in Ruhe lassen. Ich solle nur dableiben, damit man im Dorf nichts merke. Seine Mutter dürfe auch nichts erfahren, weil sie sonst ihre OHG-Anteile nicht auf mich übertrage, und das sei wichtig für unsere finanzielle Absicherung.

So ließ ich mich wieder einlullen. Als meine Schwester, eine kräftig gebaute, resolute Frau mit kurzen dunklen Haaren, kam und meine Verfassung sah, erklärte sie mir, dass ich hier erst mal raus und zur Ruhe kommen müsse. Hier könne ich keinen klaren Gedanken fassen und zum Wochenende könne ich ja wieder nach Eschenhagen zurückkehren, damit ich rechtzeitig wieder daheim sei, bevor meine Schwiegermutter aus dem Urlaub zurückkehre.

So packten wir für ein paar Tage die Sachen. Ich wollte aber nicht sofort losfahren, sondern bis zu Günters Mittagspause warten, um ihn von unserem Vorhaben zu unterrichten. Als er dann nach Hause kam, konnte ich ihm nicht in die Augen sehen. Nicht aus Scham, sondern aus einem Gefühl heraus, das sich schlecht definieren lässt. Es war eine Mischung aus Angst und Abneigung. Er ging mit meiner Schwester in die Ferienwohnung. Mein Vater folgte ihnen nach einiger Zeit.

Schließlich kam meine Schwester hoch und sagte mir, dass wir jetzt schleunigst abfahren müssten. Die Kinder jauchzten, dass sie zu Opa fahren könnten, und waren im Handumdrehen im Auto. Ob der Eile dachte ich, dass irgendetwas vorgefallen sein musste, und beeilte mich ebenfalls.

Als wir in Ramsberg ankamen, konnte ich mich im Garten meines Vaters ausruhen. Zu diesem Zeitpunkt war zielgerichtetes Denken noch gar nicht möglich. Meine Gedanken kreisten wild in meinem Kopf herum. Ich war niedergeschlagen und ausgelaugt, eine leere Hülle. Ich ging früh zu Bett und schlief tief und fest, weil ich mich geborgen und sicher fühlte. Gegen fünf Uhr morgens war ich hellwach und konnte meine Gedanken ordnen. Monika, meine Schwester, hatte mir während der Autofahrt erzählt, Günter wisse gar nicht, warum ich ihn verließe. Dabei fiel es mir wie Schuppen von den Augen. Während ich so nachgrübelte, erkannte ich, dass ich gar nicht so ein oberflächlicher Mensch war und seine Zärtlichkeiten nur aufgrund seines Aussehens abwies, sondern dass ganz andere Ursachen dahinter steckten. Deshalb ging ich sogleich hinunter in die Küche meines Vaters und schrieb, während das ganze Haus noch im Schlaf versunken war, folgenden Brief. Es kostete mich zwei Stunden, ihn zu schreiben, während derer die Worte nur so aus mir herausflossen. So war ich gerade damit fertig, als die Kinder aufwachten. Ich konnte diesen Brief aber erst abends bei meiner Schwester in den Computer tippen und ihn Günter zumailen. Darum rief ich Martin und seine Frau Christine an und erzählte ihnen, dass ich Günter am Abend eine E-Mail schicken würde.

Ahlborn, 12.9.2002

An Günter

Es ist jetzt fünf Uhr in der Nacht. Jetzt erst finde ich etwas Kraft, um meine Gedanken zu ordnen und Dir einige Fakten aufzuzählen. Ich schreibe Dir dies als E-Mail und rede nicht mit Dir am Telefon, weil ich in den letzten Jahren bei der persönlichen Begegnung immer an Dir abgeprallt bin. Du hast mich zwar angehört, aber innerlich hast Du gedacht: „Die spinnt, denn ich bin ja herzensgut, ich liebe meine Familie und kümmere mich um sie." Deshalb glaubst Du, Dir könnten keine Fehler unterlaufen, und wenn ich Beschwerden habe, dann liege das daran, dass ich einen „Realitätsknacks" in meinem Wahrnehmungsbereich habe. Diese Selbstsicherheit hat unsere Ehe zerstört! Ich kann nicht mehr mit Dir reden, ich werde nur wütend und verletzend. Wenn wir überhaupt noch miteinander reden wollen, dann nur über eine dritte Person, die in solchen Sachen geschult ist. Das ist schon meine erste Bedingung an Dich! Kümmere Dich um einen Termin bei einem Psychotherapeuten. Du musst es dringend machen, finanzieller Ruin, drei kleine Kinder etc., sonst wirst Du auf der langen Warteliste ganz hinten gesetzt. Monika weiß, welche Beratungsstellen es gibt. Überhaupt, wenn meine Schwester und mein Vater nicht gewesen wären, hätte ich jetzt das „Handtuch geschmissen" und wenn ich von Sozialhilfe und Putzstellen hätte leben müssen. Das wäre mir egal.

In den Büchern, die ich so gelesen habe und deren Wahrheitsgehalt Du so anzweifelst, steht z. B. geschrieben, dass Männer ihre Ehe anhand der letzten paar Tage beurteilen. Wenn also die Frau ihren Mann an diesem Tag zärtlich geweckt hat, ihm etwas Leckeres gekocht hat etc., und man fragt diesen Mann, wie er seine Ehe einschätze, so wird er ohne Zögern sagen: „Bestens". Dabei ist es egal, dass sie sich wenige Tage zuvor am liebsten gegenseitig erwürgt hätten. Fragt man jedoch die Frau, wie sie ihre Ehe einschätze, würde sie „schlecht" sagen. Denn Frauen beurteilen dies anhand eines viel größeren Zeitraums.

Auf uns bezogen, bedeutet dies, dass ich viele für Dich bereits verjährte Vorfälle heranziehe, dazu die neuen Konflikte addiere, um dann äußerst unzufrieden mit Dir zu sein.

Früher, als die Kinder noch Säuglinge waren, musste ich mich zu 90% allein um sie kümmern. Eine Situation war z. B., als wir mit den Zwillingsbabys unterwegs waren, am See oder ich weiß nicht mehr wo, und kamen nach Hause zurück, stand überraschend Besuch vor der Tür. Die Babys aber waren quengelig, weil sie müde und hungrig waren und die Windeln voll hatten. Für mich als Mutter ist es schrecklich, wenn Babys schreien, weil ihre Grundbedürfnisse nicht befriedigt werden können. Deshalb bat ich Dich, die Gäste sich im Garten hinsetzen zu lassen und mir kurz zu helfen, wenigstens die Vorbereitungen zu machen (Flasche für Hanna und ein bisschen Trallala für die Babys). Aber Du hast mir gleich, in Deiner Dir typischen aufbrausenden Art, zu verstehen gegeben, dass das total unhöflich wäre. Ich solle zusehen, wie ich selber klarkäme.

Es mag bestimmt Frauen geben, die über solche Konflikte erhaben sind,
das will ich nicht anzweifeln, obwohl ich glaube, dass die Zahl äußerst
klein ist. Aber das ist auch egal, denn die Frau, mit der Du verheiratet
bist, sieht dieses Verhalten als äußerst lieblos an. So ging ich hoch, hörte mir
das Geschrei an, machte die Flasche fertig (Wasser kochen kann in einer
solchen Situation recht lange dauern, jedenfalls gefühlsmäßig) und dachte:
„Es tut mir Leid, dass ich Euch jetzt nicht beruhigen kann, aber ich muss
noch diese Scheiß-Vorbereitungen treffen." Dann habe ich sie gewickelt,
denn vollgeschissene Windeln stören doch schon etwas beim Stillen, um
schließlich endlich zur Fütterung, gleichzeitig Flasche geben und stillen,
überzugehen.

Ich könnte Dir noch viele ähnliche Situationen aufzählen, wo Du mich
im Stich gelassen hast und mir ständig erzählt hast, dass ich zusehen solle,
wie ich allein klarkäme.

Die neueste Situation ergab sich dann bei der Teichfete. Morgens im
Auto sagte ich Dir, dass ich mich nicht wohl fühle und ich so schlapp
sei, dass ich Deine Unterstützung bei der Betreuung der Kinder brauche.
Dein Kommentar: „Du musst aber trotzdem wenigstens bis zum Grillen
durchhalten, denn dafür bin ich eingeteilt!" Innerliche Beurteilung dieser
Aussage meinerseits: Lieblos, es ist ihm egal, wie es mir geht. In seinem
heutigen Tageskonzept steht Grillen, egal, was passiert.
So dort angekommen, hast Du Dich gleich von Deiner ach so geliebten
Familie abgesetzt, um ein Pläuschchen mit Deinen Freunden abzuhal-
ten. Kinderbetreuung ist schließlich Frauensache! Sie wollte die Kinder
schließlich haben.
So habe ich einem Kind nach dem anderen die Badesachen angezogen,
die Kleidung sortiert und bin noch zweimal hoch zum Auto, um Taucher-
brillen etc. zu holen. Derweil hast Du Dich immer noch angeregt unter-
halten und warst überhaupt nicht mit Grillen beschäftigt. Im Vorbeigehen
bat ich Dich, mir ein Glas Sekt zu besorgen, weil mein Kreislauf so schlecht
sei. Du antwortetest mir flapsig: „Geh doch selbst hin, da hinten ist die
Getränkebude!" Da sich inzwischen der Himmel zuzog, kam Sebastian an
und fröstelte. Ich habe ihn wieder angezogen und musste das dann auch
gleich bei den beiden anderen tun. Nun fing es auch noch an zu nieseln.

Also musste ich wieder hoch zum Auto, die Jacken holen. Du warst zwar inzwischen näher zum Grill vorgerückt, aber immer noch mit Quatschen beschäftigt. Ich bat Dich erneut, mir ein Glas Sekt zu bringen. Jetzt wurdest Du aufbrausend: „Das geht nicht, siehst Du nicht, dass es gleich mit dem Grillen losgeht? Es ist doch wohl kein Akt, dort rüber zu gehen und einen Sekt zu bestellen!"

Genau das würde ich auch so sehen: Nämlich, dass es für einen liebevollen Ehemann kein Akt gewesen wäre, seiner Frau ein Glas Sekt zu bringen, wenn er ihr schon nicht mit den Kindern hilft.

Ich schleppte mich also zum Auto (denn ich war krank, ich wusste es nur noch nicht) und holte die Jacken. Na ja, als ich wiederkam, stand da der Sekt, gleich eine ganze Flasche. Ich habe dies auch im Geiste mit einem Pluspunkt vermerkt.

Nun glaubte ich, ich könne jetzt anfangen, auch etwas Spaß zu haben (mittlerweile war bestimmt eine Stunde vergangen), und schlenderte zu Leuten, um auch etwas zu plaudern. Aber ständig hatte ich einen quengeligen Sebastian an den Fersen. Ich bin bestimmt dreimal von ihm gestört worden. Einmal hat er mich sogar nicht gefunden und ein größeres Mädchen hat ihn an der Hand genommen und zu mir gebracht. Ich wollte dann gerade mit ihm schimpfen, dass er immer nur herumquengelt, während andere Kinder spielen, als ich merkte, dass seine Stirn heiß war. Also sind wir nach Hause gefahren, obwohl ich mich, krank wie ich war, eigentlich nicht hinter das Steuer hätte setzen dürfen. Denn der Virus, der mich und unseren Sohn befallen hatte, und der Sekt waren keine gute Mischung. Aber meine Angst vor Deiner Reaktion, wenn ich Dich um Hilfe gebeten hätte, war größer.

Nun lagen Sebastian und ich im Bett, auch bei mir stieg nun die Temperatur an und ich hatte Durchfall. Am Nachmittag erreichte mich Dein Anruf und ich musste die Zwillinge abholen, obwohl ich ganz wacklig auf den Beinen war und ich Dir von meiner Magen-Darm-Grippe erzählt hatte. Am See erwartete mich der nächste Schlag ins Gesicht. Ich hatte gehofft, dass Du zurückfährst und Dich den Rest des Tages um uns kümmerst. Aber weit gefehlt. Du hast mir nur die Kinder übergeben und bist feiern gegangen. Wahrscheinlich dachtest Du Dir, ach, das Aupairmädchen ist ja da. Aber es war ihr freier Tag und ich hole sie nicht aus ihrem Zimmer, damit sie Deine Aufgaben übernimmt.

An diesem Tag hast Du viele Minuspunkte gemacht. Überhaupt stinkt es mir, dass Du immer fauler wirst, mit dem Hinweis, dass wir ja ein Aupairmädchen hätten. Wenn mir etwas über den Kopf wachse, bräuchte ich nicht Dich um Hilfe zu bitten, sondern das Mädchen solle sich darum kümmern.

Alle solche Situationen interpretiere ich als lieblos und es zeigt mir, wie wenig wichtig wir Dir sind. *Wenn Du dann beteuerst, wie abgöttisch Du mich liebst, ist das in meinen Ohren Hohn und Spott, egal, wie enthusiastisch und wie oft Du das wiederholst.*

Jetzt fragst Du Dich vielleicht, aber auch nur vielleicht, warum ich Dich nicht einfach um Hilfe frage. Aber auf meine Art habe ich das immer getan, Du hast es nur nie verstanden. Außerdem werde ich dafür von Dir ohnehin nur ausgeschimpft.

Auf dieser Ebene bekomme ich keine Liebe von Dir. Auf sexueller Ebene dagegen werde ich erdrückt von Deinem Bedürfnis nach Zärtlichkeit. So fühle ich mich von Dir als Arbeitstier und Betthase ausgenutzt und mit zunehmenden Jahren hat sich ein Berg aufgehäuft und es wird immer unangenehmer für mich, in Deiner Nähe zu sein. Dieser Berg wird nicht dadurch abgetragen, dass Du Dich sexuell zurückhältst. Um diesen Berg abzutragen, benötigen wir professionelle Hilfe.

Nun möchte ich kurz auf die Probleme deines gesteigerten Sexhungers und deines stark entwickelten Bedürfnisses nach Zärtlichkeit eingehen. Beides solltest Du von einem Therapeuten behandeln lassen, denn ich glaube, es ist ein Kindheitstrauma.

Weißt Du eigentlich, wie Du als Säugling behandelt wurdest? Ich weiß es! Als Deine Mutter mich einmal besuchte und sah, wie ich mit den Babys spielte und sie giggelten und lachten, traten ihr beinahe die Tränen in die Augen und sie sagte: „Katrin, ich wusste gar nicht, wie viel man schon mit Babys machen kann und wie sie lachen. Mir hat der Arzt damals gesagt, Babys dürfe man nur füttern und wickeln und den Rest der Zeit müssten sie in einem abgedunkelten Raum in Ruhe gelassen werden. Wenn ich Dich so sehe, bereue ich die damalige Zeit so. Aber mir wurde es so gesagt."

Als Deine Mutter mir das erzählte, war es ein Schock für mich. Aber es geht noch weiter. Sie berichtete: „Wenn ich zwischendurch von der Arbeit wegging, um nach Klein-Günter zu sehen, war er im Laufstall und streckte seine kleinen Arme nach mir aus. Ich wollte ihn so gerne auf den Arm nehmen, aber der Babysitter sagte mir, dass ich das nicht tun solle, weil er sonst gleich wieder schreien würde, wenn ich wieder zur Arbeit ginge."

Du selbst, Günter, hast mir erzählt, dass Du mehr in den Familien anderer Kinder aufgewachsen seiest als zu Hause.

Nun magst Du sagen, dass dies alles in der Vergangenheit liege und keinen Einfluss auf die Gegenwart habe, aber das ist falsch. Deine Seele entwickelt sich in der Kindheit und da wird auch Dein Charakter geformt. Mir erklären diese Fakten so einiges: Du hast niemals genug Zärtlichkeiten und Liebe von Deiner Mutter bekommen und bist im übertragenen Sinne ein ausgetrockneter Schwamm. Dies soll ich nun ausgleichen, aber ein solches Defizit in der Kindheit lässt sich nicht ausgleichen, sondern es muss psychologisch behandelt werden.

Diese Fakten erklären mir auch Deine Ungeduld mit Deiner Mutter, wie leicht Du bei ihr aus der Haut fährst und sie anschreist. Ich habe immer gedacht, Du wärst einfach jähzornig, aber es ist ein tief in Deinem Unterbewusstsein verwurzelter Hass auf Deine Mutter, die Dir als Baby nicht die Liebe hat zukommen lassen, die Du brauchtest.

Mich schreist Du inzwischen auch immer öfter an. Ich merke zwar, dass Du Dich oft zusammenreißt, weil Du weißt, dass Du dann Ärger mit mir kriegst, aber diese Wut baut sich in Dir auf, langsam, aber sicher und im Verborgenen. Denn auch ich kann dieses Defizit an Liebe nicht auffüllen. Letztlich wirst Du diese Wut auf Deine Mutter auf mich übertragen und dann von mir auf alle Frauen. Lass Dich bitte therapieren, vielleicht gibt es dann für uns einen Neuanfang.

Katrin

Als ich diesen Brief schrieb, waren noch längst nicht alle Erinnerungen hochgekommen. Dieser Bewältigungsprozess begann erst etwa einen Monat nach Günters Tod und hält noch immer an.

Damals schickte ich diesen Brief zwischen 20.00 und 21.00 Uhr per E-Mail ab und ging gegen 22.30 Uhr zu Bett. Gegen 23.00 Uhr klingelte es an der Haustür meines Vaters Sturm und meine aufgeregte Schwester stand vor der Tür: „Katrin, du musst unbedingt zu mir rüberkommen. Günter will sich etwas antun! Ich habe eben diese E-Mail von ihm erhalten. Du musst ihn unbedingt anrufen!"

Ich ging mit ihr rüber, überflog die E-Mail, ohne sie ganz zu lesen. Dann riefen wir zunächst seinen Freund Martin an und drängten ihn, unbedingt schnell zu Günter zu fahren, da wir befürchteten, dass er sich etwas antun würde. Anschließend rief ich Günter an und verwickelte ihn in ein Gespräch, bis ich hörte, dass Martin bei ihm war. Dann legte ich auf und las mir seine Nachricht gründlich durch.

12.09.2002, 22.07

Katrin

Es war keine nette Form der Anrede „Brief Katharina"; so will ich sie doch wählen. Anbei findest Du meinen Brief von gestern und heute. Lies ihn Dir in Ruhe durch und antworte mir bitte, bevor Du aus Ramsberg abfährst!

In Liebe (ohne Hohn und Spott)
Günter

Erst wusste ich gar nicht, was er mit der Anrede „Brief Katharina" meinte, doch mein Schwager klärte mich auf, dass meine E-Mail zu lang gewesen sei und er sie deshalb in einer Datei unter diesem Namen gespeichert habe. Ich fand es sehr kleinlich von ihm, sich dermaßen daran aufzuhängen. Nun folgt sein Brief:

11.09.2002, 12.45 Uhr

Katrin

Womit habe ich es verdient, von Dir so behandelt zu werden? Nicht einmal einen Abschiedsgruß von den Kindern, geschweige denn von Dir habe ich erhalten! Es war eine abgekartete Sache, mit den gepackten Sachen einfach so loszufahren. Dies hilft mir überhaupt nicht, nur Dir! Vielleicht ist es für die Kinder auch besser so, wenn sie mich nicht in so einer Situation zum letzten Male erleben. Ich habe eigentlich schon meinen finalen Entschluss gefasst, mir stehen nur noch wenige Aufgaben im Wege.

Martin kommt, ich muss aufhören!

11.09.2002, 21.30 Uhr

Das Kartenhaus der Lügen ist schon zusammengebrochen, bevor es aufgebaut ist! Man hat Dich wegfahren sehen und sich bereits ausgiebig im Laden darüber unterhalten. Die Story mit der Magen-Darm-Grippe klang nur wenig glaubhaft.

Was mich den ganzen Nachmittag aufgewühlt hat, war die Tatsache, dass ich so hintergangen wurde. Es war klar, dass ihr abfahrt, bevor ihr mich gefragt habt; dazu passt der Anruf im Laden, das Abfangen in der Stube und dass die Sachen bereits gepackt waren. Schwer liegt mir im Magen, dass ich von den Kindern nicht Abschied nehmen konnte; aber das war, entgegen Eurem Beteuern, auch wohl so geplant.

Was soll's! Das war das Ende unserer Beziehung, ein Kapitel von zwanzig Jahren meines Lebens. Fast die Hälfte meines Lebens hab ich ausschließlich Dir gewidmet. Du warst der Mittelpunkt meines Denkens und Handelns. In den ersten Jahren hab ich (und auch Du) keine Mühen gescheut, sind wir abertausende von Kilometern gefahren, um einander nah zu sein. Jetzt

fährst Du so einfach weg ohne Abschied, ohne Blick zurück und löschst den
Sinn meines Lebens damit aus.

Wir hatten viele glückliche Stunden zusammen, konnten zusammen viel
unternehmen und uns gemeinsam über uns freuen.

Dann kam eine schwere Zeit für uns. Nach der Hochzeit warst Du
besessen von Deinem Kinderwunsch; dadurch hast Du viel aus der natür-
lichen und harmonischen Beziehung, die wir bis dahin hatten, genom-
men. Das Leben richtete sich nur noch nach der einen Sache; und ich
war überglücklich, dass es dann doch klappte, die Nachricht kam, Du
warst schwanger. Was waren wir glücklich ... bis Du so aufgequollen bist
durch die Hormone und wir dann noch die Nachricht über die Anzahl der
Föten bekamen. Es folgten schwere Monate mit vielen Belastungen für Dich
und für mich! Es war schwer, einen Job auszuführen und nebenbei eine
Patientin zu betreuen, die alle Hilfe benötigt, die man nur geben konnte.
Die Zeit in Köln war trotz aller Beschwerden von außen eine Zeit, die
für uns sehr harmonisch war. Die Zeit im Krankenhaus während Deiner
ersten Schwangerschaft war wohl die letzte harmonische für uns, wenn ich
das so im Nachhinein betrachte. Danach kam es kaum noch zu langen
Gesprächen, zu zärtlichen Streicheleinheiten bzw. waren sie sehr einseitiges
Füßekitzeln. Fernsehen war oft wichtiger als ich!

Aber zurück zu den glücklichen Zeiten. Ein weiterer Höhepunkt war
die Geburt der Zwillinge. Völlig abgekämpft, aber mit einem Breitmaul-
frosch-Grinsen hast Du dagesessen, die beiden Kleinen in je einem Arm;
überglücklich warst Du. Und ich auch. Gleich zwei gesunde Kinder, ein
Pärchen, wohlauf; ich war stolz wie Harry.

Es macht viel Mühe, sie großzuziehen, aber auch viel Freude. Es waren
noch Zeiten, als ich viel aus dem Laden konnte, weil ständig ausreichend
Angestellte (und Umsatz) da waren. Wir haben viel zu viert unternommen,
auch wenn Du mir vorwirfst, die Kinder nie gewickelt zu haben. Wenn ich
damit „angebe", die Kinder nicht wickeln zu brauchen, dann ist dies etwas
gelogen. Oft genug hab ich die Kleinen gewickelt, wiewohl selten, wenn
sie das große Geschäft gemacht hatten; oft habe ich jemanden Freiwilligen
gefunden, der das für mich erledigt hat.

In diese Zeit hinein platzte die Nachricht von Sebastian. Du konntest
auch ohne ärztliche Hilfe schwanger werden.

Die Schwangerschaft war für Dich diesmal ohne viel Beschwerden und ich meine, dass wir uns ganz gut selbst helfen konnten. Damals hast Du noch viel mit mir geschmust und Zärtlichkeiten ausgetauscht – ganz ohne Sex – besonders, wenn wir zu viereinhalb im Bett waren, ich wurde noch gestreichelt und hab dies auch genossen. Bei der Geburt haben wir (fast) nur uns gehabt; erst als es zum Gebärvorgang kam, gesellten sich Schwestern und Ärzte hinzu. Du hast mich gebraucht und ich hab Dir gern geholfen. Nach der Geburt von Sebastian hattest Du den kleinen Wurm im Arm und ich hatte Euch beiden blut- und schweißverschmierten, elenden Geschöpfe zwischen meinen Beinen; es war mir um meine Hose egal, auch als Sebastian anfing, im hohen Bogen zu pinkeln. Ich bin dann nicht aufgesprungen und hab die Schwestern nach Trockentüchern angeschrien, sondern habe sicherlich erschrocken nach ihnen gefragt. Dies ist meine Version der Anekdote, die Du gern so leicht ausgeschmückt von Dir gibst; ich habe es jedoch in den letzten sechs Jahren nicht gewagt zu widersprechen, als Du sie 75-mal oder öfter erzählt hast.

Obwohl Du danach die ganze Zeit Hilfe im Haushalt und bei der Kinderbetreuung hattest, ist Dir die Arbeit über den Kopf gewachsen. Nach der Geburt begannst Du, eine Abneigung gegen mich aufzubauen.

Es musste der Buchführungskurs sein, der erbarmungslos durchgezogen wurde neben Familie, Arbeit und Ehemann. Deine Gereiztheit hast Du schon da unverblümt an mir ausgelassen, die Kinder wurden nur nach Deinen Gesichtspunkten erzogen; eine Diskussion endete im Streit und in Nachteilen für mich. Dass diese Erziehung nicht richtig war, kannst Du in vielen Verhaltensweisen der Kinder deutlich ablesen. Ein Telefonat oder ungestörtes Fernsehen ist in der Stube in Anwesenheit der Kinder nicht möglich! Es gibt viele Dinge zu verbessern, aber bitte dann gemeinsam! Das Wort „gemeinsam" ist sowieso ein Reizwort für Dich. Es ist schon traurig, dass Du nicht in der Lage bist, mit mir zusammen eine Sache anzufassen, egal ob Arbeit oder Freizeit. Jetzt kann ich sagen, dass dieses Verhalten schon seit Jahren der Keim unseres Auseinanderlebens ist.

Bittet man Dich um Mithilfe, so kommt sofort gereizte Gegenwehr. Wenn Du mir vorwirfst, dass man mit mir nicht zusammenarbeiten könne, so sehe ich eher Deine generelle Ablehnung, mit mir zusammenzuarbeiten, als Haupthindernis.

Auf der anderen Seite verstehst Du es hervorragend, andere an die Arbeit zu kriegen, so dass sie ja nicht zu wenig machen. Dies ist gewiss nicht nur meine Ansicht. Aber ich bin <u>immer</u> der Leidtragende, der Sündenbock. Mit diesen und anderen Problemen haben wir in den letzten sechs Jahren zusammen, gegeneinander und uns auseinander gelebt. Andere Bereiche wie Sex sind ja auch noch problematisch, aber ich will nicht weiter darauf eingehen.

12.09.2002, 22.30 Uhr

Im Verlaufe des Briefes konntest Du verfolgen, dass es in unserer Beziehung seit einigen Jahren auch von meiner Seite viele Kritikpunkte gab. Während Du Deine „Reizthemen" oft bis zum Unerträglichen ausgereizt hast (Gewicht, Arbeit etc.), habe ich mich (meistens) zurückgehalten. Hab ich mal das Wort erhoben, so wurde ich durch Deine Überreaktion abgestraft, Du siehst, dass nicht nur ich mich ändern muss! In einer Beziehung liegt es an <u>beiden</u>, wenn sie harmonisch verlaufen soll. Es wird nichts besser, wenn ich kusche und Deinem Willen folge; es muss ein „Aufeinanderzukommen" von <u>beiden</u> Seiten sein und dies muss ständig wiederholt werden.

Aber ich rede bzw. schreibe schon wieder in der Hoffnung, dass wir unsere Beziehung fortsetzen. Allein aus den Umständen Eurer heutigen Abreise kann ich mir schon das Ergebnis vorstellen; es ist „Verpiss Dich!", „Nimm nur Rücksicht auf meine (Katrin) Gefühle", „zwanzig Jahre sind nicht der Rede wert, wenn ich (Katrin) auf meine Kosten komme".
(Den Beginn der nächsten Zeile habe ich gestrichen, weil es zu hinterhältig war!)
Du siehst, so einfach ist es, einen aufkommenden Hoffnungsschimmer durch ein paar Worte zu zerstören. Verstehe bitte, wenn ich diese Situation nicht mehr ertragen kann. Ich leide sehr und das bringt mich um! Auch wenn im Endeffekt ich mir selbst das Leben nehmen muss!

In Liebe
Günter

Jetzt zu mir: Ich bin verzweifelt und weiß keinen anderen Weg, als mir das Leben zu nehmen. Auch wenn Du sagst, Du willst kein „Blutgeld"; glaube mir, ich habe lange darüber nachgedacht und es ist die einzige Lösung, die mir eingefallen ist und die eine Versorgung der Kinder gewährleistet.

Leider hast Du unsere Situation schon „an die große Glocke" gehängt und damit geht vielleicht ein erheblicher Teil der Versorgung verloren. Ich werde meine Mutter bitten, den Kindern zuliebe die Schenkung durchzuführen. Aus der Auflösung der GmbH wird kaum was überbleiben, selbst mein Darlehen von über x DM geht wohl drauf. Ebenso das Darlehen meiner Mutter in Höhe von ca. x DM.

Versuche zunächst die GmbH an Karl Habermann zu verpachten/verkaufen, und für das Warenlager möglichst einen Kaufpreis von 2/3 des EK-Wertes; maximal auf die Hälfte des EKs zurückgehen! Will er nicht pachten, so versuche einen Nachfolger zu finden (z.B. über den Einzelhandelsverband oder die IHK)! Pachtpreis mit Wohnungen ca. x DM. Für den Fall, dass es keinen Pächter ab 1.3.2003 (besser 1.1.2003) gibt, so organisiere einen Räumungsverkauf wegen Geschäftsaufgabe gleich nach Weihnachten.

Das Geschäft wird bis dahin eher schlecht als recht laufen, die Angestellten werden lustlos sein und versuchen, ihr Schäfchen ins Trockene zu bringen. Lass Dir von außen helfen! Ein gut geführter Räumungsverkauf bietet vielleicht die Chance, dass etwas von dem gesamten Geschäft überbleibt.

Die Immobilie xyz ist mit x DM bei der OHG belastet. Sie ist Sonderbetriebsvermögen bei der OHG und kompensiert mein Unterkapital von x DM , also hat meine Mutter einen Anspruch auf das Geld. Ich habe im Testament alle Immobilien und Grundstücke den Kindern vererbt, so hoffe ich, dass meine Mutter auf die Forderung verzichtet (bzw. Dir schenkt), wenn Du Dich wie vorgesehen zu einer jährlichen (monatlichen) Ausgleichszahlung verpflichtest.

Auf der Immobilie Wohnhaus uvw ist noch eine Last von x DM als Darlehen bei der Bank. Du kannst dieses Darlehen (ich glaube 4,8% noch bis 2005 oder 2006) in Raten zu max. x DM pro Jahr zurückzahlen, wenn Du Geld über hast; nimm es aus Versicherungen oder anderen Geldern, die über sind!

Auf dem Baugrundstück sind fragliche Belastungen. Durch die Erschlie-
ßung, die mein Onkel bezahlt hat, kann eine Forderung von x DM auf
Dich zukommen. Wenn Du es in der Not verkaufen musst, bekommst Du
kaum mehr für das gesamte Grundstück! Also lieber abwarten und auf
einen potenten Käufer warten. Der Wert könnte dann auf x DM und höher
steigen! Das Grundstück „frisst" kaum Geld!

Außerdem erhältst Du eine Hinterbliebenenrente von bescheidenen
x DM/Monat aus meiner Pensionszusage.

Den Ertragswert der Immobilie xyz schätze ich auf x DM/Monat.

Den Ertragswert des Wohnhauses bei Eigennutzung schätze ich auf
x DM (ohne Eigennutzung auf x DM/Monat).

Abzüglich der Verpflichtung gegenüber meiner Mutter für den Anteil
bei der OHG bleiben Dir ca. x DM, wenn dann auch alles vermietet und
verpachtet wird. Das ist nicht viel, wenn Du Dich und die Kinder noch
krankenversichern (besser ist es, wenn Du krankenversicherungspflichtig
arbeiten gehst!) musst, alle anderen Kosten für Wohnung, Versicherungen
etc. tragen musst. Mit Deinen angepeilten 800–1000 Euro kommst Du
mal gerade für die Nebenkosten auf.

Sei vorsichtig mit dem Geld, auch wenn es Dir im ersten Moment viel
erscheint! Nutze überschüssiges Geld, um teure Kredite abzulösen, nicht
aber als erstes die günstigen Kredite! Im Moment kannst Du eventuell mehr
Prozente bei guter Anlage (z.B. Bundesschatzbriefe) als Du z.B. auf den
Wohnhauskredit von 4,8% bezahlen musst.

Solltest Du dieses Blutgeld ablehnen, so sehe ich keine Chance für Dich,
auch nur mittelfristig die Kinder versorgen zu können. Das Sozialamt wird
Dich auffordern, die Immobilien zu veräußern und davon zu leben, und
früher oder später ist nichts mehr da, wovon die Kinder zehren können!

Es gäbe noch so viel dazu zu sagen; sagen ist einfacher als schreiben; aber
Du bist dafür ja nicht mehr zugänglich.

Günter

12.09.2002, 20.00 Uhr

Ich bin im Moment fertig mit der Abschrift des Briefes an Dich!

Du hast gerade angerufen, dass Du eine E-Mail geschickt hast! Mir ist ganz mulmig, denn von diesem letzten Strohhalm hängt meine Zukunft ab!

Zuvor noch etwas in eigener Sache!

Verzeih mir bitte, dass ich auch Dich angelogen hatte! Mir war von vornherein klar, dass es für mich kein Leben ohne Dich und die Kinder gibt. Auch lass ich mich nicht auf eine Trennung in Raten ein; es war eine Ausrede, damit Deine Schwester und Dein Vater sowie Martin mich in Ruhe lassen. Ich kann niemandem mehr ins Auge blicken, habe keine Gefühle mehr, seitdem ich weiß, dass ich Dich verloren habe. Ich hatte schon den 1. September 2002 für den Zeitpunkt meines Todes bei der letzten Auseinandersetzung ins Auge gefasst, für den Fall, dass eine Trennung unvermeidlich ist. Dafür hatte ich schon eine Liste geschrieben, die ich nach und nach abgearbeitet habe; Du hast es nur nicht mitbekommen! Lediglich die Bibliothek ist nicht fertig geworden; ich glaube aber nicht, dass Du darauf Wert legst. Außerdem wollte ich noch die Mitgliedschaft im „Langhaarclub Weser-Ems" kündigen, habe aber keine neueren Unterlagen gefunden, kann sein, dass ich schon gar kein Mitglied mehr bin.

In den letzten Tagen habe ich in sehr großer Eile meinen restlichen Ballast, den ich vor mir hergeschoben habe, aufgearbeitet. Für Dich sind noch das Testament und die Kopien der Versicherung wichtig. Ebenfalls habe ich auch noch einigen säumigen Zahlern eine persönliche Zahlungsaufforderung geschickt.

Heute Mittag war ich auf der Bank und hab von dem OHG-Konto x DM und von dem y-Konto x DM abgehoben. Dies Geld will ich nutzen, um bei den Angestellten die Überstunden (nicht den Resturlaub) auszugleichen! Ich habe (((Brutto+Netto)/2)/Monatsstunden)x Überstunden gerechnet, und hoffe, dass sie zufrieden sind; den Resturlaub musst Du auszahlen oder abfeiern lassen!

Außerdem habe ich Martin gebeten, einige Verbindlichkeiten auszugleichen; gib Martin von dem Rest, was er ausgelegt hat.

Verstehe bitte, dass ich keine große Trauerfeier haben möchte; am besten gar keine! Ebenso möchte ich wie Deine Mutter kein Grab, sondern will verbrannt werden und namenlos verstreut oder beerdigt werden. So ist es für Euch alle das einfachste, mich zu vergessen! Im Leben war ich Euch schon nicht viel wert, warum sollte es dann im Tod besser sein?

Diese E-Mail sollte ich angeblich überhaupt nie erhalten, denn er schickte gleich im Anschluss eine andere hinterher. Doch ich glaube, dass er mir damit nur ein schlechtes Gewissen machen wollte, was für ein Märtyrer er sei. Auch sollte ich Angst vor der Zukunft bekommen, dass ich es nicht ohne ihn schaffen würde zu überleben.

Wir telefonierten mit Martin und Günter und alle Beteiligten waren verwirrt und besorgt. Nun wollte Günter mir noch weitere E-Mails schicken.

12.09.2002, 23.30

Hallo Katrin

Bitte zerreiß den ersten Brief! Das war eine emotionale Zeit, in der ich Dir das alles geschrieben habe; wollte es nur als Vorlage nutzen, um Teile daraus Dir zu schreiben. Leider habe ich das Original gesendet, bevor ich die Änderungen abgespeichert habe.

In Liebe
Günter

Und schließlich kam noch eine E-Mail mit einer früheren, eingetippten Uhrzeit. Es war alles äußerst konfus, diese ganze Geschichte aus E-Mails und Telefonaten, und es zerrte ganz gewaltig an meinen Nerven und denen meiner Schwester. Ständig sollten wir noch einmal an den Computer gehen und die nächste E-Mail herunterladen. Meine Schwester war zum Umfallen müde und auch meine Kräfte waren aufgezehrt. Schließlich hatte ich die letzte Nacht in Eschenhagen nur eine Stunde geschlafen und mich gerade erst mal eine Nacht bei meinem Vater erholt, wobei ich schon um fünf Uhr morgens wieder auf den Beinen war. Aber wir rafften uns auf, gingen zum Computer und erhielten folgende Nachricht.

12.9.2002, 21.15

Bitte zerreiß den ersten Brief! Nicht lesen!

Ich habe eben Deine E-Mail abgerufen! Martin hat vorher mit mir gesprochen und von dem Telefonat erzählt, das er mit Dir geführt hat. In dem Gespräch hättest Du Bereitschaft gezeigt, zu mir zurückzukommen. Aus Deiner E-Mail kann ich das aber überhaupt nicht erkennen. Du bist noch immer bei der gleichen Schuldzuweisung, ohne auch nur einen Hauch von Fehler einzugestehen. Sicherlich bin ich nicht fehlerfrei, aber Du? Dein Problem ist, dass Du eine Situation erkennst, analysierst und die Problemlösung gleich mitlieferst. Davon gibt es dann kein Abweichen. Aber das Leben ist nicht so! Jede Situation sieht von unterschiedlichen Seiten auch unterschiedlich aus! In der Schule wurde uns das als dialektisches Denken verkauft, der Volksmund sagt, alle Dinge haben zwei Seiten.

Wenn ich den Text Deines Briefes lese, dann frage ich mich, wofür ich einen Psychotherapeuten brauche, ich habe ihn doch schon die letzten Jahre im Hause gehabt! Du hattest doch für jedes Problem eine Ursache und eine Lösung bereit!

Wenn überhaupt, dann müssen <u>wir uns gemeinsam</u> um einen <u>gemeinsamen</u> Termin bei einem Therapeuten kümmern, der <u>meine und Deine</u> Probleme analysiert. Dies war übrigens der Vorschlag von mir in der Nacht von Dienstag auf Mittwoch.

Anhand des folgenden Briefes (es sind nur Teile) kannst Du erkennen, dass ich unsere Ehe nicht anhand der letzten paar Tage beurteile.

Bitte schreibe mir eine neue E-Mail mit anderen Worten, ohne alleinige Schuldzuweisungen etc. Ich erwarte sie bis morgen früh. Deine vier Seiten waren noch keine Grundlage für einen Neuanfang.

Auch wenn ich Kritik an Dir in meinem Brief äußere, so ist es doch, um Dich an diesen Beispielen wachzurütteln, und es ist niemals die alleinige Schuldzuweisung!

In Liebe
Günter

Er wirft mir hier vor, dass ich immer nur meine Meinung gelten ließe und zu Kompromissen nicht bereit sei, geschweige denn mich in seine Sichtweise hineinversetzen könne. In der Ehetherapie kristallisierte sich aber das genaue Gegenteil heraus. In seinem Brief redet er ganz allgemein davon, dass er nicht unfehlbar sei, arbeitet dies aber an keiner speziellen Situation heraus. So war es auch später in der Therapie. Machte er auch nur andeutungsweise einen Schritt auf mich zu, so konterte er dies sofort mit einer erneuten Schuldzuweisung. So musste er z.B. in diesem Brief darauf bestehen, dass er zuerst die Idee mit der Ehetherapie hatte.

Als ich zu ihm zurückkehrte, sollte ich mich zunächst ganz allein um einen Termin für eine Therapie kümmern. Erst durch intensives Zureden erklärte er sich bereit, mir zu helfen. Eigentlich habe er für so etwas keine Zeit, meinte er.

Nun möchte ich gerne eine kleine Anmerkung zu seiner geliebten Dialektik machen. Er war stets davon überzeugt, dass er sich durch mentales Training eine objektive Sichtweise angeeignet habe. So unterhielten wir uns während der Autofahrt oft über die laufende Radiosendung. Er wollte meine Meinung zu den dort erörterten Themen hören. Ich tat sie ihm kund, nur damit er sie im nächsten Moment mit seiner Dialektik zerpflücken konnte. Irgendwann war ich es leid und behauptete das genaue Gegenteil von meiner eigentlichen Meinung. Es ging mir runter wie Honig, als er sich auf meine vorgebliche Meinung einschoss. Als ich ihm erklärte, dass ich ihn nun manipuliert hätte, war er empört und stritt alles ab.

Dies waren nun eine Vorschau und eine Rückblende, nun soll aber der eigentliche Ablauf der Geschichte weiter geschildert werden.

Nach diesen Briefwechseln schrieb ich keine neue E-Mail. Vielmehr hatte ich Angst, nach Hause zurückzukehren, denn schließlich drohte er mir mit Selbstmord, wiegelte es aber vor dritten Personen ab, um mir kurze Zeit darauf erneut mit Selbstmord zu drohen. Dabei gab er zu, dass er die anderen Leute anlüge, damit sie ihn in Ruhe ließen. Was konnte ich diesem Mann dann noch glauben?

Ich beschloss dann doch, zu ihm zurückzukehren, überlegte aber, ob ich die Kinder nicht besser bei meiner Schwester lassen sollte, falls Günter mich umbringen wollte. Martin hatte sich so viel Mühe gegeben und hatte so viele Nächte bei Günter zugebracht, dass ich dachte, ich sei es ihm schuldig. Diese Eigenschaft, anderen gegenüber ein schlechtes Gewissen zu haben und gegen meine Bedürfnisse zu handeln, muss ich unbedingt ablegen lernen!

Meine Schwester hatte aber inzwischen so große Angst um mich, dass sie mich nicht fahren lassen wollte. Wir kamen überein, den ortsansässigen Pastor um Rat zu fragen, der auch am gleichen Vormittag kam.

Ahlborn, den 13.9.2002

Der Pastor las meinen und Günters Brief ruhig und aufmerksam durch. Die Geschichte von der Teichfete stieß auch ihn ab und er schimpfte über solche Ehemänner, die sich nur um ihr eigenes Wohl kümmerten, während sie ihre Frauen alle Arbeiten verrichten ließen. Zu Günters Brief meinte er, dass Menschen, die Selbstmord begehen wollten, sich nicht so detaillierte Gedanken über die Zukunft machten. Selbstmörder kümmerten sich seiner Ansicht nach nicht um die Zeit nach ihrem Tod. Aber man könne nie sicher sein, ob ein Mensch unter solch psychischer Belastung nicht doch zu einer Kurzschlussreaktion neige. Meine Bedenken müssten deshalb ernst genommen werden. Er schlug ein Gespräch mit meinem Mann und mir bei sich in der Pastorei vor, obwohl er einen sehr vollen Terminplan hatte.

Erst wollte Günter mit ihm am Telefon gar nicht sprechen, ich solle einfach nur zurückkommen, mir werde schon nichts passieren. Aber als ich ihn mehrmals inständig darum bat, sich auf ein Gespräch mit dem Pastor einzulassen, lenkte er ein. Ich reichte den Hörer an den Pastor weiter. An den Äußerungen des Pastors konnte ich hören, wie schwierig es war, meinen Mann zu einer Besprechung zu überreden. Doch schließlich willigte er ein und kam an diesem Abend. Dies habe ich ihm hoch angerechnet, denn es sind immerhin zwei bis drei Stunden Autofahrt pro Strecke.

In dieser Gesprächsrunde kam ich selten zu Wort, hauptsächlich redete mein Mann und ließ seinem Ärger über mich freien Lauf. Gelegentlich habe ich mich verteidigt, weitestgehend hielt ich mich aber zurück. Ich dachte, dass es gut sei, wenn er sich erst mal seelisch erleichtert hätte. Er beschwerte sich darüber, dass ich nicht mit ihm zusammen in der Garage werkelte. Ich erklärte, dass ich dies schon getan hätte, doch da ich ihm stets nur zur Seite stehen dürfe, um ihm Werkzeug und Schrauben zu reichen, sei dies auf Dauer keine ausfüllende Beschäftigung.

Dann beklagte er sich, dass ich ihm beim Heckenscheren nicht das Elektrokabel mitführte. Ich hielt dagegen, dass ich derweil das Unkraut jätete und dabei mehrmals aufstünde, um ihm zu helfen, wenn er mich rief. Doch ich sollte beständig neben ihm stehen.

Des Weiteren führte er noch an, dass ich nie das Richtige kochte und auch das falsche Brot kaufte. Ich schlug ihm vor, dass er auf dem Weg zur Arbeit selbst Brot einkaufen könne. Aber dieser Vorschlag war seiner Ansicht nach nicht ausführbar.

Alles in allem waren es Belanglosigkeiten, die er an mir bemängelte, ich nahm sie trotzdem ernst und wollte Abhilfe schaffen. Alles, was ich vorschlug, war jedoch nicht ausführbar. Ich solle einfach alles so tun, wie er es für das Beste hielte.

Nun war die Zeit auch schon weit fortgeschritten und ich dachte mir, dass ich an diesem Abend meine Kritikpunkte nicht mehr anzubringen bräuchte, weil sie meinem Mann und auch dem Pastor ja bereits aus meinem Brief bekannt seien.

Der Pastor erklärte uns, dass wir beide unsere persönliche Wahrheit geschildert hätten und dass jeder von uns ein und dieselbe Situation unterschiedlich wahrnehme und beurteile. Unsere Ehe sei auch noch nicht kaputt, sie sei sogar ganz normal. Alle Paare hätten solche Probleme. Wir müssten nur daran arbeiten und wir sollten nicht miteinander über unsere Probleme reden, sondern sie zusammen mit einem Therapeuten aufarbeiten.

Günter war sichtlich zufrieden mit dieser Besprechung und ich war auch ein wenig beruhigt, obwohl ich meinem Frust überhaupt nicht hatte Luft machen können. Aber es sollte schließlich nur ein Fundament für weitere Gespräche geschaffen werden.

Günter bestand darauf, mich die Straße hinunter zu begleiten, wo das Haus meines Vaters lag. Eigentlich wollte ich das nicht, aber er ließ sich nicht davon abbringen. Dabei musste er unbedingt meine Hand halten. Es war mir zuwider. Ich hatte Martin doch am Telefon erzählt, dass ich es nicht ertrüge, wenn mein Mann mich berührte, und Martin hatte mir versichert, dass Günter dies wisse. Also, was sollte das? Ich traute mich aber nicht, diesen zerbrechlichen Neuanfang zu zerstören. Als er mich zum Abschied jedoch umarmen und küssen wollte, wich ich zurück. Er fragte mich, ob dies schon zu viel sei. Ich bejahte und er drückte noch einmal rasch meine Hand und ging dann eilig zurück zu seinem Wagen.

Eschenhagen, den 14.9.2002

Am Vormittag packte ich unsere Sachen und verstaute sie im Wagen. Zusammen mit den Kindern und dem Aupairmädchen fuhren wir zurück.

Zu Hause angekommen, nahm mein Mann mich wieder und wieder in die Arme oder verstellte mir den Weg mit der Forderung, dass ich nur mit einem Küsschen als Wegezoll an ihm vorbeikäme. Da ich vor einer verbalen Auseinandersetzung zurückschreckte, schrieb ich ihm folgenden Brief:

Lieber Günter!

Bei unserem Gespräch mit dem Pastor meinte ich, dass wir unseren Alltag im gemeinsamen Haushalt führen könnten, aber ich dachte, Du wüsstest, dass ich noch Schwierigkeiten habe, von Dir gestreichelt und geküsst zu werden. Doch nun habe ich das Gefühl, dass Du hier ein Zusammenwachsen forcieren möchtest, wo es bei mir noch nicht an der Zeit ist.

Als die Kinder während der Mittagsruhe ferngesehen haben und Du anschließend hoch ins Wohnzimmer gekommen bist, hast Du sie aufgefordert, mit Dir zu schmusen. Sie hatten aber in dem Moment kein Bedürfnis danach. Ich sagte ihnen, dass sie die Glotze ausmachen sollten. Das taten sie auch nach ein paar Minuten, um sich gleich darauf auf den Computer zu stürzen, alle drei zusammen. Dies war für mich ungewöhnlich, denn sonst streiten sie sich, wer da ran darf, und allenfalls sitzen sie zu zweit davor. (Ich lasse jetzt meine Schlussfolgerungen daraus mit Absicht weg, da Du meine Deutungen hasst!)

Als ich nun mit dem Vogelkäfigputzen fertig war und sagte, dass wir gleich zu unseren Freunden fahren wollen, beendeten sie ihr Spiel und machten den Computer aus. Und siehe da, einer nach dem anderen stürzte sich im wahrsten Sinne des Wortes auf Dich, um mit Dir zu schmusen. Ich freute mich so für Dich und sagte Dir: „Siehst Du, Du musst ihnen nur Zeit geben und sie müssen von sich aus kommen. Das musst Du noch lernen, dass es einfach nicht funktioniert, wenn Du um Zärtlichkeit bittest oder sie gar verlangst." Man tut es dann nur aus Mitleid und das Streicheln wird kühl und unemotional und natürlich auch unbefriedigend für Dich.

Nun bin ich Dir entgegengekommen und habe gesagt, dass ich Dir beim Abbauen vom Festumzugswagen helfe. Dies hast Du Dir im Gespräch beim Pastor gewünscht. Bei dieser Arbeit sagtest Du mir: „Nimm mich mal in den Arm. Küss mich mal!" Ich tat dies auch, um Dir einen Gefallen zu tun. Gleichzeitig drückte mir eine unsichtbare Faust das Herz zusammen. Ich hatte ein beklemmendes Gefühl.

Mit derlei Forderungen ging es den ganzen Tag so weiter. Ich hatte das Gefühl, Du strengtest Dich an, die Grenzen weiter auszudehnen und meine Schutzzonen zu vernichten. Am Abend wolltest Du ein „Gute-Nacht-Schmusen" und als ich mich verweigerte, fragtest Du mich, ob Du nicht den ganzen Tag lieb zu uns gewesen seiest und wen ich damit strafen wolle, ob ich mich vielleicht sogar selber strafen wolle?

Ich will damit niemanden strafen. Ich bin einfach noch nicht so weit. Du kannst den Austausch von Zärtlichkeiten nicht einfach antrainieren, indem du sie regelmäßig am Tag wiederholst, als übtest du Vokabeln.

Es ist o.k., wenn Du mich im Vorbeigehen einmal kurz drückst und mir einen Kuss auf die Wange gibst und dann aber auch weitergehst. Mehr kann ich im Moment nicht, meine Wunden müssen erst noch heilen.

Deine Katrin

P.S. Martin hat in seiner Ehe begriffen, dass seine Frau eine Zeit für sich brauchte, die sogar ein Jahr lang dauerte. Ich hoffe, dass es bei mir nicht so lange dauert. Aber länger als einen Tag oder eine Woche brauche ich gewiss!

93

Günter ging auf diesen Brief nicht näher ein, hielt sich aber zurück.

Nun wollten wir uns um eine Ehetherapie bemühen. Er war aber beruflich so eingebunden, dass er mich bat, die verschiedenen Institutionen anzurufen. Die kirchlichen Institutionen nahmen zwar kein Geld, hatten aber sehr lange Wartelisten von über einem Monat. Dann rief ich noch bei Pro Familia an, sie konnten mir sehr viel rascher einen Termin einräumen, aber es kostete etwas. Ich wollte das zunächst mit meinem Mann durchsprechen. Er meinte, wir sollten das tun, ich solle einen Termin vereinbaren. Ich bedeutete ihm, dass es besser sei, wenn er dies tue, weil er viel mehr Termine habe als ich. Doch ich musste ihn lange bearbeiten, bis er dort tatsächlich anrief. Er tat so, als gehe ihn das Thema nichts an und als sei es mehr oder weniger meine Angelegenheit. Am liebsten wollte er alles auf mich abwälzen. So erhielten wir einen Termin am 23. September. Dies war noch eine gute Woche hin. Für mich war das in der derzeitigen Situation ein unendlich langer Zeitraum, da ich unter der psychischen Belastung stand, dass mein Mann mich von heute auf morgen zur liebevollen Ehefrau umprogrammieren wollte. Wenn ich dieser Aufgabe aber nicht gerecht wurde, bestand die Gefahr, dass er sich oder uns etwas antat.

Eschenhagen, den 16.9.2002

Günter schlug mir vor, ich solle der GmbH einen Kredit geben.

Ich sagte ihm: „Ich habe doch gar kein Geld!"

„Doch, ich lasse dir das Geld überweisen, das aus dem Verkauf des Janus (Segelflugzeug) stammt. Eigentlich wollte ich dieses Geld für ein anderes Segelflugzeug anlegen, aber ich habe es mir anders überlegt. Ich schlage einen Kredit in Höhe von 20 000 € vor. Der Anteil wird nicht reichen, aber die Differenz überweise ich dir von meinem Konto. Anschließend ziehe ich den gesamten Betrag als Kredit von deinem Konto auf das GmbH-Konto. Nur damit du dich nicht wunderst, wenn du deine Kontoauszüge siehst."

Ich wunderte mich, wo er die fehlenden 6000 € hernehmen wollte, denn ich wusste, dass sein Konto nur noch ein geringes Guthaben aufwies, aber ich dachte mir, dass er wahrscheinlich noch irgendwelche Sparbücher hatte. In meinem Hinterkopf keimte kurz ein Zweifel auf: „Warum mussten wir an allen Ecken und Enden sparen und auf Urlaub verzichten, wenn er doch mit Leichtigkeit von irgendwoher Gelder lockermachen konnte?" Doch diese Gedanken unterdrückte ich rasch und dachte nicht weiter darüber nach.

Anschließend musste ich den Kreditvertrag unterschreiben, erhielt aber selbst kein Exemplar. Doch ich wollte mich nicht beschweren, da es sich hierbei um geschenktes Geld handelte.

Eschenhagen, den 19.9.2002

Im Laden erklärte ich Günter, dass ich mit dem Fliegen aufhören wolle. Dieser Gedanke bewegte mich schon einige Jahre. Irgendwie war ich mir beim Fliegen nicht mehr sicher, obwohl die Fluglehrer, mit denen ich gelegentlich geflogen war, nichts an mir auszusetzen hatten. Außerdem wollte ich Geld sparen, weil wir nicht gerade üppig bei Kasse waren. Mir kaufte ich so gut wie gar keine neue Kleidung, aber die Kinder wuchsen und brauchten ständig neue. Ich nahm auch abgelegte Kinderkleidung von Freundinnen dankbar an.

Doch als ich meinen Mann diesen Vorschlag unterbreitete, machte er mir zum Vorwurf, dass ich mich immer mehr aus unserer Ehe zurückzöge. Ich konnte ihm meine Beweggründe nicht weiter ausführen, weil ich Kundschaft bekam.

Als ich wieder frei war, kam Günter zu mir und fragte mich: „Was hältst du davon, wenn wir übernächstes Wochenende mal verreisen?"

Ich war perplex. Wir mussten doch sparen. Was mochte das wohl kosten? Stattdessen fragte ich: „Wo soll's denn hingehen?"

„Nach Blombach!", meinte er ganz gelassen. Dort stand sein Wohnwagen, in dem er übernachtete, wenn er dort zur Jagd ging.

Ich erwiderte: „Ach, so sehr zieht es mich nicht dorthin!"

„Na, dann fahre ich eben allein und verbringe dort meinen Geburtstag!"

Ach du Schreck! Dass da sein Geburtstag schon herangerückt war, hatte ich so spontan gar nicht bedacht. Ich hatte zwar schon seine Geburtstagsgeschenke besorgt, aber dass es schon übernächste Woche so weit war, hatte ich in dem Augenblick nicht erkannt. Seine Überrumpelungstaktik hatte mich etwas geärgert und bissig antwortete ich: „Na, dann musst Du Deine Geschenke eben mitnehmen!"

Nun kam erneut Kundschaft und wir mussten beide arbeiten.

Als ich zur Frühstückspause hochgehen wollte, gab mir Günter einen Brief von der Telekom zu lesen. Es ging um ein Vertragsangebot über Telefon- und Internetgebühren. Nach der Frühstückspause gab ich ihm den Brief zurück und gestand ihm, dass ich davon nichts verstünde.

Günter grinste mich finster an: „Du sollst dich nur damit befassen, weil ich mich aus unserer Ehe auch immer mehr zurückziehe, genauso wie du!"

Ich dachte, dass ich vielleicht doch besser mit ihm nach Blombach fahren sollte. Aber was wäre, wenn wir uns dort stritten? Es gab dort wenig Möglichkeiten, sich aus dem Weg zu gehen. Auch wollte er bestimmt sein Gewehr mitnehmen. Außerdem hätten wir dort nur ein Auto. Wenn er damit wegfahren würde, würde ich dort hilflos zurückbleiben und wäre von der Welt weitestgehend abgeschnitten.

Als ich über seine Reaktion nachdachte, wurde mir ganz wackelig in den Knien und meine Finger zitterten. In seinem Verzweiflungsbrief vom 11.9. hatte er gesagt, er wolle jegliches Opfer bringen, auf alle Forderungen eingehen, wenn ich nur bei ihm bliebe. Kaum aber war ich zu ihm unter sein Dach zurückgekehrt, so stellte er Forderungen. Als ich sie nun nicht erfüllte, verlegte er sich darauf, mir Angst zu machen. Ich warf ihm das auch vor, bekam aber lediglich die herablassende Antwort: „Das habe ich nur gesagt, damit du zu mir zurückkommst!"

Später gab er mir noch einen Zeitungsausschnitt:

Frauen wollen finanziell unabhängig sein
Studie: Für 94% wichtigstes Ziel ihrer Lebensplanung

Dies sollte wahrscheinlich ein Vorwurf sein, dass ich unsere Ehe kaputtmache, weil ich mich ihm nicht unterordnen wollte und immer unabhängiger von ihm wurde.

Am Nachmittag sammelte ich zu Hause meine Gedanken und beschloss ihm in aller Ruhe einen Brief zu schreiben, in dem ich meine Beweggründe für meine Entscheidungen noch einmal gründlich schilderte. Ich hoffte, dass er mich dann besser verstehen würde.

Lieber Günter!

Beim Segelfliegen bekomme ich mittlerweile Beklemmungen, frage mich, ob ich gut genug bin, ob ich einen Unfall baue, ob das Flugzeug einen Schaden bekommt oder ob ich mich gar selbst verletze. Ich bin die letzten fünf Jahre immer weitergeflogen, obwohl ich zittrig war und Angst vorm Fliegen der großen Doppelsitzer habe, die ich nicht beherrschen kann. Wenn ich über Land fliege, dann nur hinter Dir und Edith her, und wenn ihr verschwindet, steigt Panik in mir hoch.

Auch würde ich viel lieber locker in den Tag leben und nicht morgens aufstehen und die Routine starten: Flugzeug aufbauen, kräftige Helfer zum Aufrüsten suchen, Flugroute planen, Thermik abwarten und los geht's.

Dieter und Du, ihr habt Euch beide wirklich viel Mühe gegeben, mich zu unterstützen, und ich hab meinen Hintern kaum hochgekriegt.

Lieber wäre es mir, wenn der Tag super sein sollte, dass Du dann über Land fliegst und ich mit den anderen Frauen am Platz bleibe und Karten spiele oder mit den Kindern schwimmen gehe.

Wenn der Tag nicht ganz so gut ist, aber thermisch brauchbar, könntest Du uns mal mitnehmen und ein paar Lustflüge machen.

Sollte das Wetter schlecht sein, könnten wir alle zusammen etwas anderes unternehmen.

Sicherlich wird es mal passieren, dass ich lieber in Eschenhagen bleibe und nicht mit Dir zum Fliegen in die Heide fahre. Das müsstest Du dann genauso akzeptieren, wie ich akzeptiere, dass Du zur Jagd oder zum Segelfliegen gehst.

Ich habe mich verändert, das gebe ich zu. Allerdings war ich noch nie eine Vollblutpilotin (keine Wettkämpfe, keine Preise, keine Streckenwertungen, noch nie!).

Ich würde gerne mit Dir zum Fliegen kommen und auch mal einen Kurzurlaub in Blombach verbringen, aber nicht gerade jetzt, da wir versuchen, unsere Ehe zu kitten.

Damit ziehe ich mich nicht aus unserer Ehe zurück und solche Sprüche, dass Du Dich dann auch mehr und mehr zurückziehst, finde ich unfair.

Ich mache Deine Wäsche, die Einkäufe, versorge Familie, Haus und Garten und Du lässt mich dann im Stich, wenn Reparaturen und Briefwechsel anfallen?

Gruß Katrin

Als Günter meinen Brief gelesen hatte, sagte er nur: „So, wie du das geschrieben hast, kann ich damit umgehen."

20.9.2002

Am nächsten Wochenende sollte ein großes Jahrgangstreffen aller Schüler stattfinden, die während der 60er und 70er Jahre in Lagos (Nigeria, Afrika) zur Schule gegangen waren. Ich freute mich schon so lange darauf, die Freunde aus meiner Kindheit in Afrika zu treffen. Eigentlich hatte ich schon alle Hoffnung aufgegeben, sie jemals wieder zu sehen, da ich keine Kontaktadressen besaß. Aber dann erreichte mich ein Telefonat. Eine Frau hatte die Adresse meiner Schwester ausfindig gemacht. So kam der Stein ins Rollen.

Da ich aber nun solche Eheprobleme hatte, machte ich mir nicht viel Hoffnung, dorthin fahren zu können, fragte aber dennoch meinen Mann. Der meinte, dass ich ruhig fahren solle. Er würde sich um die Kinder kümmern.

21./22.9.2002

Zuerst trafen lauter mir unbekannte Leute ein, aber schließlich sah ich immer mehr bekannte Gesichter.

Abends feierten wir ausgiebig zu Diskomusik aus unserer Jugendzeit. Ich habe mit niemandem angebandelt, sondern tanzte mit meiner Freundin und meiner Schwester, so dass ich am nächsten Tag Muskelkater hatte. Aber es war toll!

Zu einer Freundin halte ich jetzt auch noch weiterhin Kontakt.

Als ich wieder heimkehrte, stellten mir meine Kinder seltsame Fragen:
„Mama, dürfen verheiratete Frauen mit anderen Männern tanzen?"
„Mama, hast du einen anderen Mann geküsst?"
Ich antwortete, dass ich keinen anderen Mann geküsst hätte und dass verheiratete Frauen sehr wohl mit anderen Männern tanzen dürften. Da sei nichts dabei. Ob ihr Vater ihnen irgendetwas erzählt habe?
„Nein, Papa hat nichts gesagt."
Ich konnte ihnen aber nicht recht glauben. Dazu kamen mir die Fragen zu seltsam vor.

23.9.2002

Nun war der Tag gekommen, an dem wir unsere erste Sitzung bei Pro Familia hatten.

Wir saßen beide ganz nervös im Wartezimmer. Ich versuchte ruhig zu bleiben, aber ich spürte, dass Günter am liebsten wieder hinausgerannt wäre. Er fragte mich: „Was wollen wir überhaupt hier? Schau doch mal die Plakate an. Hier geht es hauptsächlich um sexuelle Aufklärung."

Ich wollte ihn beschwichtigen: „Nun warte doch erst mal ab!"

„Was willst du denen denn überhaupt erzählen?"

„Das weiß ich so genau auch noch nicht. Ich werde dir schon nicht den Kopf abreißen."

Schließlich war es so weit. Wir wurden von einem Mann hereingebeten. Er stellte sich vor und fragte dann, wer beginnen wolle. Ich wollte meinem Mann den Vortritt lassen, doch der winkte ab. So fing ich an zu erzählen, was mich an meinem Mann störte, dabei redete ich an den Therapeuten gewandt. Er unterbrach mich oft, so dass ich das Gefühl hatte, dass ich mein Sorgenpäckchen gar nicht recht auspacken durfte und er auf der Seite meines Mannes stand. Anschließend konnte mein Mann ihm erzählen, was ihm an mir nicht passte.

Nach einiger Zeit sagte der Therapeut: „Was wollen Sie eigentlich hier?"

Günter und ich sahen abwechselnd erst uns und dann den Therapeuten zweifelnd an.

Ich sagte: „Ich wünsche mir Ratschläge von Ihnen, wie ich mich meinem Mann wieder so nähern kann, dass es auch auf sexueller Ebene wieder klappt, wir uns aber auch ansonsten wieder verstehen."

Günter nickte zustimmend.

Nun erklärte uns der Therapeut: „Ich kann bei Ihnen beiden keine Gemeinsamkeiten erkennen. Man kann einen Menschen auch nicht ändern, da man nicht seinen Schädel öffnen und das Gehirn austauschen kann."

Ich drängte aber weiter auf Hilfe. So machte er den Vorschlag, dass wir die nächsten Tage das Positive sowie das Negative in unserem Zusammenleben aufschreiben sollten. Bei der nächsten Sitzung würden wir gemeinsam darüber reden. Wir sollten uns in der Zeit aber keinesfalls streiten. Wenn wir spürten, dass ein Konflikt aufkomme, sollten wir uns zurückziehen und alles aufschreiben.

Damit wollte er uns verabschieden. Ich fand die Idee gut und stand bereits auf, als mein Mann hochging wie eine Rakete: „Was ist das denn für ein unsinniger Vorschlag? Wenn ich nicht mit meiner Frau reden kann, dann will ich nicht mehr leben!"

Da horchte der Therapeut auf und überredete Günter zu einer Einzelsitzung, da er suizidgefährdet sei.

„Herr Brinker, während einer Therapie kommt es schon gelegentlich vor, dass ein Partner eine intensivere Betreuung braucht. Das ist nichts Unnormales, einige Menschen können Konflikte nicht so gut verarbeiten wie andere. Wir sollten uns einen Termin aussuchen, wo wir noch einmal in Ruhe über Ihre Selbstmordabsichten sprechen können."

„Die Öffnungszeiten meines Ladens lassen keinen Termin zu Ihren Zeiten zu. Ich kann auch nicht extra Personal dafür anfordern."

„Aber Herr Brinker, es war Ihnen doch auch möglich, heute hier zu erscheinen!"

Nun grübelte Günter einen Moment nach und machte dann strahlend folgenden Vorschlag: „Was halten Sie davon, wenn ich in unserer Mittagspause hierher käme und wir zusammen in einem Restaurant gemütlich unsere Besprechung durchführen würden?"

„Also, das geht nicht. Essen gehen, das mache ich mit meinen Freunden. Das ist ein Privatvergnügen. Dies ist meine Arbeit und beides möchte ich nicht miteinander vermischen."

Sie konnten sich dann doch noch auf einen Einzeltermin innerhalb der nächsten Tage einigen. Der nächste gemeinsame Termin wurde auf den 7.10. gelegt.

Als Günter und ich im Auto saßen, begann er sofort mit mir zu streiten. Ich sagte: „Günter, wir sollen nicht über solche Sachen reden!"

Er fuhr aber fort: „Ich lasse mir nicht den Mund verbieten!"

„Na gut, Günter, aber ich werde mich dazu nicht äußern."

Mit feindselig zusammengekniffenen Augen saß er hinter dem Steuer und sprach mit ruhiger, böser Stimme: „Du hast mich total fertig gemacht! Du hast mich in so ein tiefes, dunkles Loch gestürzt! Ich kann so nicht mehr weiterleben. Du bist weg, die Kinder sind weg und ich habe nichts! Ich will dich auch in so ein finsteres Loch werfen! Nachts gehen mir so düstere Gedanken durch den Kopf, dass ich selbst Angst davor bekomme."

Nun schwieg er, als müsse er erst seine Gedanken sammeln. Ich saß erstarrt neben ihm.

„Ich stelle mir dann vor, dass du weggehen musst und die Kinder bei mir bleiben. Ich mache dich im Laden und im Dorf zum Buhmann. Ich sage allen Leuten, dass du nur einen Mann mit Waschbrettbauch suchst! Dann kannst du dir mal vorstellen, in welchem Loch ich sitze!"

Nun konnte ich mich nicht länger zurückhalten und schrie ihn an: „Soll ich mich unten zunähen lassen? Würde dich das glücklich machen? Du brauchst dir wegen anderer Männer keine Sorgen zu machen. Mit den Scheißkerlen habe ich nichts mehr am Hut, dafür hast du mich gründlich ruiniert!"

Günter fuhr ruhig fort: „Oh, ich bereue es so, dass ich mich nicht schon damals umgebracht habe!"

Ich schwieg.

„Aber das hole ich am 14. Oktober nach dem Seifenkistenrennen nach." (Mein Mann war der Organisator dieser Veranstaltung.)

Kein Kommentar meinerseits.

„Katrin, ist das o.k., oder möchtest du, dass es früher sein soll?"

Ich hatte dieses Spielchen so satt und mit eiskalter Stimme sagte ich: „Ja, das ist o.k. Du brauchst dich nicht zu beeilen. Nimm dir so viel Zeit, wie du brauchst."

Den Rest der Fahrt schwiegen wir beide. Zu Hause angekommen, ging zunächst jeder seines Weges. Auf der Treppe aber wartete er dann auf mich und schaute mich mit seinem traurigen Hundeblick an. Diese Masche „Zuckerbrot und Peitsche" sollte er die nächsten Tage immer wieder anwenden.

„Katrin, ich muss mit dir sprechen."

„Na gut, ich will aber zuerst mit den Kindern Abendbrot essen. Sie warten schon auf mich. Danach komme ich zu dir in die Ferienwohnung."

Als ich zu ihm kam, hatte er in der Ferienwohnung ein Feuer im Ofen angezündet.

„Günter, siehst du, was jetzt passiert ist? Davor haben uns nun schon zwei Berater gewarnt, der Pastor und der Therapeut! Wir sollten keine Auseinandersetzung ohne Therapeuten ausfechten."

„Ich kann aber mit niemandem so reden wie mit dir!"

„Du machst mich aber kaputt damit. Ich bin kein Psychiater. Du liebst mich nicht, du bist besessen von mir!"

Ich saß in einem Sessel beim Feuer. Günter kniete sich vor mich hin und hämmerte mit seinem Kopf auf den vor dem Ofen gefliesten Boden.

„Du kannst doch glücklich sein, dass ich dich so liebe!", rief er in seiner Verzweiflung.

„Nein, das macht mich nicht glücklich, das macht mir Angst!"

Händeringend fragte er: „Warum kannst du mich nicht so lieben? Was soll ich nur tun, damit du kapierst, wie sehr ich dich liebe?"

„Günter, ich bin es nicht wert, dass du dich so kaputtmachst! Vielleicht sollte ich mir ein Schild um den Hals hängen, dass ich Männer nur verführe, um sie kaputtzumachen!"

Das sollte ironisch sein, denn ich bin eher das genaue Gegenteil von dieser Beschreibung. Er aber rief: „Ja, aber genau das machst du!"

Irgendwie schafften wir es dann aber, uns beide wieder zu beruhigen. Wir kochten uns einen Tee und holten die Kinder dazu. Ich las Geschichten vor und wir schauten gemeinsam ins Feuer. So war es ein harmonischer Ausklang.

Als ich zu Bett gehen wollte, kam noch ein Gedanke in mir hoch. Ich zog mir meinen Bademantel über und ging zu Günter in die Ferienwohnung.

„Das ist der Unterschied zwischen uns. Wenn die Kinder lieber zu dir wollen als zu mir, würde ich sie gehen lassen. Weil ich sie liebe!"

„Das mit den Kindern ist gar kein Thema. Vergiss das, was ich im Auto gesagt habe. Ich habe das nur gesagt, damit du nachempfinden kannst, wie das ist, wenn man in einem solchen seelischen Loch sitzt. Die Kinder gehören zur Mutter."

Ich bin darauf gleich ins Bett gegangen. Es war etwa 22.30 Uhr und ich bin um 1.15 Uhr wieder aufgewacht. Ich versuchte wieder einzuschlafen, wälzte mich aber nur von einer Seite auf die andere. Gegen 2.30 Uhr stand ich dann doch auf und schaute in der Ferienwohnung nach. Günter lag nicht wie sonst auf der Couch vorm Fernseher. Panik stieg in mir auf. Hatte er sich vielleicht schon etwas angetan? Vorsichtig schaute ich im angrenzenden Schlafzimmer nach. Da schlief er, seelenruhig. Seinen Ballast hatte er schließlich bei mir abgeladen. Da ich nicht müde war, setzte ich mich hin und hielt das Erlebte in meinem Tagebuch fest. Gegen 3.30 Uhr ging ich wieder zu Bett und versuchte zu schlafen.

So ähnlich erging es mir in den folgenden Nächten ständig. Ich litt unter Durchschlafstörungen. Ich nehme an, dass sich irgendwann während des Schlafens ein Entspannungszustand einstellte, in dem das Unterbewusstsein an die Oberfläche stieg. Ich erlebte es wie einen Schlag, Adrenalin durchströmte mich und ich war hellwach. So bekam ich meistens nur zwei bis vier Stunden Schlaf pro Nacht. An den Tagen, an denen Günter den liebevollen Ehemann spielte, konnte ich auch mal sechs Stunden schlafen.

Während der darauf folgenden Tage schrieb ich ein stichwortartiges Tagebuch, in dem ich die positiven und negativen Ereignisse festhielt, wie es der Therapeut empfohlen hatte:

Dienstag, den 24.9.2002

Günter hat sich für den gestrigen Tag entschuldigt. Ich sagte ihm, dass er niemals wieder einen solchen Psychoterror mit mir veranstalten oder mit Selbstmord drohen dürfe. Denn dann sei Schluss und ich würde mit den

Kindern abhauen. Er war ganz irritiert, dass ich mich über die Selbstmord-drohungen so aufregte. Er habe gedacht, dass die Drohung, mir die Kinder wegzunehmen, mich viel mehr erschüttern würde. Ich sagte ihm natürlich nicht, dass ich davor keine Angst hätte, weil die Kinder gewiss lieber zu mir wollten, und dass außerdem ein suizidgefährdeter Vater schlechte Chancen hätte, die Kinder zugesprochen zu bekommen. (+)

(Oh, wie naiv war ich doch damals!)

Donnerstag, den 26.9.2002

Wir haben abends mit dem Aupairmädchen Canasta gespielt und Sekt ge-trunken. Ich lasse ihn nun wieder bei mir im Schlafzimmer übernachten, aber sonst nichts. (+)

Tagsüber stört es mich nicht, wenn er mich mal drückt und küsst, aber er versucht es zu oft. (+/-)

Freitag, den 27.9.2002

Heute verbrachten wir einen gemeinsamen Fernsehabend. Günter kam zu mir ins Wohnzimmer und fragte mich: „Soll ich deine Füße kitzeln?" (+)

„Nein, ich will das nicht."

„Ich kann das aber ruhig für dich tun!"

Ich wusste, dass er sich beim Therapeuten darüber beschwert hatte, dass er solche „Sklavendienste" machen müsse, obwohl er dafür keine Belohnung erhielte, deshalb antwortete ich: „Du brauchst das nicht zu tun."

„Ich mach das aber gerne für dich, ohne jeden Hintergedanken."

So willigte ich ein und wir schauten uns gemeinsam einen Film an.

In dem Spielfilm zeigten sie drei Frauen, die „kifften". Ich fragte meinen Mann, von dem ich wusste, dass er Erfahrung mit Drogen hatte, ob das wahr sei, dass man so albern lachen müsse. Mein Mann hatte mir einst erzählt, dass er früher Haschisch geraucht und auch schon mal härtere Dro-gen, ich glaube, es war LSD, genommen habe. Er bestätigte mir, dass man dabei ganz lustig werde. Ob ich nicht mal Lust hätte, mit ihm in Holland ein Wochenende zu verbringen? Er würde dann etwas besorgen und wir könnten uns eine schöne Zeit machen. Ich lehnte jedoch ab. Zum gegenwärtigen Zeitpunkt hätte ich keine Lust dazu, vielleicht später einmal.

Danach schauten wir uns noch einen Bericht über Jugendkriminalität an, der uns dazu veranlasste, über unsere eigenen Kinder zu reden. Ich habe mich wirklich gut mit meinem Mann unterhalten können, ohne dass er gleich in Opposition zu mir gegangen wäre, wie er ja das sonst gerne mit seiner Dialektik machte.

Samstag, den 28.9.2002

Günter hatte diese Nacht wieder Schlafstörungen, was eigentlich bei ihm der Normalzustand ist. Auch vor unserer Krise stand er regelmäßig nachts auf und ging in die Ferienwohnung, um dort fernzusehen. Früher lag es wohl daran, dass er tagsüber zu viele Schläfchen machte. Dort vor dem Fernseher konnte er unter der Berieselung durch das Programm immer wieder einschlafen. (-)

Als er morgens zu mir ins Bett kam, waren schon alle drei Kinder bei mir. Er schmiegte sich an mich und automatisch glitt seine Hand an meine Brust. Ich schob sie weg und sagte: „Nein." Dann streichelte er meinen Rücken und seine Hände wanderten zu den Pobacken. Ich sagte erneut: „Nein!" Nun legte er seine Hand auf meinen Bauch und seine Finger krabbelten vorne in meinen Schlüpfer rein.

„*Nein*, Günter, ich will das nicht!"

Er bettelte: „Ach Schatz, dreh dich doch mal um zu mir."

„Geh du lieber in deine Hälfte des Bettes!" Ich drückte ihn mit dem Ellbogen weg und er stand auf und ging ins Badezimmer.

Das Resultat ist, dass ich nun Angst habe, einen Schritt auf meinen Mann zuzumachen, ihm also den Zutritt zum Schlafzimmer zu gewähren, weil ich befürchten muss, dass er gleich drei Schritte weitergehen möchte.

Abends sind wir beide schön essen gegangen. Es herrschte eine entspannte Atmosphäre. Er erzählte mir von den Problemen mit seinen Jagdfreunden, denen er häufig Gefallen tue, von denen er aber wenig zurückerhalte. (+)

Weil er im Laden so eingebunden sei, könne er nicht mehr so häufig nach Blombach fahren. Zudem sei dort ein Jäger, der viel Geld bezahle und die besten Abschüsse bekomme.

In unserem Nachbardorf hätten sie ihm auch noch keinen Begehungsschein gegeben, obwohl sie ihm das schon vor Jahren versprochen hätten.

Bei seinem Freund könne er auch nicht mehr zur Jagd gehen, weil dort dessen Schwiegersohn nun sehr aktiv sei.

Als ich einige Tage darauf mit meiner Freundin Christine, Martins Frau, telefonierte, erzählte ich ihr von Günters Problemen mit der Jagd. Sie lachte verhalten und sagte mir, dass sich die Jäger über Günters verschrobene Vorschläge lustig machten. Sie meinte damit seine Besserwisserei.

Sonntag, den 29.9.2002

Günters Geburtstag wurde nur im familiären Kreis gefeiert. Morgens bekam er die Geschenke und sein Happy-Birthday-Ständchen. Vormittags bereitete er die Rouladen zu und ich wienerte die Küche. Danach setzte er sich an den Computer und ich spielte mit den Kindern. Zu Mittag deckte ich eine festliche Tafel und seine Mutter kam zum Essen. Anschließend wollten alle etwas Mittagsruhe halten, um am Nachmittag Kaffeeklatsch zu machen.

Günter kam aus der Ferienwohnung gar nicht wieder heraus. Gegen 15.30 Uhr weckte ich ihn, weil seine Mutter gleich kommen sollte. Den Tisch hatte ich zwischenzeitlich schon fertig gedeckt. (-)

Nach dem Kaffeeklatsch machten wir einen ausgiebigen Spaziergang, über eine Stunde lang. Am liebsten wäre er die ganze Zeit mit mir Hand in Hand gegangen. Aber das hielt ich nur wenige Augenblicke aus, entzog mich ihm immer wieder. (+)

Dienstag, den 1.10.2002

Ich war bei einer Psychotherapeutin. Dort fing ich bereits an zu weinen, obwohl ich noch nicht ein einziges Wort gesagt hatte. Bei mir brachen die Dämme, allein weil ich wusste, dass ich mich jetzt einmal gehen lassen konnte. Ich habe nur geredet, wie ein Wasserfall. Aber es war längst noch nicht alles, was sich in mir angestaut hatte, als die Zeit schon um war. Die Therapeutin sagte mir, dass sie erst einmal meine Würde und mein Selbstwertgefühl wieder aufbauen müsse.

Nachdem ich mich zu Hause etwas restauriert hatte, ging ich wieder zur Arbeit. Günter fragte mich im Laden gleich, wie es gelaufen sei. Ich sagte ihm, dass ich mir einen ganzen Teil von der Seele geredet und es mich ungeheuer erleichtert hätte. Wir seien aber noch nicht zu Problemlösungen gekommen.

Günter wollte Genaueres wissen. Was hatte ich der Therapeutin erzählt? Ich dachte mir: „Komisch, ich habe ihn nicht so ausgequetscht, als er allein beim Therapeuten bei Pro Familia gewesen war." Ich wusste nur, dass Günter danach ganz fröhlich gewesen war und mir gesagt hatte, welch gute Tipps ihm der Therapeut gegeben habe, wie er mit mir in einer Konfliktsituation umgehen könne. Er solle sich nämlich genau überlegen, welches Bild ich mir von ihm machen solle und wie er sich zu verhalten habe, damit er dies erreiche. Dies alles hatte er mir von sich aus erzählt, ohne dass ich nachhakte.

Günter aber bohrte bei mir nach. Darauf erwiderte ich nur, dass ich das erzählt hätte, was ich die ganze Zeit in mich hineingefressen hätte. Die Fakten kenne er inzwischen zur Genüge, und dass ich Schwierigkeiten hätte, mit ihm über meine Probleme zu reden.

Günter meinte: „Du kannst mit mir darüber reden. Nur du steigerst dich immer so in die Sache rein."

Darauf fehlten mir wieder die Worte. Denn ich wusste, wenn ich ihm jetzt antwortete, bestünde seine Reaktion darin, mir empört Gegenvorwürfe zu machen oder mir zu erklären, dass ich hiermit die Beziehung beendet hätte. Solche Streitigkeiten wollte ich doch lieber vermeiden, noch dazu angesichts der Tatsache, dass wir im Laden waren.

Außerdem bat er mich, auch einen Termin bei der Therapeutin für sich selber zu machen. Mich wunderte das, da er ja schon in Einzeltherapie war.

Im Nachhinein ist mir aber klar geworden, dass er diese Gelegenheit nutzen wollte, um sich bei der Therapeutin einzuschmeicheln und sie gegen mich aufzuwiegeln.

Mittwoch, den 2.10.2002

Sebastian entwickelte einen seltsamen Hautauschlag um die Augen herum. Ich ging mit ihm zum Kinderarzt, der mir eine Salbe verschrieb und meinte, dass es in wenigen Tagen besser werde.

Sonntag, den 6.10.2002

Wenige Tage zuvor hatten wir Geschlechtsverkehr und einmal Petting, weil ich „Lust" auf meinen Mann hatte. Dazu war es gekommen, weil er sich vorher von einer ganz anderen Seite als sonst zeigte. Er ging regelmäßig joggen, ging mir im Haushalt zur Hand und mähte von sich aus den Rasen. Allerdings machte er dabei den Rasenmäher schrottreif. Er hatte vergessen, dass hinter dem Komposthaufen eine gusseiserne Leiter lag, die man nur nicht sehen konnte, weil sie vom Rasen überwuchert war. Erstaunlicherweise gab er nicht mir die Schuld dafür, dass der Rasenmäher kaputt war. Ich war ganz überrascht, wie ruhig und gut gelaunt er dabei blieb, als er mir davon erzählte. Ich hatte mit Vorwürfen gerechnet, dass ich das Gras dort so hoch hätte wachsen lassen. Aber selbst, wenn ich gewollt hätte, ich hätte diese Leiter aufgrund ihres Gewichtes gar nicht allein bewegen können. Er meinte nur, dass der Schornsteinfeger sie wohl dorthin gelegt habe. Ich verriet Günter, dass wir es selbst gewesen waren, die sie dorthin gelegt hatten. Ich hätte auch davon gewusst, dass sie dort läge, und hätte deshalb hinter dem Komposthaufen gar nicht gemäht. Aber Günter leugnete seine

Beteiligung ab. Ich beließ es dabei, denn ich war schon froh, dass er mir keine Szene gemacht hatte.

Durch all diese Aktivitäten und natürlich auch wegen seines vorherigen Protesthungerns hatte sich sein Gewicht schon stark reduziert. Er wog „nur" noch 113 Kilo. Er war ausgeglichen und wesentlich schlanker. Das machte ihn für mich schon viel attraktiver und ich sagte ihm dies auch.

Am Tag nach unserem Geschlechtsverkehr maß er seinen Blutdruck und zeigte mir den Wert. „Katrin, schau! Er ist ganz normal, obwohl ich keine Medikamente genommen habe."

„Oh toll, das liegt bestimmt daran, dass du so gut abgenommen hast. Vom Blutspenden weiß ich, dass man als grobe Faustregel nehmen kann: pro zehn Kilo Körpergewicht ein Liter Blut. Du hast ja aber mehr als zehn Kilo abgenommen! Dadurch, dass du weniger Blut hast, sinkt natürlich auch dein Blutdruck."

An diesem Sonntagmorgen wollte ich keine Schmuseeinheit. Ich hatte es mir bei meiner Würde geschworen, nur noch mit ihm zu schlafen, wenn ich es auch wirklich wollte. Daraufhin bat er mich, mich massieren zu dürfen. Ich willigte ein und es tat mir gut, aber mehr wollte ich nicht. Nun bat er mich, ihn zu massieren. Dieser Bitte kam ich nach. Dann wollte er mich im Arm halten.

Ich sagte: „Heute nicht."

„Warum nicht, habe ich etwas Böses getan?"

Ich wehrte ab: „Nein, ich habe nur keine Lust."

„Warum hast du keine Lust?"

Früher hätte ich nun schon klein beigegeben, weil dieses Lamentieren sonst immer so weitergegangen wäre und es für mich der einfachere Weg war, ihm nachzugeben. Jetzt aber würde es anders sein. Ich wollte meine Position nicht aufgeben.

„Ich weiß nicht, warum ich keine Lust habe. Warum muss ich alles begründen? Du hast nichts Böses getan. Ich will einfach nicht!"

„Dann geh ich in die Ferienwohnung!"

„Wieso? Du kannst doch auch hier fernsehen!"

„Das geht nicht; wenn ich neben dir liege und dich nicht im Arm halten darf, bekomme ich Herzklopfen."

Bei diesem Satz stand er neben meinem Bett und schaute mich hoffnungsvoll an. Ich dachte mir: „Jetzt kommt diese Masche wieder, Sex aus medizinischen Gründen." Er hatte mir früher Berichte gezeigt, in denen nachgewiesen wurde, dass bei einem Mann der Blutdruck sinke, wenn er einen Busen sehe oder gar anfassen dürfe. Ein anderer Bericht enthielt die Behauptung, man verbrenne beim Sex mehr Kalorien als beim Joggen.

Diesmal aber gab ich nicht nach, sondern sagte: „Na, dann geh lieber in die Ferienwohnung."

Montag, den 7.10.2002

Dies war der Tag unserer zweiten Sitzung beim Ehetherapeuten. Er fragte uns erneut, wer anfangen wolle. Ich wollte wiederum meinem Mann den Vortritt lassen, aber er wusste keinen Anfang.

So begann ich: „Na gut, dann fange ich an. Ich habe meine Hausaufgaben gemacht und eine Liste mit den Situationen in dieser Zeit angefertigt. Mein Mann hat aber keine."

Günter sagte darauf: „Ich habe alles im Kopf."

„Soll ich meine Liste nun vorlesen?"

Der Therapeut aber meinte: „Nein, das ist nicht nötig!"

Ich hatte das Gefühl, dass den Therapeuten meine Eindrücke nicht sonderlich interessierten, wollte aber nicht gleich resignieren, deshalb bestand ich darauf: „Aber das, was nach der letzten Sitzung auf der Rückfahrt geschehen ist, möchte ich trotzdem schildern."

Der Therapeut winkte lächelnd ab: „Ja, darüber habe ich schon einiges von Ihrem Mann gehört."

Nun schilderte ich ihm meine Version. Der Therapeut äußerte sich nicht dazu. Deshalb wollte ich einen Fall schildern, der zwar schon lange zurücklag, aber deutlich machte, wie wenig sich mein Mann um unser Wohlergehen gekümmert hatte. Doch Günter unterbrach mich: „Das liegt schon Jahre zurück und hat hiermit nichts zu tun. Wärm doch nicht immer die alten Klamotten auf."

„Halt, stopp, Herr Brinker! Ihre Frau hat hier ein Sorgenpäckchen. Sie schickt es Ihnen zu. Machen Sie es doch auf!"

„Nein, ich werde es nicht aufmachen. Sie soll es irgendwo zur Seite stellen und einfach vergessen!"

„Aber Günter, meine Müllhalde quillt über!", rief ich verzweifelt.

„Das ist egal, stell es irgendwo ab und vergiss es."

Trotzdem brachte ich auch noch die Geschichte mit der Teichfete, während der Sebastian und ich die Magen-Darm-Grippe bekommen hatten, auf den Tisch. Günter konnte sich gar nicht daran erinnern, dass ich ihm an dem Morgen auf der Hinfahrt erzählt hatte, dass ich mich nicht wohl fühlte. Staunend saß er mir gegenüber. Ich sagte: „Aber Günter, du hast mir dabei in die Augen gesehen, als du mir sagtest, dass ich allein klarkommen müsse, weil du zum Grillen eingeteilt seiest."

„Ich weiß das aber nicht mehr."

Da wurde mir klar, dass mit meinem Gehirn noch alles in Ordnung war, dass vielmehr mein Mann gelegentliche Filmrisse hatte.

So ging ich dazu über, dem Therapeuten etwas Positives zu schildern, und erzählte ihm, dass wir bereits einmal Sex und einmal Petting miteinander hatten.

„Wie kam das?", fragte mich der Therapeut.

„Ich wollte es. Günter ging mir zur Hand, er war freundlich und ich habe ihm gesagt, wie schön er abgenommen habe und dass er mir schon viel besser gefallen habe."

Vollkommen überraschend brauste nun Günter auf: „Und seit vier Tagen schaut mich meine Frau nicht mit dem Hintern an, nur ihre Füße kriege ich vorgesetzt. Sie sagt mir auch nicht, warum sie nicht mit mir schläft. Sie redet ja nur noch im Beisein von Dritten mit mir."

Ich verteidigte mich: „Er soll es nicht immer für selbstverständlich nehmen, immer nach mir greifen zu können, wenn er es will. Außerdem habe ich ihm gesagt, dass er nichts falsch gemacht habe. Ich hatte nur keine Lust. Ich war nicht böse auf ihn."

Nun wetterte mein Mann weiter: „Am nächsten Tag habe ich meinen Blutdruck gemessen und er war auch ohne Medikamente völlig normal. Das liegt daran, dass wir Sex hatten. Es ist also wichtig für meinen Blutdruck."

Mir klappte die Kinnlade herunter. Ich konnte es nicht fassen, mit welchen Argumenten er hier kam. Ich hatte gedacht, dass er mir damals den Zusammenhang zwischen Abnehmen und Blutdruck geglaubt hatte.

Bei dieser Gelegenheit schilderte ich dem Therapeuten, wie Günter mich den einen Samstag im Bett mehrere Male intim berührt hatte, obwohl ich ihn immer abwies. Der Therapeut bekam große Augen und war noch mehr über die Reaktion meines Mannes schockiert.

„Meine Finger sind aber nur bis zu den Schamhaaren gekommen. Sie müssen das verstehen, ich habe meine Frau schon so lange nicht da unten anfassen dürfen!"

Er fuhr fort sich zu beschweren: „In unserer Beziehung gehe ich andauernd Kompromisse ein und muss ständig zurückstecken. Gerade in letzter Zeit drückst du mir in einem unerträglichen Maß deinen Willen auf. Gerade heute morgen hast du mich nahezu unmenschlich behandelt!"

Mir war schleierhaft, was er meinen könnte. Hatte ich ihn vielleicht wieder im Bett abgewiesen? Ich fragte nach: „Was meinst du?"

„Das weißt du ganz genau! Heute morgen warst du im Laden so flapsig zu mir, als du die Ware umzeichnen wolltest. Ich wollte dir nur gute Ratschläge geben und du hast mich so entwürdigend behandelt und mir Dinge an den Kopf geschmissen."

Da wusste ich, was er meinte, und musste innerlich schmunzeln über eine solche Bagatelle. Damit der Therapeut diesen Vorfall aus Günters eigenem Munde hören konnte, fragte ich ihn: „Was habe ich denn genau gesagt?"

„Du hast gesagt: ‚Lass mich in Ruhe, ich mache das so, wie ich es will!'"

Der Therapeut fragte: „Was ist daran so schlimm?"

Günter schaute ihn entgeistert an: „Der Tonfall!"

Der Therapeut fragte noch mal: „Und was ist daran so schlimm?"

Nun schwenkte Günter um und sprach das Thema Kindererziehung an. Günter erläuterte anhand mehrerer Fakten, dass die Kinder seiner Ansicht nach schlecht erzogen seien. Sie seien laut, unhöflich und könnten keine Rücksicht nehmen.

Günter ließ eine ganze Salve über die Lärmbelästigung durch die Kinder ab und ich versuchte zwischendurch kleinlaut dem Therapeuten zu verstehen zu geben, dass ich manchmal fünf bis sechs Kinder im Haus hätte. Da sei es nicht so einfach, sie alle ruhig zu halten. Er legte seinen Finger auf den Mund, um mir zu bedeuten, ruhig zu sein, zwinkerte mir aber zu und flüsterte: „Das weiß ich doch."

Er ließ Günter weiterreden, schaltete sich dann aber ein: „Sie können mit den Kindern in diesem Alter besprechen, dass einiges nicht in Ordnung ist und dass man eine Woche lang die Erziehungsvariante des Vaters und die nächste Woche die der Mutter anwendet. Nach etwa sechs Wochen könnte man sich dann entscheiden, welches die bessere Variante ist."

Nun kam es zum ersten Streit zwischen Günter und ihm über den Sinn oder Unsinn dieses Vorschlags. Ich hielt mich da raus.

Der Therapeut erklärte Günter, wir seien wie zwei rasend schnell nebeneinander herfahrende Autos. „Sie wollen jetzt hören, dass es einen Unfall gibt. Das ist aber nicht richtig!"

Doch der Therapeut blieb bei seiner Meinung: „Wenn jetzt einer nachgäbe, würde er die eigene Würde verletzen. Ein Kompromiss ist noch nicht möglich. Man muss zu einer Phasenverschiebung kommen und ab und zu Auto C benutzen."

Mein Mann meinte: „Es wäre besser, Fahrer A steigt zu Fahrer B ins Auto und beide fahren auf der mittleren Bahn."

„Dazu müsste man aber erst mal auf den Parkplatz fahren, dazu sind Sie beide aber noch nicht bereit."

„Außerdem kann man nicht in einer Woche so und der anderen Woche anders erziehen, auch wenn man das mit den Kindern abgesprochen hat."

Jetzt beteiligte ich mich wieder: „Aber wie soll das gleichzeitig gehen, wenn ich den Kindern zugestehe, laut zu sein und zu toben? Du aber verlangst, dass sie gleichzeitig ruhig zu sein und leise zu spielen haben?"

Günter: „Man muss bestimmte Zeiten vereinbaren. Außerdem, wie soll ich die Erziehung in die Hand nehmen, wenn ich den ganzen Tag im Laden bin?"

„Du weißt, dass ich immer fair war. Du kannst mir einiges nachsagen, aber fair war ich immer. Ich würde diese Woche so erziehen, wie du es erwartest."

Dazu fiel ihm nichts ein. Nun erinnerte ich mich aber an die Auseinandersetzung, die wir auf der Herfahrt hatten. Darin ging es um meine Erziehungsmethoden; ich wurde schnippisch und sagte ihm, ich sei halt eine schlechte Mutter und habe auf ganzer Linie versagt. Er hasste es, wenn ich so überspitzt antwortete, lenkte dann aber ein, wir hätten beide etwas falsch gemacht. Nach einer Minute hatte ich mich so weit gesammelt und machte ihm einen Vorschlag: Wir könnten uns nach dem Abendbrot mit den Kindern jeweils für etwa 15 bis 30 Minuten zusammensetzen und mit ihnen darüber reden, was uns missfällt und was uns gut gefällt.

Aber hier beim Therapeuten fiel mir nun ein Widerspruch in seinen Aussagen auf.

„Siehst du, dann bin ich doch diejenige, die bei der Erziehung versagt hat, obwohl du vorhin gesagt hast, dass wir beide Fehler bei der Erziehung gemacht haben. Hier behauptest du, du habest keinen Einfluss auf die Erziehung, weil du den ganzen Tag im Laden seiest."

(Beim Schreiben dieser Zeilen muss ich einhaken, denn dieses Verhalten scheint mir bezeichnend zu sein. Auch bei seinen E-Mails ist mir aufgefallen, dass er ganz allgemein Äußerungen machte wie: „Auch ich habe meine Fehler." Oder wie hier: „Wir haben beide Fehler gemacht." Doch wenn man dann die Ereignisse detailliert schilderte, zeigte es sich, dass er nie Fehler machte, sondern immer andere. Er benutzte also solche Floskeln nur, um beim Zuhörer den Eindruck zu vermitteln, er sei selbstkritisch.)

Dem Therapeuten erzählten wir nun von unserem Disput im Auto über die Kindererziehung. Er wollte wissen, was Günter an meinem Vorschlag, abends ein Gespräch mit den Kindern zu führen, auszusetzen habe.

Günter ereiferte sich: „So etwas muss in dem Augenblick erfolgen, in dem sie gerade unartig sind. Außerdem geht dann wieder eine halbe Stunde meiner knappen Freizeit verloren!"

Dass ihm seine Freizeit wichtiger als die Kinder war, hat mich wieder geschockt. So hatte er sich im Auto überhaupt nicht angehört.

Wir sprachen weiter über Kindererziehung und er willigte schließlich in meinen Plan ein. Auf einmal herrschte eine seltsame Atmosphäre im Raum. Ich hatte die letzte Zeit meist mit gesenktem Haupt geredet und war auch vollkommen ausgelaugt, doch nun spürte ich Ruhe und Harmonie. Ich konnte plötzlich mit meinem Mann reden. Erstaunt hob ich meinen Blick und schaute Günter ins Gesicht. Er blickte mitfühlend zurück, aber was er dann sagte, stieß mich wieder zurück. Ich kann mich heute leider nicht mehr an den genauen Wortlaut erinnern. Er warf mir etwas vor, was ich angeblich gerade gesagt hätte. Doch ich erklärte ihm, dass ich das vor fünf Minuten und in einem anderen Zusammenhang gesagt hätte.

„Nein, das hast du gerade in einem Nebensatz gesagt!"

Der Therapeut widersprach ihm auch: „Das stimmt nicht, Herr Brinker. Ihre Frau hat das nicht gesagt. Sie haben das so gehört, aber Ihre Frau hat das nicht gesagt!"

Er fuhr fort: „Es ist eigentlich ungewöhnlich, dass ich jetzt einschreite, denn ich bin darin geschult, überparteilich zu sein. Aber Sie, Herr Brinker, führen ein Gespräch mit Ihrer Frau und sind so gut wie auf einer Schiene und dann machen Sie wieder alles kaputt mit ihrer ‚Besserwessi-Art‘. Was gibt es Ihnen, wenn Sie den ‚Besserwessi‘ rauslassen?"

(Der Begriff „Besserwessi" war für Günter von einem Jagdfreund in Ostdeutschland geprägt worden. Dort überfiel mein Mann die Menschen mit seinen Verbesserungsvorschlägen. Seiner Meinung nach hatte er dort ein weites Feld, wo er seine guten Ratschläge an den Mann bringen konnte. Von dieser Geschichte hatte ich dem Therapeuten ebenfalls erzählt.)

Jetzt war mein Mann sprachlos und rang sichtlich um Fassung.

„Was soll ich denn machen? Wenn ich sehe, dass das Auto rot ist und hundert Leute sagen, dass es blau ist, so muss ich sie doch trotzdem davon überzeugen, dass es rot ist!"

„Sind diese hundert Leute dann alles Dummköpfe?", fragte ihn der Therapeut.

„Ja, das sind dann alles Dummköpfe!"

„Wenn ich nun auch behaupte, dass das Auto blau ist, bin ich dann auch ein Dummkopf?"

„Ja, dann sind Sie auch ein Dummkopf."

Der Disput ging noch weiter, aber ich schaltete ab, ich konnte nicht mehr folgen. Ich hörte dann nur noch, wie der Therapeut sagte: „Erst haben Sie Ihre Frau auf die Rolle genommen und jetzt nehmen Sie mich auf die Rolle. Mit Ihnen rede ich nicht mehr, erst, wenn Sie so klein sind!" Bei diesen Worten stand er auf und spreizte seinen Daumen und Zeigefinger einen Zentimeter auseinander. Er ging zur Tür, öffnete sie und rief: „Jetzt raus hier! Bezahlen brauchen Sie auch nicht!"

Mit eingezogenem Kopf ging ich hinaus. Mein Mann folgte mir, ging aber doch bei der vollkommen verdatterten Büroangestellten bezahlen.

Auf dem Weg zum Auto fragte ich ihn: „Oh Günter, was hast du nur gemacht?"

Er zuckte mit den Schultern und grinste.

Wir stiegen ins Auto und ich sah, dass seine Finger zitterten.

„Günter, lass mich lieber fahren, du bist zu aufgeregt."

Da donnerte er mit dem Kopf gegen das Lenkrad. „Nun gib doch zu, dass du das gesagt hast!"

„Nein, ich habe das nicht gesagt. Ich habe das vorher in einem anderen Zusammenhang gesagt. Außerdem hat der Therapeut doch bezeugt, dass ich das nicht gesagt habe."

„Doch, du hast das aber gesagt!"

„Nein, ich habe das nicht gesagt. Muss ich denn von nun an immer ein Tonband mitlaufen lassen, wenn ich mich mit dir unterhalte?"

„Du hast es aber gesagt!"

„Lass mich fahren!", lenkte ich vom Thema ab.

„Ich steig aus und geh zu Fuß nach Hause." Bei diesen Worten öffnete er die Tür.

Ich versuchte ihn am Arm festzuhalten, aber er war viel stärker als ich.

„Steig wieder ein! Du kannst zu Hause noch einen langen Spaziergang machen!"

Aber er war schon auf der anderen Straßenseite. Ich dachte mir, wenn er so stur ist, muss er auch die Konsequenzen tragen und die Strecke von etwa 20 Kilometern laufen. Ich sah ihn noch in einem Seitenweg verschwinden, als ich losfuhr.

Zu Hause angekommen, wunderte sich das Aupairmädchen, dass ich allein gekommen war. Ich log, Günter habe noch eine Verabredung. So aßen wir zwei Frauen mit den Kindern Abendbrot und brachten diese bald darauf ins Bett.

Als ich abends gegen 22.00 Uhr ins Bett gehen wollte, hörte ich den Fernseher in der Ferienwohnung laufen. Vorsichtig öffnete ich die Tür. Dort lag er, mein Mann. Ich fragte ihn teilnahmsvoll: „Bist du etwa den ganzen Weg zu Fuß gegangen oder hast du dir ein Taxi gerufen?"

„Nein, ich bin gelaufen. Ein Freund kam sogar mit dem Auto vorbei und wollte mich mitnehmen, aber ich habe abgelehnt. Jetzt habe ich kaputt-gelaufene Füße!"

Ich schaute mir seine Füße an. Er hatte Blasen, die über den ganzen Ballen reichten und die auch schon aufgescheuert waren. Ich holte eine Hautschere, Heilsalbe und Pflaster, schnitt die zerfetzte Haut weg, trug Heilsalbe auf und klebte Pflaster darüber.

Dann ging ich zu Bett, ohne weiter mit ihm zu argumentieren.

Dienstag, den 8.10.2002

Morgens hielt er mir die Geschichte mit dem „Besserwessi" vor und sagte: „Ein Freund von mir hat mich zwar so tituliert, aber alle Ratschläge, die ich ihm gab, hat er auch so befolgt!"

Daraufhin ging er vorzeitig in den Laden. Ich frühstückte noch und putzte mir die Zähne, brachte die Kinder zur Schule bzw. in den Kindergarten und ging dann auch zur Arbeit.

Im Laden bearbeitete er mich weiter: „Dass du mir so in den Rücken fallen würdest, hätte ich nicht von dir erwartet!"

Ich wollte im Laden keine Auseinandersetzung vor den Angestellten führen und dachte nur bei mir: „Ich gehe schließlich zum Therapeuten, um über solche Dinge zu reden."

Er stellte seine gewohnte Frage: „Hast du mir nichts zu sagen?"

„Nein!"

Am Abend verwickelte er mich auf der Treppe wieder in so ein „klärendes" Gespräch:

„Es klappte doch schon so gut wieder zwischen uns. Nur der doofe Therapeut ist schuld. Der hat alles kaputtgemacht, was wir uns wieder so mühselig aufgebaut hatten."

„Günter, das stimmt nicht. Du hast mich nur wieder eingelullt, mich glauben gemacht, dass alles wieder harmonisch laufen könnte. Doch nach einer Woche wären bei uns wieder die Fetzen geflogen. Du kannst gar nicht begreifen, was in mir vorgeht. Der Therapeut hat dir nur die Maske vom Gesicht gerissen!"

Er begann wieder über den Therapeuten herzuziehen, als sich eine Tür öffnete und Christoph mit verstörtem Gesicht erschien: „Mama, Papa, ihr sollt nicht mehr streiten!" Ich wollte schnell zu ihm, um ihn in ein anderes Zimmer zu bringen, doch mein Fuß verfehlte die Stufe und ich knickte um. Ein höllischer Schmerz durchströmte mich. Günter stürzte zu mir und auch das Aupairmädchen erschien. Beide standen über mich gebeugt und ich jammerte vor mich hin. Nach Sekunden, die sich endlos dehnten, stöhnte ich zwischen zusammengebissenen Zähnen hervor: „Ihr müsst das kühlen. Holt Eis!"

Das Mädchen rannte los und kam sogleich mit Kühlelementen zurück. Ich schob mich rücklings in die Ferienwohnung, die mit Teppich ausgelegt war, damit ich nicht mehr im Flur auf den kalten Fliesen sitzen musste. Von Günter wollte ich keine Hilfe annehmen, weil er stets Gegenleistungen erwartete. Er hielt „tapfer" meinen Knöchel und kühlte ihn. Dabei schaute er mich sorgenvoll und fürsorglich an. Ich glaubte diesem Blick aber nicht mehr. Beim Therapeuten hatte er mich genauso angeschaut, nur um im nächsten Moment zu einem verbalen Dolchstoß auszuholen. Gefallen tat er mir einfach nicht uneigennützig. Wenn ich nur an die Sache mit dem Füßekitzeln dachte! Also zischte ich ihm voller Hass zwischen vom Schmerz zusammengepressten Zähnen zu: „Ich mag dich aber trotzdem nicht!"

Er brachte mich, auf ihn und das Mädchen gestützt, zu Bett. Er bot mir auch an, mich zum Arzt zu bringen, aber wie gesagt, ich wollte keine Hilfe von ihm annehmen. Nun drohte er mir wieder: „Eigentlich habe ich eine Entscheidung von dir erwartet, schließlich habe ich mir die Füße wundgelaufen. Wenn ich damals mit dir gefahren wäre, hätte ich mich zu Hause erschossen. Von nun an werde ich nichts mehr zu mir nehmen, bis es schließlich zu Ende mit mir ist", sagte Günter.

Ich hatte ihm bereits nach der ersten Eheberatung gesagt, dass er nicht noch einmal so einen Psychoterror veranstalten und mit Selbstmord drohen solle, sonst verließe ich ihn sofort. Nun, da es mir unmöglich war, Auto zu fahren, zog diese Drohung nicht mehr und ich war ihm ausgeliefert.

Tagsüber hüpfte ich auf einem Bein oder kroch auf allen vieren, meinen nutzlosen Fuß hinter mir herziehend. Heimlich plante ich mit meiner Schwester und meinem Vater, dass sie mich am kommenden Sonntag abholen sollten. Günter meinen Plan zu offenbaren traute ich mich nicht, weil ich Angst hatte, dass er mir dann etwas antun würde.

Mittwoch, den 9.10.2002

Sebastians Ausschlag wurde immer schlimmer, es sah mir doch eher nach Neurodermitis aus und ich bat meinen Mann, mit ihm zum Hautarzt zu fahren. Der Arzt hatte die gleiche Vermutung und verschrieb eine cortisonhaltige Salbe.

Mein Mann machte mir daraufhin den Vorwurf, ich sei mit meinem Verhalten dafür verantwortlich, dass Sebastian eine Neurodermitis entwickelte.

Ich schluckte diesen Vorwurf hinunter, da ich wusste, dass alle Argumente bei meinem Mann auf taube Ohren stießen. Er hatte schließlich niemals Schuld. Außerdem war ich mit meinem Hinkefuß in einer misslichen Lage, in der ich mich nicht traute, meinen Mann zu reizen.

Donnerstag, den 10.10.2002

Ich konnte meinen Fuß immer noch nicht belasten. Ich würde also nicht so schnell wieder auf die Beine kommen, wie ich gedacht hatte. Nun konnte ich nicht länger unentschuldigt von der Arbeit fernbleiben. Ich musste mich also krankschreiben lassen. Deshalb bat ich meinen Mann, mich zum Arzt zu bringen. Der Befund war niederschmetternd für mich. Die Röntgenaufnahme bewies, dass ich einen kompletten Bänderabriss am Sprunggelenk hatte. Dies konnte man nur operativ beheben. Mein Mann brachte mich ins Krankenhaus. Er blühte sichtlich auf: „Ich werde dich pflegen und für dich sorgen."

Nun offenbarte ich mich unbedacht: „Günter, das ändert aber nichts an meinem Entschluss, mich von dir zu trennen!"

„Sag das nicht! Rede nicht so mit mir!", bettelte er mich an. „Warte erst mal ab. Lass mich für dich sorgen. Danach kannst du dich immer noch in die eine oder andere Richtung entscheiden. Aber während dieser Zeit rede nie mehr davon, dass du mich verlassen willst. Ich werde auch alle gegen dich gerichteten Maßnahmen fallen lassen. Ich beende auch meinen Hungerstreik, denn ich muss ja stark sein, um für dich und die Kinder sorgen zu können."

Mir war zwar nicht klar, von welchen Maßnahmen er sprach, aber in meiner Naivität ging ich davon aus, dass er dabei war, die Scheidung einzureichen. Heute glaube ich allerdings, dass er von seinem Plan, mich entmündigen zu lassen, sprach. Zu dem Zeitpunkt hatte mich aber meine Freundin noch nicht gewarnt und ich antwortete gutgläubig: „Bist du dir sicher, dass du das so machen willst? Ich könnte mich auch gleich im Krankenhaus bei meiner Schwester operieren lassen!"

„Nein, nein, ich mache das!"

Da ich befürchtete, vielleicht gleich im Krankenhaus bleiben zu müssen und dann keine Gelegenheit mehr zu haben, meinen Vater zu informieren, entschloss ich mich, ihn per Handy zu benachrichtigen.

„Vati, ich muss ins Krankenhaus, ich habe mir beim Umknicken einen kompletten Bänderabriss zugezogen. Das muss operiert werden."

„Ach herrje, was machen wir dann mit unserem Termin am Sonntag?"

„Das müssen wir verschieben. Ich bin gerade mit Günter im Auto unterwegs zum Krankenhaus. Ich versuche später noch mal mit dir zu telefonieren."

Aus meiner Antwort, so gestand mir Günter später, hatte er bereits abgeleitet, dass ich vorhatte zu fliehen.

Im Krankenhaus wurde die Diagnose bestätigt und man wies meinen Mann ein, wie er mir meine Thrombosespritze zu setzen hatte. Die Operation könne erst durchgeführt werden, wenn der Fuß abgeschwollen sei. Derweil müsse ich täglich eine Spritze bekommen.

Der Arzt sagte: „Wenn Sie die Spritze subkutan in den Bauch setzen, denken Sie einfach an etwas ‚Böses', das Ihnen Ihre Frau getan hat." Es sollte ein Scherz sein, doch ich hatte ein flaues Gefühl. Gewiss brauchte mein Mann seine Phantasie nicht allzu sehr zu bemühen.

Nun lag ich die nächsten Tage zu Hause ans Bett gefesselt und musste mein Bein hochlagern, damit die Schwellung zurückging.

Die ersten zwei Tage hielt mein Mann sich zurück. Er gab mir die Spritze und verlangte sonst nichts von mir. Er hatte mich schon fast wieder weich gekocht. Aber am dritten Tag wurde er schon wieder ungeduldig mit mir. Er wollte mich knuddeln und küssen. Als ich mich wegdrehte, sagte er: „Katrin, du siehst so alt und verhärmt aus. Vergiss doch einfach alles, öffne dein Herz und hab mich wieder lieb."

Ich schwieg mit zusammengekniffenen Lippen. Er drehte sich abrupt um und verließ das Zimmer.

Meine Schwiegermutter schaute gelegentlich nach mir. Einmal klagte sie mir ihr Leid mit dem Rechtsanwalt. Sie wolle doch so gerne die Übertragung der OHG-Anteile über die Bühne bringen, doch der Rechtsanwalt verlange immer noch mehr Dokumente zu sehen. Sie habe schon Günter um Hilfe gebeten, doch der lasse sie damit vollkommen im Stich. Er habe keine Zeit für so etwas.

Damit war mir klar, dass er keine Vorbereitungen traf, um mich und die Kinder abzusichern, wie er es mir damals vorgeschlagen hatte, als ich das erste Mal vor ihm geflohen war.

Eines Nachmittags stand Günter auf dem Balkon unseres Schlafzimmers und holte die Kübel unserer Balkonpflanzen herunter. Ich hörte unsere Nachbarin, wie sie meinen Mann darauf aufmerksam machte, dass das eigentlich die Arbeit seiner Frau sei. Er entgegnete aber nur, dass ich krank sei. Ich kochte vor Wut. Die schweren Balkonkästen hätte ich vornübergebeugt gar nicht über die Brüstung heben können. Außerdem: Wer machte denn sonst die ganze Gartenarbeit? Nie habe ich von der Nachbarin zu hören bekommen, dass mein Mann mir mal hätte helfen können. Aber ich schluckte meine Wut herunter. Bald wäre ich von hier fort.

Ich war völlig fertig. Die Nächte bekam ich kaum Schlaf und wälzte mich nur herum. Manchmal wachte ich schweißgebadet auf und musste mich umziehen, weil mein Nachthemd klitschnass an meinem Körper klebte. Niemals zuvor in meinem Leben hatte ich solche Schweißausbrüche gehabt, selbst nicht bei hohem Fieber. Der Appetit ging mir verloren und ich zwang mich, wenigstens kleine Mengen zu mir zu nehmen.

Mein Blick war nur auf den Tag gerichtet, an dem ich meinem Mann entfliehen konnte. Ich musste durchhalten.

Freitag, den 11.10.2002

Günter überreichte mir folgenden Brief:

9.10.2002

Tagebuch der Gefühle

Ich habe die folgenden Seiten „Tagebuch der Gefühle" genannt, weil ich endlich beginnen will, meine Empfindungen niederzuschreiben, da ich keinen mehr habe, der darüber mit mir redet. Die Sichtweise ist natürlich subjektiv, obwohl ich versuchen werde, objektiv zu berichten. Stellen, die mit ... gekennzeichnet sind, sind im handschriftlichen Text nachzulesen, ich möchte sie aber nicht hier veröffentlichen.

Nach Nächten ohne viel Schlaf und mit vielem Denken,
habe ich heute begonnen ...

Seit Tagen versuche ich, wieder in geistige Nähe zu Katrin zu treten, aber ich erhalte nur eine Abfuhr nach der anderen.

Katrin hat sich heute Morgen das Fußgelenk verknackst; ich habe sofort und vorbehaltlos geholfen; als erste Antwort bekam ich die Worte „Ich mag dich trotzdem nicht!" zu hören. Ständig ist es so, dass Katrin mein Handeln als sexuelle Annäherung auslegt, was aber überhaupt nicht wahr ist; **ich will geistige Nähe!** *Letzte Woche hatten wir uns wieder so genähert, dass Küsse und Zärtlichkeiten bis zum Geschlechtsverkehr möglich waren. Dann, ohne Grund, wendete sich Katrin wieder von mir ab. Kein Wort darüber, warum, kein konkreter Grund. Ich hätte mich mit dem reinen Austausch von Zärtlichkeiten zufrieden gegeben; aber sie wollte Sex; zwei Tage danach haben wir uns noch ziemlich locker darüber unterhalten. Dann war plötzlich Schluss. Kein Streicheln, keine Berührung, nur stundenlanges Füßekitzeln (was ich auch nach wie vor gerne mache); der Mohr hat seine Schuldigkeit getan.*

Als ich am Montag diesen Umstand zur Sprache brachte (beim „Therapeuten" (haha) bei Pro Familia), hat dies eine Hassorgie bei Katrin hervorgerufen, bei der ich nicht wusste, wie mir geschah. Die Härte war das Wort„Besserwessi", das von meinem Bekannten aus Blombach geprägt wurde und mit dem sie mich charakterisierte. Diese Bezeichnung ist im Osten häufig und wurde von meinem Freund 1993–99 benutzt. Heute haben sich die Umstände im Osten so geändert, dass er sich ausgerechnet in den Diskussionspunkten, weshalb er diese Äußerung gemacht hat, in vielen Punkten meinen damaligen Vorschlägen angepasst hat. Er benutzt dieses Wort aber immer noch.

Als dann noch der Therapeut von Pro Familia die Auffassung vertrat, dass ein Kompromiss immer die Beibehaltung der Standpunkte ist und er auch noch die Würde des Menschen in einem Satz mit dem Konjunktiv von Werden vermengt und verwechselt, bin ich in der Therapiestunde (verbal) aggressiv geworden und habe mir ein Rededuell mit dem bescheuerten Typen geleistet. Katrin hatte wenig damit zu tun.

Die eigentliche Diskussion ging um die Erziehung der Kinder. Ich sagte, dass die Kinder unbedingt strenger erzogen werden müssten, und dachte eigentlich, dass wir uns darüber einig seien. Der Weg dorthin war die Diskussionsgrundlage. Katrin meinte, dass wir uns abends zusammensetzen und die Kinder fragen müssten, wie der Tag gewesen sei; ich meinte, wir müssten die Kinder bei Fehlern gleich ermahnen und reglementieren, weil sonst am Abend keine konkreten Punkte vorlägen und Fehlverhalten nur eine Schuldzuweisung an die anderen Geschwister zur Folge habe. Die Diskussion ging nur darum, welches der bessere Weg sei. Als Kompromiss kam zunächst heraus, dass wir eine Woche Katrins Methode und eine Woche meine Methode ausprobieren sollten. Als dann erörtert wurde, wie lange es dauert, bis sich erste Erfolge einstellen, wurden vom „Therapeuten" ca. sechs Wochen genannt. Als ich einwarf, dass dann nicht (wie vorgesehen) Erfolge der einen oder anderen Methode abzusehen seien, machte ich den noch weiter gehenden Kompromissvorschlag, beide Methoden gleichzeitig anzuwenden, d.h. tagsüber konkrete Fehler zu anzumahnen und eventuell aufzuschreiben, um am Abend darüber zu sprechen und gleich auf den Vergleich der Methoden zu verzichten.

Daraus ist – eigentlich nur zwischen dem „Therapeuten" und mir – eine heftige Diskussion entbrannt, die mit dem eigentlichen Thema nichts mehr zu tun hatte. Als ich versuchte, das alte Thema wieder aufzugreifen und zusammenzufassen, welche Kompromisse wir bereits gefunden hatten, warf Katrin ein, dass dies ja nur genau meine Position sei.

Als ich versuchte, dieses richtig zu stellen, entglitt (auch durch meine Erregtheit) die Diskussion und der „Therapeut" hat mich (bzw. uns) mehr oder weniger rausgeschmissen. Er verabschiedete sich mit den Worten, dass er mit mir nur sprechen wolle, wenn ich „ganz unten" sei. Konnte ich noch tiefer sinken?

Bevor ich jedoch diesem „Therapeuten" noch mal gegenüberstehe, stelle ich mich vor meinen Schöpfer!

Das war das zweite Mal, dass dieser Mensch eine wachsende Gemeinsamkeit zwischen uns zerstört hat. Nie wieder dieser Stümper! Wenn es zu einem Ende unserer Beziehung kommt, dann mache ich u.a. genau diesen Trottel dafür mitverantwortlich. Mit allen Konsequenzen. Was habe ich noch zu verlieren, wenn sich in meiner Not alle von mir abwenden?

In der Zeit unserer Beziehung habe ich von Katrin eigentlich gehofft, dass sie zu mir steht, wenn es mal nicht so leicht ist, wenn wirtschaftliche Probleme oder aber auch Beziehungsprobleme auftreten. Stattdessen ist eine ihrer heutigen Begründungen für den Abbruch unserer Beziehung gewesen, dass sie in den Miesen auf der Bank sei und dass es uns wirtschaftlich so schlecht gehe. Ich weiß nicht, was sie damit sagen wollte, aber so habe ich es verstanden. Da sie auch nicht bereit ist, mit mir über solche Sachen weiter zu reden, bleiben diese „nicht so gemeinten" bzw. falsch verstandenen Aussagen im Raum als letzte Antwort stehen.

Als ich diesen Brief las, bestärkte es mich nur in meinem Beschluss, mich von meinem Mann zu trennen. Er suchte den Fehler wieder bei anderen.

Auch habe ich ihm nie zu verstehen gegeben, dass ich ihn verlassen wollte, weil ich „Miese" auf dem Konto hatte. Ich hatte ihm ein paar Tage zuvor (vor meinem Treppensturz) lediglich die Information über meinen Kontostand gegeben und gesagt, dass ich mich deshalb sorgte. Er überwies mir dann auch 5000 € als Kreditrückzahlung, die er aber nach und nach wieder abhob, während ich bettlägerig war.

Sonntag, den 13.10.2002

Dies war der Tag, an dem das Seifenkistenrennen stattfand. Ich saß am Schlafzimmerfenster und konnte gerade die Rückseite der Rampe sehen, von der aus die Seifenkisten herunterrollen sollten. Vor unserem Grundstück stand Seifenkiste an Seifenkiste in einer Schlange vor der Startrampe. In der Schlange waren auch meine Kinder. Ab und zu sah ich auch Bekannte, denen ich zuwinkte.

Derweil schrieb ich in mein Tagebuch, was ich die letzten Wochen erlebt hatte. Dabei schaute ich immer wieder auf die Auffahrt, ob nicht etwa mein Mann erschien. Ich hatte Angst, er könnte sehen, was ich da schrieb, und in einem Wutanfall die Kontrolle über sich verlieren.

Am Nachmittag kam meine Freundin Silvia mit Günter zu mir ins Haus und ich half ihnen, die Urkunden zu schreiben.

Als sie wieder zu der Veranstaltung gingen, zog ich mich ins Schlafzimmer zurück.

Bald darauf erhielt ich einen Anruf von meiner Freundin Christine. Sie warnte mich, dass Günter vor seinen Freunden davon sprach, er wolle mir die Kinder wegnehmen und mich notfalls entmündigen lassen.

Mir fuhr der Schrecken in die Glieder und ich humpelte mit dem Telefon ans Fenster, um nicht von meinem Mann überrascht zu werden. Christine sorgte sich um mich, da ich zu diesem Zeitpunkt schon sehr elend aussah. Ich war abgemagert und übernächtigt. Ich solle aber niemandem verraten, dass sie es war, die mich gewarnt habe.

Nun sah ich meinen Mann die Auffahrt hochkommen. Rasch bat ich Christine, sie möge Martin beauftragen, Günter zu beschäftigen, damit ich meine Schwester verständigen könne.

Ich sah, wie Günter das Haus betrat, und hörte wenige Minuten darauf, dass er auf seinem Handy angerufen wurde. Das war bestimmt Martin. Dann sah ich, wie Günter die Auffahrt hinunterging. Sofort hüpfte ich auf einem Bein zum Telefon und zog mich auf meinen Beobachtungsposten am Fenster zurück, während ich die Nummer meiner Schwester mit zitterndem Finger eintippte. Gott sei Dank war sie zu Hause.

Ich schluchzte in den Hörer: „Monika, du musst mich hier sofort raus-holen! Wir können die Operation nicht abwarten. Günter will mich ent-mündigen lassen."

Ich erzählte ihr alles, was ich von Christine gehört hatte. Meine Schwester war geschockt, man hörte förmlich, wie sich ihre Gedanken überschlugen, während sie zwischen den Sätzen auch mit ihrem Mann sprach.

„Katrin, wir kommen heute Nacht. Wir fahren gleich los und nehmen noch einen Freund zur Unterstützung mit."

Dann beendeten wir das Gespräch und ich packte einen Koffer mit den nötigsten Kleidern und den wichtigsten Papieren, unter anderem auch das Stammbuch. Diesen Koffer versteckte ich im Schrank.

Nun bangte ich, was wohl passieren würde, wenn mein Mann nach Hause käme und ich ihm allein ausgeliefert wäre. Aus meiner Lethargie schreckte mich das Läuten des Telefons hoch. Es war Monika, die mich von unterwegs anrief. Ihr Freund habe den Vorschlag gemacht, die Polizei einzuschalten, damit die Kinder und ich das Haus unter Polizeischutz verlassen könnten. Ihr Freund habe Beziehungen und würde die nächstgelegene Polizeistelle verständigen. Dieser Vorschlag beruhigte mich, denn ich kannte Günters jähzornige Wutanfälle und befürchtete, dass er in einer solchen Situation doch durchdrehen könnte und zum Gewehr greifen würde. Er hatte mich zwar noch nie geschlagen, aber er hatte mich des Öfteren lautstark an-geschrien, wobei er die Arme an den Körper gepresst und die Hände zu Fäusten geballt hatte.

Doch die Stunden verstrichen und keine Polizei kam.

Ich brachte die Kinder zu Bett, denn es sollte alles so normal wie möglich aussehen, falls mein Mann vor der Polizei eintreffen würde.

Gegen 20.00 Uhr klingelte es an der Haustür. Es war die Polizei! Mir fiel ein Stein vom Herzen. Ich gab zu Protokoll, mein Mann quäle mich nach Ehekrächen ständig mit Selbstmordabsichten und habe als Jäger auch Waffen im Haus. Auch habe er mir gedroht, mich fertig zu machen. Schließlich habe man in den Nachrichten schon oft genug von Kurzschlusshandlungen gehört, bei denen Männer ihre Familien und dann sich selber töteten.

Nun fragten mich die Polizisten, warum ich sie ausgerechnet heute an-gerufen hätte. Da erzählte ich von dem Telefonat mit Christine. Außerdem berichtete ich ihnen, dass wir zusammen zweimal bei einem Ehetherapeuten gewesen seien, wobei mein Mann in der ersten Sitzung bereits von Selbstmord geredet und der Therapeut ihm deshalb auch eine Einzelsitzung verordnet habe. Getrennt davon hätte ich auch zweimal eine Psychotherapeutin aufgesucht.

Die Polizei befragte mich, ob mein Mann jemals gewalttätig gegen mich geworden sei. Ich musste dies verneinen, wies aber darauf hin, dass er das auf der psychischen Schiene tue. Er wolle mich in ein so finsteres Loch stürzen wie ich ihn, wenn ich ihn verließe.

Die Polizei erklärte mir, dass sie in diesem Fall nichts unternehmen könne. Auch sei es ihnen nicht möglich, so lange zu warten, bis mein Mann nach Hause komme. Wenn er mich aber wieder bedrohe, sollte ich nur anrufen, dann kämen sie gleich. Das beruhigte mich keinesfalls. Bis die Polizei da wäre, könnte es schon zu spät sein. Dies dachte ich nur, denn Reden schien mir keinen Zweck zu haben.

In diesem Moment kehrte mein Mann nach Hause zurück, war ganz erstaunt, die Polizei vorzufinden, und fragte die Polizisten, warum sie hier seien. Ich kauerte in Decken gehüllt in einer Ecke des Sofas, da mich schon wieder dieses innere Kältegefühl übermannte.

„Glauben Sie meiner Frau kein Wort, die ist in psychiatrischer Behandlung!"

„Günter, ich weiß, dass du mich entmündigen lassen willst!"

„Wer hat dir das denn erzählt?"

Ich schwieg zunächst, doch dann rückte ich mit der Wahrheit heraus.

Günter schrie empört: „Wie kann Christine so etwas behaupten? Das habe ich so nie gesagt!"

Er polterte herum und schrie mich an, so dass sich ein Polizist vor ihm aufbaute und ihm drohte: „Wenn Sie sich weiter so aufführen, bleibt uns nichts anderes übrig, als Sie in Gewahrsam zu nehmen!"

Schlagartig beruhigte sich mein Mann und griff zum Telefon. Er verständigte einen Freund und einen befreundeten Rechtsanwalt. Als Erstes traf der Rechtsanwalt ein und Günter ging ihm die Tür öffnen. In kurzen, empörten Sätzen schilderte Günter ihm die Situation. Währenddessen blieben die Polizisten bei mir und sagten immer wieder, dass es sich gar nicht so zugetragen habe, wie Günter es gerade unten an der Haustür schilderte. Nun kamen der Rechtsanwalt und Günter ins Zimmer. Der Rechtsanwalt stellte sich den Polizisten vor und verbürgte sich für meinen Mann, dass er ganz ruhig an einer Feier teilgenommen habe und dass von ihm keine Gefahr ausgehe.

Darauf verließen die Polizisten unser Haus. Zuvor klärten sie mich aber darüber auf, dass ich mit den Kindern das Haus nicht dauerhaft verlassen dürfe. Dies müsse zunächst vor einem Gericht geklärt werden.

Günter ereiferte sich: „Die kann ja verschwinden, die will ich gar nicht mehr haben. Die Kinder aber bleiben hier!"

Herbert, der Rechtsanwalt, hörte sich nun Günters und meine Version an. Da mich Günter ständig unterbrach, schickte er ihn erst mal hinaus, um sich in Ruhe mit mir zu unterhalten. Er hörte sich meine knappe Schilderung an und meinte aber, dass er die Gefahr, wie ich sie herannahen sah, so nicht erkennen könne.

Günter hielt es nicht länger aus und kam zurück ins Zimmer.

„Ach, Katrin, hier hast du das Telefon. Ruf sofort im Hotel an und bestell deiner Schwester ein Zimmer. Hier in mein Haus lasse ich sie nicht rein."

„Du kannst doch meiner Schwester nicht das Haus verbieten!"

„Doch, das kann ich. Ich habe mich da genau erkundigt. Es ist mein Haus. Es gehörte mir schon vor unserer Ehe, also vor der Zugewinngemeinschaft."

Herbert schwieg dazu. Ich fragte ihn aber direkt: „Stimmt das?"

Nun druckste er etwas herum und sprach vom Hausrecht. Ich hätte sehr wohl das Recht, Gäste ins Haus zu lassen, auch wenn mein Mann dagegen sei.

Inzwischen war auch Günters Freund angekommen. Altväterlich klopfte er mir auf die Schulter: „Na, Katrin, so schlimm wird es schon nicht sein!"

„Doch, es ist so schlimm!", widersprach ich ihm.

Nun füllte sich das Haus. Eine andere Freundin von mir, Maren, erschien und ich ging mit ihr in mein Schlafzimmer. Ich wollte ihr aus meinem Tagebuch vorlesen. Doch sie klappte es zu und sagte mir, dass sie mir schon glaube. Ich solle mich aber lieber beruhigen.

Erneut klingelte es, und Martin erschien. Kurz darauf kam meine Schwester an und polterte die Treppe zu mir herauf. Sie nahm mich in die Arme und schluchzend erzählte ich ihr, dass die Polizei mir untersagt hatte, mit den Kindern das Haus zu verlassen. Dass das erst ein Familiengericht zu entscheiden hätte. Als das der Freund meiner Schwester und ihres Mannes hörte, stieg er wieder in sein Auto. Er musste zurück, weil er am nächsten Tag arbeiten musste. Es tat mir schrecklich Leid, dass er nun die lange Strecke ganz umsonst hin und zurück gefahren war.

Ich hörte Schritte auf dem Flur und beeilte mich nachzusehen. Da stand mein Mann und wühlte in meiner Handtasche herum. Herbert und Martin schauten ihm dabei zu.

„Nimm deine Hände aus meiner Handtasche!", rief ich.

„Gib mir deine Schlüssel. Ich will deinen Autoschlüssel und deinen Hausschlüssel, denn der passt ja auch zum Laden."

Unsicher löste ich den Haustürschlüssel vom Bund und überreichte ihn meinem Mann. Dabei schaute ich fragend den Rechtsanwalt an, doch der schaute betreten weg.

Nun stieg Trotz in mir hoch. „Den Autoschlüssel gebe ich dir aber nicht!"

Er wollte mir am liebsten das Schlüsselbund aus der Hand reißen, traute sich aber nicht.

Herbert setzte sich nun mit meiner Schwester und mir ins Wohnzimmer, während Frank, mein Schwager, zu Günter in die Ferienwohnung ging. Meine Schwester hatte ihm das so ins Ohr geflüstert, weil sie befürchtete, dass man die Kinder wegbringen würde, derweil wir abgelenkt wären.

Herbert erzählte mir, dass er den Richter gut kenne. Gleich am nächsten Morgen werde er mit ihm einen Termin vereinbaren. Keinesfalls sollte ich die Kinder wegholen, denn dieser Richter sei bekannt dafür, dass er stets der Partei die Kinder zuspreche, der die Kinder unrechtmäßig weggenommen worden seien.

Nun gingen Monika, Frank und ich zu Bett, während Herbert sich zu den anderen Männern in die Ferienwohnung gesellte.

Herbert kam noch einmal zu uns ins Schlafzimmer und zeigte mir, dass er Günter die Schlüssel zum Gewehrschrank abgenommen hatte. (Als mein Mann sich erschoss, lagen diese Schlüssel noch auf Herberts Schreibtisch in seiner Kanzlei. Er musste sich also schon zu diesem Zeitpunkt Reserveschlüssel beiseite gelegt haben.)

Danach verbarrikadierten wir die Flurtür, die zu den Schlafzimmern führte. Doch diese Nacht fanden wohl alle kaum Schlaf.

Montag, den 14.10.2002

Die Kinder, meine Schwester, ihr Mann und ich saßen am Frühstückstisch, als Günter hämisch grinsend eintrat und uns einen wunderschönen guten Morgen wünschte.

Er bestand darauf, die Zwillinge in die Schule zu bringen, gestattete mir aber gleichzeitig, Sebastian zu Hause zu behalten. Er sah mit seiner voll erblühten Neurodermitis aber auch ziemlich schrecklich aus.

Ich ließ mich jedoch von meinem Mann nicht abwimmeln und begleitete ihn und die Kinder im Auto zur Schule. Als ich unten ins Auto stieg, es war noch dunkel, erschien auf einmal meine Freundin Maren an meiner Seite.

„Maren, hast du Zeit? Ich möchte unbedingt mit dir reden!"

„Nein, das geht leider nicht. Ich muss gleich zur Arbeit. Ich dachte nur, dass du schon wieder Quatsch baust und mit den Kindern abhauen möchtest. Aber ich sehe ja, dass Günter bei dir ist."

Mit diesen Worten verschwand sie wieder im Dunkeln. Wir fuhren zur Schule. Als Günter die Zwillinge aus dem Auto steigen ließ, steckte er ihnen einige Lutscher zu. Dann fuhr er nach Hause und sagte mir: „Du brauchst gar nicht zu glauben, dass heute ein Gespräch vor dem Familienrichter arrangiert wird. Ich habe Herbert, und er ist *mein* Freund, gesagt, dass ich nicht ohne Anwalt vor einem Richter reden werde. Daran hält Herbert sich auch!"

Ich musste meinen Mann anschauen. Er brachte dies mit so viel Elan und Durchsetzungskraft vor, dass es mir schon imponierte. Ich kannte ihn nur als kränkelnd und energielos, weshalb ja ich auch die ganze Arbeit im Haus und Garten machen musste. Mein Mann war stets erschöpft oder ihm tat etwas weh. Nun strahlte er so viel Kraft aus, nur leider war sie gegen mich gerichtet. Hätte er diese Kraft eingesetzt, um die Dinge in unserer Ehe positiv zu beeinflussen, hätten wir eine recht harmonische Ehe führen können.

Ich reagierte nicht darauf, sondern stieg aus dem Auto und ging zu meiner Schwester, das heißt, ich musste mich mit meinem geschienten Bein zwei Etagen die Treppenstufen heraufquälen. Ich erzählte Monika, was mir Günter gerade eröffnet hatte, und wir waren verzweifelt und überlegten, was wir tun könnten.

Nun ging eine wilde Telefoniererei los. Ich versuchte Maren im Schlachterladen zu erreichen, doch sie brach das Telefongespräch ab, weil sie Kundschaft zu bedienen habe. Bei meinem zweiten Anruf musste sie das Gespräch ebenfalls abbrechen, weil sie Günter auf den Laden zukommen sah. Sie versprach mir aber zurückzurufen, sobald er gegangen sei. Das tat sie allerdings nicht. Deshalb musste ich vollkommen enttäuscht zu dem Schluss gelangen, dass sie sich auf Günters Seite geschlagen hatte, ohne mir die Gelegenheit zu geben, ihr die Situation aus meiner Sicht darzulegen.

Meine Schwester rief unseren Vater an. Er gab uns die Telefonnummer eines Rechtsanwalts in Wedel. Der riet uns, die Kinder sofort aus der Schule zu holen und sie zu ihrem Opa zu bringen.

Jetzt stellte sich ein anderes Problem. Wir waren drei Kinder, das Aupairmädchen, meine Schwester ,ihr Mann und ich, also sieben Personen. Es stand aber nur ein normaler Pkw zur Verfügung, nämlich der meiner Schwester und meines Schwagers. Es war unmöglich, alle darin unterzubringen. Ich hatte zwar den Schlüssel zu unserem VW-Bus, aber mein Mann hatte den Wagen mitgenommen. Es gab noch einen kleinen Ford in der Garage, aber als ich in den Schlüsselkasten sah, fehlten die Schlüssel. Mein Mann hatte mich sozusagen weggesperrt. Er hätte lediglich zugelassen, dass wir Sebastian mitnehmen. So viel Platz wäre im Auto gewesen und er hatte mir ja gestattet, Sebastian zu Hause zu lassen, während die Zwillinge zur Schule mussten.

Aber Monikas Gehirn arbeitete auf Hochtouren. Ich sollte mit meinem Schwager die Kinder aus der Schule holen und abfahren, während sie mit dem Aupairmädchen den Zug nehmen würde.

So sind wir Günters Falle entgangen und es muss ihn fürchterlich geärgert haben, dass wir ihn überlistet hatten.

Auf Krücken ging ich ans Fenster des Klassenzimmers und winkte der Lehrerin, dass ich sie unbedingt sprechen müsse. Sie kam auch sogleich aus dem Zimmer. Ich wusste zunächst gar nicht, was ich ihr sagen sollte. So erzählte ich ihr, dass es bei uns ganz schlimm zugehe und ich die Kinder unbedingt wegbringen müsse. Sie erzählte mir, dass Christoph schon davon gesprochen habe, dass die Polizei bei uns gewesen sei. Sie ging zurück in die Klasse und holte Hanna und Christoph. Dann fragte sie mich, wer denn Auto fahre, da ich offensichtlich mit meinem Bein nicht dazu in der Lage sei. Ich erklärte ihr, mein Schwager fahre. Nun wünschte sie uns noch alles Gute und ich beeilte mich, die Kinder zum Auto zu bringen.

Als wir losfuhren, fiel mir ein Stein vom Herzen. Ich hatte meine Kinder und wir fuhren in die Sicherheit. Aber schon auf der Autobahn befiel mich Verfolgungswahn. Was wäre, wenn sich Günter zwischendurch in der Schule nach den Kindern erkundigte oder sie gar selber so aus dem Unterricht holen wollte, wie ich das getan hatte? Würde er die Polizei informieren? Würden wir gar auf der Autobahn von der Polizei gestoppt werden? Schließlich hatten die Polizisten es mir ja untersagt, die Kinder wegzubringen.

Die Fahrt verlief vollkommen ruhig. Aber kaum waren wir im Haus meines Schwagers angekommen, ging der Terror auch schon los. Martin rief mich in Günters Auftrag an und richtete mir aus, dass ich ihm mit dem Kindesentzug nur Vorteile verschafft hätte. Er werde um das Aufenthaltsbestimmungsrecht kämpfen und das Aupairmädchen sollten wir mal besser postwendend nach Eschenhagen zurückschicken, da ihr Vertrag ortsgebunden sei.

Anschließend erreichte uns noch ein Anruf seiner Anwältin, welche die genaue Adresse erfahren wollte, unter der ich mit den Kindern erreichbar sei. Wir gaben unsere genaue Anschrift durch, hatten also nicht die Kinder entführt!

Am Abend rief ich Christine an und entschuldigte mich dafür, dass ich Günter doch Bescheid gegeben hatte, von wem ich die Warnung bekommen hatte, und sagte, dass ich hoffte, ihr erwüchsen daraus keine Nachteile. Sie erzählte mir, Günter habe sie noch in der gleichen Nacht angerufen und dabei so laut geschrien, dass sie den Hörer einen halben Meter vom Ohr weg habe halten müssen. Ständig habe er geschrien, dass er bankrott, Pleite, am Ende sei und dass dies ihre Schuld sei. Doch Christine sagte mir, dass ich mir deshalb keine Gedanken machen solle. Wichtig sei es, dass wir in Sicherheit seien. „Katrin, ich glaube, wenn du dich hier in Eschenhagen operieren lassen hättest, hätte dir Günter im Krankenhaus irgendeine Story über die Kinder aufgetischt, dass du einen Nervenzusammenbruch bekommen hättest. Schrecklich genug sahst du ja bereits vorher aus, und die Ärzte hätten dich dann leicht unter Psychopharmaka setzen können. Dann hätte dein Mann dich schön nach Hause mitnehmen können. Du wärst schön umnebelt gewesen, und er hätte in der Öffentlichkeit als der treu sorgende Ehemann dagestanden, der seine kranke Frau pflegt."

Am nächsten Tag ging ich zu meinem Anwalt. Er beruhigte mich, dass ich mir wegen des Aufenthaltsbestimmungsrechts keine Gedanken machen solle. Dies würde ein wochenlanger Briefwechsel zwischen den Anwälten werden. Ich könne beruhigt ins Krankenhaus gehen und mich operieren lassen.

Ich erzählte dem Rechtsanwalt auch, dass ich ein Telefonat mit dem Therapeuten bei Pro Familia geführt und diesem gesagt hätte, dass ich ihn von seiner Schweigepflicht entbinden wolle. Er habe aber geantwortet, dass er gleichzeitig auch von meinem Mann davon befreit werden müsse, so dass er für mich nicht aussagen könne. Er wolle mir aber dennoch ein paar Tipps geben. Als Erstes solle ich mich nach dem neuen Gewaltschutzgesetz erkundigen, bei dem es auch um seelische Grausamkeit gehe. Weiterhin solle ich meinem Anwalt erzählen, welche Drohungen mein Mann ausgestoßen habe, und dass man eine Wegweisung (Kontakt zu den Kindern und mir wird verboten) des Vaters beantragen könne.

Doch all dies wischte mein Anwalt vom Tisch und meinte, es sei normal, wenn zu Beginn einer Trennung der Kampf um die Kinder beginne. Die Gemüter würden sich dann aber bald beruhigen. Mein Anwalt hatte die Gefahr, die von meinem Mann ausging, nicht erkannt, obwohl ein Therapeut solche Empfehlungen ausgesprochen hatte. Vielleicht aber hat er mir auch nur nicht geglaubt und dachte, ich übertriebe.

Dienstag, der 15.10.2002

An diesem Tag erreichten mich zwei Telegramme. In dem einen wurde mir fristlos gekündigt, das andere unterrichtete mich, dass die Schlösser in unserem Haus ausgewechselt worden seien.

Dabei hatte ich schon gar keinen Schlüssel mehr. Wahrscheinlich dachte er, dass ich mir heimlich Nachschlüssel gemacht hätte. Aber das wäre eher seine Masche gewesen und nicht meine.

Die Nächte waren fürchterlich! Ich hatte Alpträume, in denen mein Mann mich vergewaltigte. Davon wachte ich erschreckt auf und mein Nachthemd war leicht durchschwitzt.

Ein anderer Traum setzte mir viel mehr zu. In diesem Traum lag ich nackt an einem menschenleeren Strand. Die Sonne wärmte meine Haut und ich fühlte mich ausgesprochen wohl. Ich träumte in Farbe, alles war in sanften Braun-Orange-Tönen. Doch dann kam mein Mann dazu und sagte: „Was liegst du hier so nackt herum? Alle Menschen starren dich an!"

Verwirrt schaute ich mich um. Tatsächlich gafften mich ein paar Männer an. Ich versuchte mich zu bedecken, aber da waren keine Kleidungsstücke, nur transparente Tücher. Mit diesen hüllte ich mich, so gut es ging, ein und lief davon.

Dann änderte sich die Szene und ich träumte schwarz-weiß. Ich lief durch die Straßen (bekleidet) und suchte meinen Mann und die Kinder, doch ich konnte sie nirgends finden. Schließlich rannte ich zum Haus meiner Schwiegermutter. Sie saß gerade mit einer Freundin vor dem Fernseher und nahm ein Fußbad.

Ich fragte sie, ob sie wisse, wo ihr Sohn sei. Doch sie verneinte. Nun irrte ich wieder durch den Ort und da stand mein Mann mitten auf der Straße. Ich rannte zu ihm und bat ihn inständig, mir zu sagen, wo die Kinder seien. Doch er blieb stumm. Dann krallte ich mich in seinen blauen Pullover, sank auf die Knie und bettelte ihn an. Er aber grinste mich von oben herab an und sagte hämisch: „Du kriegst sie nie wieder!" Dann ging er fort und ich sah, wie er in unseren VW-Bus stieg und wegfuhr. Darin saßen auch die Kinder und winkten mir zum Abschied zu.

Irgendwie schaffte ich es, in dem Traum das Haus zu finden, in dem sich mein Mann und die Kinder aufhielten. Mein Mann ließ mich herein und ich ging ins erste Kinderzimmer. Dort fand ich Sebastian fast nackt, nur mit einem Schlüpfer bekleidet, auf dem Boden hockend. Die Arme hatte er um die Knie geschlungen und den Kopf gesenkt. Er fror. Ich nahm ihn auf den Arm und sagte: „Ich nehme dich mit, mein Schatz!"

Dann ging ich in das zweite Kinderzimmer. Da waren die Zwillinge. Hanna war vollkommen aufgedonnert, schicke Kleidung und Schmuck. Sie war sogar geschminkt. Alle Farben an ihr waren in Lila abgestimmt. Christoph hatte ganz viel Spielzeug und winkte mir zu. Ich wollte die beiden auch mitnehmen, aber sie wollten lieber bei Papa bleiben. Mein Mann sagte dazu: „Siehst du! Du bist hier unerwünscht!" Mit diesen Worten schob er mich mit Sebastian aus dem Haus.

Aus diesem Traum bin ich schweißgebadet aufgewacht. Mein Nacht-hemd war klitschnass. Ich stand auf und zog mir ein frisches T-Shirt an, dann ging ich ins Wohnzimmer, um fernzusehen. Wieder einzuschlafen war für mich unmöglich. So schaute ich etwa eine Stunde lang fern, bevor ich wieder zu Bett ging. Als ich mich hinlegte, begann mein Herz rasend schnell und ganz flach zu schlagen. Ich machte Atemübungen, wie ich sie beim Yoga gelernt hatte, aber nichts half. Nach zehn Minuten raste mein Herz nach wie vor. Deswegen stand ich auf, um meinen Vater zu wecken, da ich befürchtete, einen Herzinfarkt zu bekommen. Ich schleppte mich die Treppe hoch und schnaufte wie eine Dampflok, obwohl ich einigermaßen gut durchtrainiert war. Vollkommen aus der Puste hauchte ich meinem Vater zu, wie schlecht es mir gehe. Erschrocken sprang er aus dem Bett und half mir ins Wohnzimmer. Er schaltete den Fernseher ein, brachte mir ein Glas Wasser und hielt einfach nur meine Hand. Ich schnaufte und weinte und klammerte mich an meinen Vater wie ein kleines hilfloses Mädchen. Es dauerte eine halbe Stunde, bis sich mein Herz beruhigt hatte. Aber wir verbrachten weitere zwei Stunden im Wohnzimmer, in denen mein Vater meine Hand hielt und mich der Fernseher beruhigend berieselte. Ich hatte meinen Vater darum gebeten, weil ich Angst hatte, dass mein Herz noch einmal so zu rasen anfangen könnte.

Dies war die Nacht, in der mein Körper vollkommen zusammengebrochen ist. Unter der Anspannung, die ich in Günters Haus durchgestanden hatte, hatte mein Körper noch funktioniert. Aber als der Druck nachließ, führte das zum Kollaps.

Mein Vater war fast ohnmächtig vor Wut und Zorn auf Günter. Damals hatte Günter, als er ihn um meine Hand bat, versprochen, mir den Himmel auf Erden zu bereiten, und nun kam ich als Wrack zu ihm zurück.

Mittwoch, den 16.10.2002

Ich ging ins Krankenhaus. Meine Schwester ließ ihre Verbindungen spielen, so dass ich als Kassenpatientin auf ein Privatpatientenzimmer kam, das ich ganz für mich allein hatte. Dort hatte ich einen wundervollen Ausblick auf den Nord-Ostsee-Kanal.

Man machte mit mir auch ein EKG. Besorgt fragte ich, ob alles in Ordnung sei, denn ich hatte Angst, dass ich vielleicht in der Nacht davor einen Infarkt gehabt hätte. Aber es war alles gut.

Mein Vater besuchte mich mit dem Aupairmädchen und den Kindern.

Hier kam ich zur Ruhe und konnte mich erholen. Das Telefon hatte ich für Fremdanrufe sperren lassen. Nur Leute, die meine Nummer kannten, konnten mich erreichen. Diese Vorsichtsmaßnahme hatten wir ergriffen, damit mein Mann mich nicht mit Telefonterror belästigen konnte.

Donnerstag, den 17.10.2002

An diesem Tag sollte ich operiert werden. Eigentlich wollte ich eine Vollnarkose, aber die Narkoseärztin überredete mich zu einer Rückenmarksspritze. Dies sei auch nicht so belastend für den Körper.

Nun wurde ich in den OP-Saal geschoben und konnte die operierenden Ärzte begrüßen. Mein Chirurg hieß Fleischhauer! Was für ein Name! Es wurde Musik gespielt. Nach einiger Zeit sagte ich den Ärzten, dass ich ein brennendes Zerren am Fußgelenk spüren würde. Sie sagten, dass sie sich beeilen würden und gleich fertig seien. Der Schmerz ließ sich aushalten, aber nun begann mein Kreuz weh zu tun. Das lag aber an der harten OP-Liege. Viel schlimmer aber noch waren die Schmerzen in meinem Oberschenkel. Ich konnte mir zunächst nicht erklären, wo diese Schmerzen herrührten. Aber klar, sie werden mir das Bein abgebunden haben, damit es nicht blutete, wenn sie operierten.

Schließlich waren sie fertig. Das Tuch, das als Sichtschutz diente, wurde entfernt und man machte mir einen Gipsverband. Der Chirurg meinte, dass sich diese Operation gelohnt habe. Es sei wirklich alles abgerissen und ich müsse acht Wochen lang einen Gips tragen. Hätte ich mich nicht operieren lassen, so hätten die Knochen sich gegenseitig aufgerieben und in zwei Jahren hätte ich gar nicht mehr laufen können. Dann hätte man am Knochen Prothesen anbringen müssen. So aber würde wohl keine Behinderung zurückbleiben.

Die nächsten Tage erholte ich mich im Krankenhaus. Die Schwester wollte mir nachts eine Schlaftablette geben, die ich aber ablehnte. Ich hatte immer noch Angst, dies könnte meinem Mann in seinem Vorhaben, mich entmündigen zu lassen, unterstützen. Die Schwester aber meinte, dass ich mir darüber keine Gedanken machen müsse. Alle Leute nähmen hier Schlaftabletten, schon allein, weil hier nachts immer die Türen aufgehen würden und Geräusche auf dem Flur seien. Also nahm ich auch eine Tablette.

Ich kam sichtlich wieder zu Kräften und mein Verfolgungswahn fiel von mir ab.

Eines Tages lief im Fernsehen eine Folge der Sendereihe „Mona Lisa" über Kinder, deren Eltern geschieden waren. Dort erzählte man, wie wichtig es sei, dass die Kinder zu beiden Eltern Kontakt hätten, egal, was sich die Eltern auch angetan hätten. Die Kinder bräuchten die Liebe von beiden.

Dies gab mir zu denken und ich sann darüber nach, wie ich es bewerkstelligen könnte, dass sich mein Mann und seine Mutter mit den Kindern treffen könnten. Meinem Vater konnte ich es nicht zumuten, ein Treffen in seinem Haus zuzulassen. Der Anblick meiner Zerrüttung musste ihn sehr geschmerzt haben. Doch von einer Krankenschwester, die ebenfalls eine Trennung durchgemacht hatte, erfuhr ich, dass sich das Jugendamt um alle möglichen Probleme kümmere. Ich solle mich mit dessen Beauftragten in Verbindung setzen. Vielleicht könne man ein Treffen auf neutralem Grund arrangieren.

Am liebsten wollte ich schon am Sonntag raus, aber der Arzt ließ das nicht zu. Der Oberarzt sollte sich am Montag erst noch meinen Fuß anschauen.

Montag, den 21.10.2002

Schon morgens, bevor das Frühstück kam, hatten wir Visite. Ohne dass ich überhaupt etwas sagen musste, bekam ich die Nachricht, dass ich das Krankenhaus heute verlassen könne. Am liebsten wäre ich vor Freude herumgehüpft, was natürlich mit meinem bleischweren Liegegips nicht möglich war. Sofort rief ich meinen Vater an, dass er mich abholen könne. Bereits eine Stunde später verließ ich in seiner Begleitung das Krankenhaus, derweil das Aupairmädchen auf die Kinder aufpasste.

Zu Hause angekommen, nahm ich meine Kinder glücklich in den Arm und spielte etwas mit ihnen. Danach bereiteten mein Vater und ich das Mittagessen vor. Wir ahnten nicht, welch dunkle Wolke sich über unseren Köpfen zusammenbraute.

Die ganze Familie saß gerade am Mittagstisch, als es an der Haustür klingelte. Mein Vater ging öffnen. Vor der Tür standen zwei Fremde, ein Mann und eine Frau. Sie wurden von meinem Vater hereingebeten und ich hörte nur das Wort Jugendamt fallen. Ich nahm meine Krücken und während ich auf sie zuhumpelte, sagte ich: „Das ist ja gut, dass Sie vorbeikommen! Mit Ihnen wollte ich heute Nachmittag ohnehin telefonieren. Ich bin aber gerade erst aus dem Krankenhaus gekommen." Dabei lächelte ich sie an.

Wir gingen in die Küche und ich versuchte ungeschickt, ihnen die Hand zu geben. Dabei musste ich die eine Krücke in die andere Hand wechseln, ohne das Gleichgewicht zu verlieren. Das muss recht unbeholfen ausgesehen haben.

Alle setzten sich, die Kinder blieben bei dem Aupairmädchen im Wohnzimmer. Nun stellte sich der Mann als Gerichtsvollzieher vor und überreichte mir zwei dicke Dokumente vom Amtsgericht, in denen angeordnet wurde, dass er mir die Kinder wegnehmen solle. Alles Leben wich aus mir. Es war, als ob man mir den Boden unter den Füßen weggezogen hätte. Mein Kopf war leer. Alles, was ich denken konnte, war: „Nun kannst du nichts mehr tun. Das war's dann!"

Ich erzählte dem Gerichtsvollzieher, dass mein Mann suizidgefährdet sei, und wie er mich bedroht habe. Derweil sprach die Frau vom Jugendamt, Frau Thesing, mit den Kindern im Wohnzimmer. Der Gerichtsvollzieher erklärte mir, dass er die Pflicht habe, die Kinder hier herauszuholen.

Jetzt meldete sich mein Vater zu Wort. Was er nun tat, hat die ganze Situation gerettet, und ich bin ihm so dankbar dafür, dass mir jetzt beim Schreiben noch Tränen in die Augen steigen. Mein Vater stand in der Tür, aufrecht und stolz, und sagte: „Ich gebe die Kinder nicht heraus!"

Darauf antwortete der Gerichtsvollzieher: „Dann muss ich die Polizei dazu holen. Dann werden Sie auf den Boden niedergerungen und mit Knebel und Fesseln abgeführt."

Ich schöpfte neuen Kampfesmut und sagte trotzig: „Dann müssen Sie mich auch mitnehmen!"

Frau Thesing, die gerade aus dem Wohnzimmer kam, schritt nun ein und schlug mit der flachen Hand auf den Tisch: „Eine Gewaltaktion lasse ich nicht zu. Ein Kind sperrt sich vollkommen, zu seinem Vater zu gehen, und einer gewaltsamen Herausgabe stimme ich nicht zu."

Ich fragte: „Ist mein Mann dort irgendwo draußen?"

„Ja, er steht irgendwo da hinten an der Straße", sagte Frau Thesing.

Nun gingen die beiden hinaus, um sich mit meinem Mann zu beratschlagen. In dieser Zeit las ich mir die beiden Gerichtsbescheide durch. In einem stand, dass die Polizei berechtigt sei, in das Haus einzudringen und die Kinder auch mit Gewalt herauszuholen. In dem anderen las ich die eidesstattliche Aussage meines Mannes. Er behauptete, seine Frau sei geistig gestört. Die Kinder müssten in einer Bruchbude leben. Außerdem sei seine Frau im Krankenhaus und nur ein alter, seniler, gebrechlicher Opa passe auf die Kinder auf.

Als ich das las, war ich geschockt und eine mit Hilflosigkeit gemischte Angst überfiel mich. Diese Angst lähmte meinen Verstand.

Im Nachhinein denke ich, dass der Gerichtsvollzieher und Frau Thesing schon sehr verwundert sein mussten, als sie vor uns standen. Meinem Aussehen nach hätte ich vielleicht wirklich geistig gestört sein können, aber alles andere passte nicht. Sie kamen zu einem gepflegten Einfamilienhaus, ihnen öffnete ein aufrecht stehender, rüstiger, älterer Mann und die Familie saß ganz normal am Mittagstisch.

Jetzt kehrten der Gerichtsvollzieher und Frau Thesing zurück und wir beratschlagten, was zu tun sei. Nun klingelte es erneut an der Haustür, es war Günter, der meinem Vater Briefe übergab. Danach stellte er sich vor das Küchenfenster und warf mir seinen eingeübten mitleids- und vorwurfsvollen Dackelblick zu. Diesen Blick kannte ich schon zur Genüge, doch ich hatte gelernt, dass er nichts bedeutete. Das waren keine echten Gefühle, sondern nur eine aufgesetzte Maske, die ihn nicht darin hinderte, zum nächsten Schlag auszuholen.

Frau Thesing fragte mich, ob ich bereit sei, mit meinem Mann zu reden. Aber ich wollte nicht. Sie merkte auch, wie sehr es mich bedrückte, dass mein Mann mich so durch das Fenster betrachtete. Deshalb gingen sie und der Gerichtsvollzieher noch mal hinaus zu meinem Mann.

In der Zeit gab mir mein Vater einen Brief von Maren. Sie begleitete meinen Mann, um die Kinder zu holen! Leider habe ich diesen Brief verloren, aber sinngemäß stand darin:

Liebe Katrin!

Was Du getan hast, ist nicht gutzuheißen. Ich bin schwer von Dir enttäuscht. Du bist einfach überlastet von Deiner Mehrfachbelastung als Geschäftsfrau, Hausfrau und Mutter.

Ich unterstütze Günter darin, die Kinder zurückzuholen.
Du solltest auch mitkommen. Ich empfehle Dir, mit Sebastian eine Mutter-Kind-Kur zu machen, damit Du Dich wieder beruhigen kannst und sich Deine Nerven erholen können.
Dann, wirst Du sehen, wird wieder alles gut.

Günter ist ein guter Vater!

Maren

Frau Thesing kehrte zurück. Sie fragte mich, ob ich bereit sei, mit meinen Kindern zu meinem Mann zurückzukehren. Er wolle mich zwar nicht mehr als Ehefrau haben, aber ich könne in der Nähe der Kinder bleiben. Doch ich schüttelte den Kopf. Dann fragte sie mich, ob ich mit meinem Mann reden wolle. Aber auch das verweigerte ich. In meinem Kopf kreisten Gedanken wie: Ich habe gar nicht die Kraft dazu, mit ihm zu reden. Wir haben so viel miteinander geredet. Es besteht die Gefahr, dass er mich wieder einlullt. Und das, obwohl ich ja bereits erkannt habe, dass er gar nicht in der Lage ist, sich zu ändern.

Deshalb blieb ich stur dabei, nicht mit Günter zu reden.

Wir gingen zu den Kindern und Frau Thesing fragte sie: „Was vermisst ihr denn?"

Hanna antwortete. „Ich vermisse meinen Hund Max."

Christoph und Sebastian gemeinsam: „Ich vermisse meine Freunde."

Frau Thesing wollte wissen: „Vermisst ihr denn auch euren Vater?"

Hanna und Christoph: „Ja, den vermissen wir auch."

„Bei wem würdet ihr denn lieber bleiben?"

Für Sebastian war es klar, er wollte auf jeden Fall bei mir bleiben. Hanna und Christoph mussten überlegen. Sie antworteten beide: „Bei Mama ist es toll, aber Papa kann kochen. Mama kann nicht so gut kochen."

Mir klappte die Kinnlade herunter. Das musste ihnen Günter eingetrichtert haben. Früher hatte mein Mann sich alle zehn Finger geleckt bei dem, was ich ihm vorsetzte. Erst im letzten Jahr fing er an, immer am Essen herumzunörgeln. Dabei kochte doch überwiegend das Aupairmädchen.

Ich wollte mich vor Frau Thesing verteidigen, aber sie winkte lächelnd ab. Sie ging noch mal hinaus, um mit meinem Mann zu reden und sich mit dem Gerichtsvollzieher zu beratschlagen. Mein Vater beobachtete die Auseinandersetzung zwischen Frau Thesing und meinem Mann, in der er ihr wohl drohte, dass sie die Schuld an seinem Tod haben werde.

Der Gerichtsvollzieher und Frau Thesing kehrten zu uns ins Haus zurück und erklärten, dass wir einen Tag Aufschub bekämen, damit mein Rechtsanwalt gegen diesen Bescheid vorgehen und ein Gespräch beim hiesigen Familienrichter erwirken könne. Außerdem habe er keine Passage in dem Gerichtsbescheid gesehen, die ihm vorschreibe, dass er mit Gewalt vorzugehen habe. Er habe auch versucht, den Richter telefonisch zu erreichen, dieser sei aber für zwei Tage im Urlaub. Morgen werde er aber zurückkommen. Ich bedankte mich ganz erleichtert bei dem Gerichtsvollzieher.

Mein Vater hatte während dieser ganzen Rennerei und dem Gerede meinen Anwalt informiert, der zusagte, sich um ein Gespräch beim Familienrichter zu bemühen. Gegen 14 Uhr könnten wir seinen Rückruf erwarten.

Nun setzte ich mich auf das Sofa und las Günters Brief an meinen Vater:

An Heiner!

Lieber Heiner!

Ich weiß, dass du Partei ergreifen musst für deine Tochter, aber versuche auch mal bitte diese Zeilen zu lesen, um meine Seite zu verstehen.

In dem Brief an Katrin schreibe ich „... Katrin, Du weißt genauso gut wie ich, dass keinerlei Gefahr von mir gegenüber dir und den Kindern ausgeht. Niemals habe ich gegen dich oder die Kinder oder irgendjemanden sonst meine Hand erhoben und werde dies in Zukunft auch nicht tun. ...".

Und genau dies meine ich auch so! Frage Katrin nach einer konkreten Situation und sie wird immer wieder auf Fallbeispiele zurückgreifen, die sich in ihrem Kopf abgespielt haben, aber nicht in der Realität. Selbst bei dem letzten gemeinsamen Gespräch mit dem „Therapeuten" hab ich mich mit dem „Therapeuten" (verbal) gestritten, nicht mit Katrin!

Sie wird behaupten, dass sie unterdrückt worden sei und von mir in die Enge getrieben oder so ähnlich. Aber auch dies sind nur Gedanken in ihrem Kopf und hat wenig oder gar keinen Realitätsbezug. Ich habe zu spät erkannt, dass sie mit der Dreifachbelastung Mutter, Ehefrau und Beruf völlig überfordert ist. Sei ehrlich, Heiner, ist das noch die Katrin, die uns als wissenschaftlich denkende und arbeitende Frau bekannt ist?

Außerdem musst du verstehen, dass die Situation, vor die mich deine Töchter in der letzten Woche gestellt haben, für mich unakzeptabel war. Auch hier war eindeutig zu erkennen, dass Katrin von außen gesteuert solche Entscheidungen getroffen hat. Oder wie erklärst du dir, dass zunächst ein „Kollege vom Bundesgrenzschutz" (aha!) bei der Polizei angerufen hat? Warum hatte Monika schon einen Operationstermin in Wedel für Katrin? Warum hatte Monika schon in der Woche zuvor ein Gespräch mit dem Anwalt von Katrin? Es war alles abgesprochene Sache und ihr habt meine Gutmütigkeit in schäbigster Weise ausgenutzt. Es zeigt aber auch, dass ich meine Kinder in einem solchen Umfeld der Lüge und der Hinterhältigkeit nicht bleiben lassen kann. Wie soll Katrin in einem solchen physischen und psychischen Zustand die drei Kinder alleine erziehen? Du kannst ihr aufgrund deines Alters und deinem Gesundheitszustand auch nur begrenzt helfen. Monika und Frank sind beide ganztägig berufstätig. Außerdem hat Monika ja auch wohl nur ein eingeschränkt gutes Verhältnis zu Recht und Ordnung.

Es setzen sich viele Puzzlesteine zu einem Gesamtbild zusammen! Dazu passt auch, dass Monika, Frank und ihr Sohn die letzten Tage im Urlaub waren, Katrin im Krankenhaus lag und du alleine die Verantwortung für die drei Kinder hattest. Und diese Situationen werden immer wieder eintreten. Die Kinder wären euch doch bald ein Klotz am Bein.

Was ich jetzt getan habe (in deinen Augen sicherlich nicht das Richtige), ist Folgendes:

*Ich habe im Rahmen des Rechtes meine Rechte an meinen Kindern zum Wohle der Kinder durchgesetzt. Ich glaube aber auch, dass die Kinder Mutter **und** Vater brauchen. In dem Schreiben an Katrin biete ich ihr an, wieder nach Eschenhagen zu kommen. Nicht um mit mir eine neue Beziehung anzufangen, sondern ihren Kindern in ihrem gewachsenen Umfeld eine gute Mutter zu sein und gleichzeitig ihnen nicht den leiblichen Vater zu entziehen.*

An einer neuen Beziehung zu der Katrin, die mich und viele um sie herum so sehr ins Unglück gestürzt hat, habe ich kein Interesse mehr. Es ist nicht mehr die Frau, die ich bis vor zwei Wochen so abgöttisch geliebt habe!

Günter Brinker

P.S. Katrin kann mich und die Kinder jederzeit anrufen. Wenn sie etwas zu sagen hat, bin ich immer offen für ihre Worte.

Ich war empört über seine Verdächtigungen, dass meine Schwester und ich das alles angeblich geplant haben sollten, und darüber, wie er versuchte, meinen Vater gegen mich aufzubringen. Auch dieser Satz, dass meine Schwester wohl nur ein eingeschränkt gutes Verhältnis zu Recht und Ordnung habe, brachte mich in Rage. Das hörte sich ja an, als sei sie vorbestraft oder in irgendwelche kriminellen Machenschaften verwickelt, was natürlich überhaupt nicht der Fall war. Doch mein Vater versicherte mir, dass er ihm kein einziges Wort glaube. Trotzdem lief ich wie ein Tiger im Käfig hin und her und wartete auf den Rückruf des Anwalts. Um kurz nach zwei rief ich in der Kanzlei an und die Frau in der Anmeldung sagte mir, dass mein Anwalt noch niemanden bei Gericht erreicht habe. Ich flehte sie an, dass er sich unbedingt dahinter klemmen müsse. Der Gerichtsvollzieher werde morgen wieder vor der Tür stehen, um die Kinder zu holen. Es müsse heute noch etwas geschehen. Sie beruhigte mich, alles Notwendige werde in die Wege geleitet und es sei klar, dass heute etwas geschehen müsse.

Ich humpelte zurück zum Sofa. Mit schreckgeweiteten Augen erklärte ich meinem Vater: „Sie haben bis jetzt noch niemanden bei Gericht erreicht."

„Keine Angst, der Anwalt ist ein scharfer Hund!"

„Ich weiß nicht, Vati. Damals habe ich ihm erzählt, was mir der Therapeut geraten hat, mit dem neuen Gewaltschutzgesetz und der Wegweisung des Vaters. Irgendwie hat er mich nicht ernst genommen und alles abgewiegelt. Und jetzt haben wir dieses Dilemma!"

Nun wurde mein Vater ungeduldig mit mir und schimpfte: „Du musst Vertrauen haben! Wenn du mir nicht vertraust, musst du eben selbst einen Anwalt suchen."

Ich fing an zu weinen: „Ach Vati, ich weiß nicht, was ich tun soll. Ich habe nur so große Angst, dass Günter die Kinder holt und ihnen etwas antut. Vielleicht nimmt mein Anwalt wieder alles nur auf die leichte Schulter?"

Mein Vater schlug wieder einen beruhigenden Ton an: „Nein, du brauchst keine Angst zu haben! Er weiß jetzt, wie ernst die Sache ist, und wird alles tun, um jemanden bei Gericht zu erreichen."

Ich merkte, dass mein Vater und ich kurz davor waren, uns gegenseitig zu zerfleischen, und versuchte krampfhaft, ruhig zu bleiben und mich auf das Fernsehprogramm zu konzentrieren. Doch mein Blick wanderte unaufhörlich zur Uhr. In der Zwischenzeit kamen auch Monika und Frank zu uns und wir warteten gemeinsam auf den Anruf des Anwalts.

Gegen fünf Uhr klingelte endlich das Telefon. Meine Schwester ging an den Apparat. Ihrer erschreckten Antwort konnte ich entnehmen, dass mein Anwalt keinen Erfolg gehabt hatte.

Monika erzählte uns: „Er hat niemanden mehr beim Gericht erreicht. Wir sollen mit den Kindern eine Ferienwohnung oder ein Hotelzimmer aufsuchen."

Meine Verzweiflung brach aus mir heraus: „Was, wir müssen schon wieder fliehen?"

„Wenn wir darauf angesprochen werden, sollen wir sagen, dass wir mit den Kindern Urlaub machen."

Ich musste vor Wahnwitz lachen: „Das glaubt uns doch kein Mensch!"

„Egal, so sollen wir argumentieren."

Nun hängte sich meine Schwester ans Telefon und rief diverse Adressen an, bis sie schließlich eine Familie fand, die uns aufnahm.

Inzwischen war es draußen dunkel geworden. Meine Schwester packte mich und zwei Kinder ins Auto und fuhr los. Die Kinder und ich duckten uns, damit man uns nicht sehen konnte. Wir fürchteten, dass mein Mann nicht zurückgefahren war, sondern sich ein Hotelzimmer genommen hatte und uns nun auflauerte.

So lieferte sie uns als den ersten Schwung in der Ferienwohnung ab und holte anschließend das Aupairmädchen und das letzte Kind.

Die Frau, die uns aufnahm, war sehr liebenswürdig und machte uns sogar noch Spiegeleier.

Es war wieder eine Horrornacht für mich. Ich hatte schreckliche Angst vor meinem Mann. Er hatte erklärt, dass er nur noch halbtags arbeiten wolle, um sich besser um die Kinder kümmern zu können. Das konnte ich mir bei ihm gar nicht vorstellen. Er war doch immer gleich so genervt und schrie sie an. Was würde er dann in seinem Jähzorn mit ihnen anstellen?

Ich machte mir große Sorgen, obwohl ich den Gedanken, er tue ihnen etwas an, immer zur Seite schob. Aber ich wusste, dass er selbstmordgefährdet war, und so einem Mann konnte ich die Kinder nicht überlassen.

Dienstag, den 22.10.2002

So lagen nun alle drei Kinder bei mir im Doppelbett und ich konnte nicht schlafen. Wir hatten die Tür zum Flur einen Spalt offen gelassen, so dass etwas Licht ins Schlafzimmer fiel, denn ich konnte seit Wochen nicht mehr im Dunkeln schlafen und brauchte immer eine kleine Lichtquelle. Ich betrachtete meine drei Kleinen, wie sie friedlich schliefen, und mein Herz wurde schwer. „Vielleicht ist es das letzte Mal, dass ich euch sehe."

Ich stellte mir vor, wie Günter sich ein Geheimkonto in Australien errichtet hatte und die Kinder heimlich aus dem Land bringen würde.

Der Gedanke, dass er sie töten könnte, damit ich in den Selbstmord getrieben würde, kam auch in mir hoch. Doch diese Vorstellung verdrängte ich schnell.

Was konnte ich noch tun? Ich musste die Frau vom Jugendamt erreichen! Doch wie kam ich an ihre Telefonnummer?

So wanderte ich durch das nächtliche Haus. In der Ferienwohnung fand ich ein Telefonbuch und suchte mir eine Notrufnummer für Familienangelegenheiten heraus.

Gegen acht Uhr rief ich dort an und man gab mir die Nummer des nächsten Jugendamtes. Ich wählte sie sofort und wollte Frau Thesing sprechen. Aber sie würde erst gegen neun Uhr kommen. Um diese Zeit versuchte ich erneut, sie zu erreichen. Ich glaube, ich rief viermal an, bis ich sie an den Apparat bekam. Die Frau, mit der ich vorher verbunden war, war schon hörbar genervt. Sie konnte ja nicht wissen, in welchem Ausnahmezustand ich mich befand.

Endlich konnte ich mit Frau Thesing sprechen. Ich erzählte ihr alles über den letzten Monat unserer Ehe und wie ich vor meinem Mann geflohen war. Die Sache mit den Autoschlüsseln empörte sie zu meiner Überraschung sehr. Dies sei ja so ähnlich, als sperre man seine Frau ein. Sie beruhigte mich, dass der Gerichtsvollzieher heute nicht mehr erscheinen werde. Ich hatte ihr allerdings nicht erzählt, dass ich mich in einer Ferienwohnung befand.

Ich versuchte meinen Vater zu erreichen, aber er war nicht zu Hause. Von meiner Schwester erfuhr ich, dass er sich lieber auch woanders in Sicherheit gebracht hatte. Doch vorsichtshalber solle ich noch in der Ferienwohnung bleiben.

Gegen zehn Uhr läutete mein Handy. Es war Herbert, der Rechtsanwalt aus Eschenhagen.

„Katrin, setz dich hin!"

„Ich liege bereits." Ich lag auf dem Bett, während die Kinder nebenan fernsahen.

„Günter hat eine Dummheit gemacht!"

„Was hat er denn getan?", fragte ich vorsichtig.

„Was glaubst du denn, was er getan hat?", fragte mich Herbert zurück.

Tief in meinem Innersten wusste ich ganz genau, was er getan hatte. Aber der Verstand weigerte sich, das zuzugeben. Ich hoffte immer noch, dass er eine andere Dummheit begangen hatte. Trotzdem antwortete ich ganz gefasst: „Er hat sich umgebracht!"

„Ja, er hat sich heute Morgen im Keller erschossen. Er ist erst noch in den Laden gegangen und dann nach Hause zurückgekehrt. Ich habe ihn noch gesehen. Dann habe ich den Schuss gehört."

An das weitere Gespräch kann ich mich nicht mehr erinnern. Eine Flut verschiedener Gefühle brach über mich herein. Zum einen war ich nur erleichtert, dass ich keine Angst mehr zu haben brauchte, dass mein Mann hinter irgendeiner Hecke mit dem Gewehr stehen könnte. Zum anderen fragte ich mich, wie ein Mensch sein Leben so einfach wegwerfen konnte. Auch Trauer um den verlorenen Ehemann stieg in mir auf. Ich legte dann irgendwann auf, steckte meine Faust in den Mund, biss zu und weinte.

Nachdem meine Tränen versiegt waren, ging ich zu meinen Kindern. Aber ich konnte ihnen die schreckliche Nachricht nicht überbringen.

Als ich meine Schwester informiert hatte, holte sie uns sogleich ab und brachte uns zu meinem Vater. Dort verständigte ich das Jugendamt und bat um Hilfe, da ich nicht wisse, wie ich meinen Kindern erklären solle, dass ihr Papa nicht mehr am Leben sei. Sie schickten mir eine Frau vom Hospiz vorbei, die mit den Kindern reden würde.

Wir versammelten alle Kinder im Wohnzimmer und die Frau sagte: „Ich muss euch etwas Schreckliches sagen. Euer Papa hat einen Unfall gehabt."

Christoph fragte: „Liegt er im Krankenhaus?"

„Nein, es ist schlimmer."

Alle drei fragten: „Ist er tot?"

„Ja, er ist tot!"

Nun stellte Hanna eine Frage, die mich verblüffte: „Hat er das selber gemacht?"

Die Frau vom Hospiz war ebenso überrascht: „Wie kommst du denn darauf?"

„Ich habe Mama und Papa streiten gehört."

Christoph wollte wissen: „Wie ist er denn gestorben?"

„Ihr wisst doch, dass euer Papa krank war. Er hatte so viele Ängste. Da ist sein Herz stehen geblieben."

Während dieses Teils des Gesprächs hielt ich Hanna und Sebastian im Arm, um sie zu trösten, während Christoph bäuchlings auf einem drehbaren Fußschemel lag und nach unten schaute.

Nun sprang Hanna auf und lief schluchzend ins Nebenzimmer. Mir zerriss es das Herz. Auch Christoph sprang auf und lief ins Nachbarhaus zu seinem großen Cousin, um ihm davon zu erzählen.

Mit Tränen in den Augen schaute ich die Frau vom Hospiz fragend an.

Sie sagte: „Geben Sie ihr einen Moment, um mit ihrer Trauer allein zu sein."

So hörte ich sie weinen, drückte meinen Jüngsten an mich und wiegte ihn in meinen Armen. Doch dann hielt es mich nicht länger und ich musste zu Hanna gehen. Sie kam auch gerade aus dem Zimmer und wir trafen uns im Flur. Gemeinsam gingen wir ins Schlafzimmer und legten uns eng umschlungen auf das Bett. Sie hörte auf zu weinen und wir fingen an, Zukunftspläne zu schmieden. Sie lachte sogar wieder erleichtert auf. Es ist erstaunlich, wie rasch die Stimmung bei Kindern umschlagen kann.

Dann gingen wir wieder zu Sebastian ins Wohnzimmer und die Frau las eine Geschichte vor.

Christoph blieb derweil die ganze Zeit bei seinem Cousin.

An diesem Tag führte ich noch ungezählte Telefonate mit Freunden, denen ich meine Version unseres Ehedramas erzählte.

Mittwoch, den 23.10.2002

Ich war seelisch am Ende. Zwei widerstreitende Gefühle in mir zermalmten mich wie zwei aufeinander reibende Mühlsteine. Die eine Seite in mir war unendlich erleichtert, dass mein Mann uns nichts mehr antun konnte. Die andere machte sich Vorwürfe. Ich stellte mir vor, wie dieser arme, gebrochene Mensch die Kellertreppe hinunterging und sich in seiner Verzweiflung das Ende des Gewehrlaufs in den Mund schob. Man kann sich kaum vorstellen, wie einen solch entgegengesetzte Gefühle fertig machen können.

Aber die Trauerfeier musste organisiert werden. Da ich wegen meines Gipses nicht fahren konnte, nahm sich mein Schwager Frank einen Tag frei und brachte mich nach Eschenhagen zu meiner Schwiegermutter. Der Bestattungsunternehmer kam ebenfalls. Die Frau vom Hospiz hatte mir aufgetragen, mich danach zu erkundigen, ob der Leichnam so weit intakt sei, dass man ihn ansehen könne. Für die Kinder sei es wichtig, dass sie sich von ihrem toten Vater verabschieden könnten, weil es sonst in ihren Köpfen immer herumspuken werde, dass ihr Vater noch leben könnte. Aber der Bestattungsunternehmer verneinte. Günters Schwester erzählte mir auch, er habe eine großkalibrige Waffe verwendet, die erhebliche Auswirkungen hervorrief.

Meiner Schwiegermutter erklärte ich, dass ich kein Geld für die Bestattung hätte, und fragte, ob der Laden dies bezahlen könne. Doch sie winkte empört ab, über Geld wollte sie nicht reden. Natürlich wusste ich, dass dieses Thema in der Trauer unangebracht war, aber ich war finanziell überhaupt nicht abgesichert. Als ich meinen Mann verließ, rettete ich unsere blanke Haut. Meine ganze Barschaft betrug 100 €. Wie sich später herausstellte, hatte ich vollkommen Recht damit, über Finanzielles zu reden, da der Treuhänder, den mein Mann für das Erbe meiner Kinder eingesetzt hatte, sich vehement weigerte, Unterhalt für die Kinder, geschweige denn für mich, zu zahlen, weil angeblich kein Geld auf Günters Konto sei.

Aber an diesem Tag redete ich nicht weiter über Geld. Stattdessen wollte ich bei den Angestellten im Laden anrufen. Ich versuchte es diverse Male und es waren auch immer andere Personen am Apparat. Aber alle legten sofort auf, als sie hörten, dass ich mich meldete. Ich kam mir vor wie eine „schwarze Witwe", die heimtückisch ihren Mann in den Tod getrieben hatte.

Dann bat ich meine Schwiegermutter um den Schlüssel zu unserem Haus, damit ich noch ein paar Sachen für die Kinder und mich holen könne, da wir die Tage nur aus einem Koffer gelebt hätten. Sie gab ihn mir und so machten sich Frank und ich daran, Kleidung einzupacken. Da klingelte es an der Haustür. Es war Herbert, der befreundete Anwalt.

„Katrin, es tut mir Leid, was geschehen ist. Aber Günter hat dich angelogen. Ich wollte trotzdem den Termin vorm Familienrichter erwirken. Doch ich hatte Recht, wie sich der Richter verhalten würde, wenn du so mit den Kindern abhauen würdest."

„Ja, du hattest Recht. Aber ich hatte solche Angst, als Günter mir das sagte, und mein Rechtsanwalt hat es mir so empfohlen."

„Du hast alles richtig gemacht. Ich habe die Lage damals falsch eingeschätzt. Als du weg warst, hat Günter sich wie ein Wahnsinniger aufgeführt. Dauernd hat er bei seiner Rechtsanwältin angerufen und ihr bessere Vorschläge machen wollen, wie sie gegen dich vorzugehen habe. Sie hat ihm schließlich gedroht, sie lege das Mandat nieder, wenn er noch einmal anrufe. Daraufhin erschien er mindestens dreimal täglich bei mir!"

Ich musste kichern: „Genau das hat Christine prophezeit! Sie hatte schon vorher vermutet, dass Günter in seiner besserwisserischen Art seinem Anwalt Anweisungen geben wollen würde."

„Du solltest Maren noch mal anrufen, sie weint sich die Augen aus."

„Das kann ich nicht. Sie hat mich so sehr verletzt. Sie war damals überhaupt nicht bereit, sich einmal meine Version anzuhören."

Wir unterhielten uns noch etwas weiter, aber dann mussten wir weiter packen, und Herbert verließ das Haus.

Anschließend besuchten Frank und ich noch meine Freunde Christine und Martin. Sie nahmen uns herzlich auf. Christine überreichte mir während eines Gesprächs einen DIN-A4-Umschlag und sagte mir, dass Günter vor seinem Tod eine ganze Menge Seiten ins Internet gesetzt habe. Ich solle das aber nicht jetzt lesen, sondern mit zu meiner Therapeutin nehmen und das Material gemeinsam mit ihr durchgehen. Allein solle ich das nicht lesen, es würde mir zu sehr weh tun.

Als ich erfuhr, was mein Mann getan hatte, konnte ich nicht anders, als ihn ein perverses Schwein zu nennen. Daraufhin wurde Martin wütend, er war schließlich Günters bester Freund gewesen. Ich solle in seinem Haus nicht so über einen Toten reden. Ich wurde blass vor Scham und entschuldigte mich. Doch ich war so verletzt, dass ich Martin auch verletzen musste. Deshalb sagte ich ihm, was ich mir vorher geschworen hatte, ihm niemals zu sagen.

„Martin, du hast Günter so viel beigestanden. Wie viele Nächte warst du bei ihm, damit er sich nicht umbringt? Weißt du, was Günter darüber zu mir gesagt hat? Er sagte, dass du ihm damit kein Stück geholfen hast, sondern dass vielmehr er dir bei deinen Eheproblemen geholfen hat."

Martin verließ das Zimmer und Christine unterhielt sich mit uns weiter. Doch dann mussten Frank und ich aufbrechen. Christine steckte mir noch einen Umschlag zu. Ich schaute hinein. Da war sehr viel Geld drin. Ich fing an zu weinen und wollte ihr den Umschlag zurückgeben. Doch sie drückte ihn mir ganz fest in meine Hand und sagte: „Doch, nimm es. Ihr werdet es brauchen. Es kommt der Winter und die Kinder brauchen warme Kleidung. Außerdem ist Christoph mein Patenkind."

„Christine, ich weiß gar nicht, wie ich euch danken kann. Bitte sag Martin, es tue mir Leid, dass ich ihm das erzählt habe. Eigentlich wollte ich ihm das nie erzählen, aber ich war so verletzt."

„Das geht schon klar. Ich rede mit ihm."

Auf dem Rückweg stiegen Frank und ich auf der Elbfähre aus. Der kalte, frische Wind blies mir ins Gesicht. Die Sonne malte wunderschöne Glitzermuster auf das Wasser und ich war am Leben. Ich atmete tief ein und Kraft durchströmte mich. Die Mühlsteine hörten endlich auf zu mahlen. Ich machte mir keinen Vorwurf mehr, meinen Mann auf dem Gewissen zu haben. Er war ein Schwein und er hatte sich selbst die Waffe in den Mund geschoben. Alles, was ich ihm angetan hatte, war, dass ich ihn verließ. Die Kinder hätte er auch sehen können, wenn er sich seelisch wieder gefangen hätte.

Als ich zu Hause bei meinem Vater angekommen war, saß eine fremde Frau in der Küche und unterhielt sich mit meiner Schwester. Monika umarmte mich und sagte: „Hier ging alles drunter und drüber. Günter hat sämtliche Anwohner unserer Straße angeschrieben. Laufend ging das Telefon."

An die fremde Frau gewandt, sprach sie: „Sehen Sie sich meine Schwester an. Sieht so eine kaltblütige, berechnende Person aus?"

Sie sah sich diese ausgemergelte, an Krücken laufende Frau an und musste verneinen.

Monika gab mir einen Brief. Es war derjenige, den alle Nachbarn erhalten hatten. Ich setzte mich an den Küchentisch und las:

Sie werden sich wundern, warum ein Unbekannter Ihnen schreibt, aber ich hoffe, dass Sie auf diesem Wege einmal die ganze Wahrheit erfahren und (dies ist eigentlich der Hauptgrund) auch meine Kinder – wenn sie so weit sind – nicht nur die Lügen- und Phantasiegeschichten ihrer Mutter und ihrer Tante zu hören bekommen, sondern einmal die Möglichkeit haben, die ganze Geschichte von beiden Seiten zu lesen.

Im Hause Mühlbauer ist eine verzweifelte Mutter mit ihren drei Kindern eingezogen. Es ist die Frau, die ich bis vor ein, zwei Wochen abgöttisch geliebt habe und zu der ich nahezu blindes Vertrauen hatte. In unserer Ehe ist bestimmt nicht alles glatt gelaufen, aber man kennt sich lange und gut genug, um sich wieder zusammenraufen zu können. Bei unserer Eheschließung fragte der Pastor in Eschenhagen meine Frau sinngemäß

... willst Du ihn immer lieben ...

Ich habe mir keinen Ehebruch, keine Eskapaden, keine Gewalt gegen meine Frau oder gar gegen meine Kinder zuschulden kommen lassen, aber meine Frau eröffnete mir, dass sie mich nicht mehr lieben könne. Ich fiel aus allen Wolken und versuchte lange zu kitten, was möglich war. Aber meine

Frau kann mir nichts verzeihen, sie will keinen „schwabbeligen Fettbauch, der eklig stinkt und sie nur abstößt". Sie will einen „Waschbrettbauch"! Ich habe lange und sehr geduldig die Redeschwalle meiner Frau ertragen; meistens schweigend und gedemütigt, selten kam es zu einem Rededuell, um keinen weiteren Zorn hervorzurufen; noch seltener habe ich mich einfach in ein ruhiges Zimmer zurückgezogen, um den Angriffen aus dem Weg zu gehen. Nach wenigen Tagen haben wir uns dann wieder zusammengerauft. Nun kam es zu einem endgültigen Bruch; meine Frau ist in letzter Zeit sehr labil und kann zwischen Phantasie und Realität nicht mehr genau unterscheiden. Sie braucht dringend Hilfe, die sie von mir nicht mehr annehmen wollte. Ich habe flehend und kniend vor ihr gelegen, um unserer Gemeinsamkeit noch eine Zukunft zu geben. In ihrem körperlichen und geistigen Zustand ist sie sicher nicht in der Lage, unseren Kindern eine gute Mutter, die sie vorher eigentlich immer war, zu sein.

Der Pastor fuhr fort mit den Worten
    ... in guten und in schlechten Zeiten ...

Ich bin selbstständiger Kaufmann und wir haben bis jetzt ein Geschäft gemeinsam geführt. Man kann sagen, es ging uns recht gut und es ist ein kleines Vermögen zusammengekommen. Ich habe in den letzten 15 Jahren darauf hingearbeitet, meine Frau und meine Familie für einen Unglücksfall ausreichend zu versorgen, so dass sie keine Not leiden müssen. Eine Führungskraft braucht eine sichere und starke Hilfe in ihrem Rücken und an ihrer Seite, um den wirtschaftlichen Angriffen gewappnet zu sein. (Meine Anmerkung: Ich war dies bis zum Schluss und bin auch nicht aus finanziellen Gründen vor meinem Mann geflohen in eine Zukunft, die vollkommen unsicher war. Damals ging ich eher davon aus, dass ich von Sozialhilfe leben müsse, denn Selbstständige können ihr Einkommen unter das Existenzminimum drücken und müssen somit keinen Unterhalt zahlen.) *Dies war meine Frau bis vor ein paar Jahren gewiss. In den letzten vier Jahren hat sich die allgemeine wirtschaftliche Lage so sehr verschlechtert, dass auch wir von unserem „Eingemachten" leben mussten. Wir mussten sparen bei unseren Ausgaben. Deshalb ging es uns aber nicht schlecht, weil der Haufen, von dem wir nahmen, recht groß ist. Mit den wachsenden Sorgen entfernte sich meine Frau immer mehr, so dass ich nicht nur die Stütze im Rücken verlor, sondern sich noch ein weiterer Problemkreis auftat.* (Meine Anmerkung: In anderen Texten beschreibt er, meine Überbelastung sei der Grund, bzw. im Internet, dass sich die Kinder zwischen unsere Liebe gedrängt hätten.) *Gerade in der Zeit, in der ich eine Stütze im Rücken brauche, wendet sie sich von mir ab. Unser Geschäft ist ein altes Traditionsunternehmen, das in der fünften Generation von Mitgliedern der Familie Brinker geführt wird. Auch wenn ich nicht unbedingt darauf hingearbeitet habe, dass meine Kinder die Nachfolge antreten, so wollte ich ihnen die Möglichkeit nicht verwehren, in das Geschäft einzusteigen.*

Weiterhin beendete der Pastor die Frage mit den Worten
... bis dass der Tod euch scheidet ...?

Am 13. Oktober kam ich nach einer Veranstaltung, die ich organisiert hatte und in der ich 13 Stunden lang ununterbrochen eingebunden war, nach Hause, um von zwei Polizisten empfangen zu werden. Meine Frau und eine unbekannte männliche Person hatten sie gerufen, weil sie befürchteten, dass ich Gewalt gegen sie und die Kinder ausüben würde. Sie wolle mich noch in der Nacht mit den Kindern verlassen. Ich war völlig überrascht und konnte die Rechtsbezeichnungen und angedrohten Maßnahmen gegen mich nicht nachvollziehen. Ich rief einen befreundeten Rechtsanwalt an. Nach dessen Erscheinen dauerte es keine zwei Minuten und die Polizisten zogen mit der Ermahnung an meine Frau ab, dass die Kinder nicht vor Klärung durch einen Familienrichter das Haus mit ihr verlassen dürften. Später kam die Schwester meiner Frau, die Ihnen ebenfalls bekannte Monika Schreiner, mit ihrem Mann und einem weiteren Bekannten, um meine Frau abzuholen. Der anwesende Rechtsanwalt klärte sie über den Sachverhalt auf und sie erklärten sich bereit, den Termin abzuwarten.

Am nächsten Morgen suchte ich umgehend ein Rechtsanwaltsbüro auf, da unser gemeinsamer Freund uns nicht vertreten wollte. Zuvor habe ich zusammen mit meiner Frau die Zwillinge in die Schule gebracht. Noch vor Beginn des Unterrichts sind sie von der Schule abgeholt worden und nach Ahlborn gebracht worden. Man hat sie mir einfach genommen, ohne Abschied und ohne Aussicht auf ein geregeltes Besuchsrecht etc.

Dann, am 17.10., kommt die Nachricht, dass ich das sog. Aufenthalts-
bestimmungsrecht für die Kinder zugesprochen bekommen habe. Erst am
21. kann ich es durchsetzen! Voller Hoffnung fahre ich nach Ahlborn,
allerdings, um den Todesstoß zu bekommen. Nicht einmal einige wenige
Wochen bis zur Entscheidung des Sorgerechts werden mir gegönnt. (Meine
Anmerkung: Eins verstehe ich nicht. Wenn alles der Wahrheit entspräche,
wie er es geschildert hat, dürfte gar kein Zweifel daran bestehen, dass ihm
die Kinder zugesprochen worden wären. Schließlich sei ich psychisch labil, könne keine eigenen Entscheidungen fällen und hätte meinen Mann
aus niederen Beweggründen finanzieller Art verlassen, ohne mich darum
zu kümmern, dass ich die Kinder aus ihrem gewachsenen Umfeld her-
ausgerissen habe.)

Ich weiß, dass es die Kinder in Eschenhagen besser haben als in der
Bruchbude von Mühlbauer. Die Familie weigert sich widerrechtlich gegen
das Urteil und eine Zwangsdurchsetzung will ich der Kinder wegen nicht
vollziehen; sie wird von den Beamten auch nicht unterstützt. (Meine Anmerkung: So hat mir der Gerichtsvollzieher das aber nicht erklärt!)
Wieder muss ich gehen, ohne die Kinder gesehen zu haben, geschweige denn
mich verabschieden zu können.

Auch wir leben auf einem kleinen Dorf und es macht schnell die Runde,
was im Hause Brinker geschehen ist. Ich bin wirtschaftlich ruiniert und
seelisch total am Ende. Die letzten fünfzehn, zwanzig Jahre hab ich nur
für meine Frau und Kinder gelebt und gearbeitet, um ihnen ein gutes Aus-
kommen zu geben und ihnen ein guter Vater und Ehemann zu sein, jetzt
werde ich einfach in den Dreck geworfen. Seit Wochen finde ich keinen
geregelten Schlaf mehr und in meinem Kopf spuken Selbstmordgedanken.
Meine Frau wusste von meinem labilen Zustand und wusste auch, was ich
tun werde, wenn ich die Kinder verliere.

Nun, da ich keine Perspektiven mehr habe und mir die Kinder endgültig
genommen wurden, werde ich tot sein, wenn Sie diese Zeilen lesen. Meine
Witwe und ihre Schwester Monika, deren durchgeknalltes Verhalten Ihnen
ja zur Genüge bekannt sein sollte, haben diesen Umstand billigend in
Kauf genommen, als sie unrechtmäßig die Kinder aus meinem Leben, sie
jeglichen Sinn des Lebens von mir nahmen. Nicht einmal verabschieden
konnte ich mich von den Kindern! Bis vor ein, zwei Wochen habe ich meine
Frau abgöttisch geliebt, nun hasse ich sie. Es dauerte 15 Jahre, um eine gute

Versorgung für den Fall meines Todes für meine Witwe zu gewährleisten; es dauerte eine Stunde, um das Testament zu ändern, und 15 Minuten beim Versicherungsvertreter, um ihr alles zu nehmen und es den Kindern zukommen zu lassen. (Meine Anmerkung: So genannte „schwarze Witwen" gehen im Allgemeinen geschickter vor und sind hinterher wohlhabend. Entweder bin ich sehr dumm oder hatte andere, triftigere Gründe meinen Mann zu verlassen und seinen Selbstmord zu riskieren.)

Nun meine Bitte nochmals an Sie, liebe Nachbarn: Da Sie jetzt auch meine Seite kennen, achten Sie bitte mit auf die Kinder! Nehmen Sie etwas meine Pflichten wahr! Die Kinder sind durch mein Erbe, Versicherung und meine Hinterbliebenenrente gut abgesichert. Die Mutter habe ich nahezu enterbt und ich erwarte von ihr, dass sie den Pflichtteil nicht einklagt. An jedem Euro, an jedem Cent, den sie den Kindern nimmt, klebt das von ihr verursachte Blut.

Ein Treuhänder (Name + Adresse) ist beauftragt, die Versorgung der Kinder zu beaufsichtigen. Sollten Ihnen einmal Ungereimtheiten auffallen, so wenden Sie sich bitte vertrauensvoll an ihn.

Bei dem Treuhänder befinden sich ebenfalls drei Abschiedsbriefe an meine Kinder, die sie in einem geeigneten Alter zu lesen bekommen sollen. Da ich von meiner Witwe nicht erwarte, dass sie ihr Phantasiegespinst und das Kartenhaus der Lügen um unsere Trennung und meinen Tod selber einreißt, müssen neutrale Personen von außen den Kindern irgendwann die ganze Wahrheit erzählen.

Auch vermute ich, dass Versöhnungsgesten, Kompromissvorschläge und Abschiedsbriefe von meiner Schwägerin Monika Schreiner widerrechtlich von Katrin ferngehalten wurden und werden. (Meine Anmerkung: Meine Schwester hat mir nichts vorenthalten. Der Wunsch, meinen Mann zu verlassen, kam ganz allein von mir. Sie wollte mich anfangs sogar dazu bewegen, bei meinem Mann zu bleiben.) *Nur durch ihren Einfluss konnte es erst zu solch einer eskalierenden Situation kommen; sie muss mit ihrer Schuld leben, ich habe den Kürzeren gezogen und den eigentlich feigen Weg der Selbsttötung gewählt. Aber nach sehr reiflicher Überlegung ist es der einzige Weg, die Versorgung der Kinder mittel- bis langfristig zu gewährleisten. Die Einnahmen reichen derzeit bei weitem nicht, zwei Haushalte zu ernähren, die Umsätze beginnen jetzt schon einzubrechen und die Banken haben bereits erste Rückzüge bei den Krediten angekündigt bzw. verzögern die Herausgabe neuer Kredite. Eine Fort-führung der Firma wäre nur eine Beschleunigung des Unterganges, weil immer mehr Kosten bei fallenden Umsätzen zu erwarten sind. Nach einer Insolvenz bin ich in meinem Alter als Angestellter nahezu unvermittelbar und habe keine Chance und auch keinen Willen mehr, eine neue Familie zu gründen. Ich habe meine Frau geliebt, sehr geliebt; sie nahm mir alles, was ich hatte.*

Bitte entschuldigen Sie, dass ich Sie so unvermittelt in meine familiären Dinge einbeziehe, aber ich sehe keinen anderen Weg, dass die Kinder auch meine Seite der Geschichte irgendwann einmal verstehen werden.

Vielen Dank im Voraus
Günter Brinker

Ich saß kopfschüttelnd am Tisch und verteidigte mich vor dieser fremden Frau, indem ich einzelne Passagen mit ihr durchsprach. Es war schon faszinierend, wie es mein Mann schaffte, sich selbst als Opferlamm darzustellen. Bei der kriminellen Energie, die er mir und meiner Schwester zuschrieb, konnte es einen nur wundern, dass wir nicht längst verhaftet worden waren und das Jugendamt mir die Kinder weggenommen hatte, denn man hatte sich ausführlich mit mir und meinem Mann unterhalten.

Donnerstag, den 24.10.2002

Ich erhielt ein Päckchen und einen Brief im DIN-A4-Format von meinem Mann. Den Brief öffnete ich und sah, dass es solche Blätter waren, wie Christine sie mir überreicht hatte. Deshalb verstaute ich sie ungelesen wieder.

Das Päckchen öffnete ich. Es enthielt einen Piccolo mit einem zusammengerollten Brief. Auf diesem Brief steckte der Ehering meines Mannes. Des Weiteren waren noch Münzen und Geldscheine enthalten in einem Gesamtwert von etwa 40 €.

Der Brief war per Hand geschrieben und lautete:

Günter Brinker 21.10.02

Katrin!

Herzlichen Glückwunsch. Ich gebe auf! Ihr könnt die Sektkorken knallen lassen! Wenn Du diese Zeilen liest, bist Du Witwe. Aber darauf hast Du ja schon letzte Woche gehofft, oder?

Nur musst Du mit dieser Sünde leben, nicht ich. Ich hoffe, dass Dir nicht einfällt, das Geld der Kinder anzufassen! Es ist nur für die Kinder! Mach Deine Hände nicht blutig an diesem Geld! Ich werde heute Abend noch einmal versuchen, mit Dir zu sprechen, aber ich glaube nicht, dass Du willst! Du hast mich auf ganzer Linie enttäuscht.

Bitte versuche nicht, den Kindern Deine Lügen vorzusetzen. Ich habe dafür Vorkehrungen getroffen, dass die Kinder zur rechten Zeit davon erfahren und auch Deine Skrupellosigkeit kennen lernen!

Also, Witwe Brinker, Du musst damit leben, nicht ich!

Günter

Den Sekt habe ich weggeworfen, da ich Angst hatte, er könne vergiftet sein. Das Geld aber habe ich eingesteckt, um das Portemonnaie meines Vaters zu entlasten. Den Ring habe ich zusammen mit meinem in mein Schmuckkästchen gesteckt.

An diesem Nachmittag habe ich noch mit dem Steuerberater unserer Firma telefoniert, weil ich ihn über Günters Tod informieren und mit ihm Geschäftliches besprechen wollte. Doch er sagte mir, er wisse schon Bescheid und sei der Testamentsvollstrecker. Ich erzählte ihm, wie schrecklich die letzten Wochen für mich waren und wie mein Mann mich bedroht hatte. Seine Antwort fiel kühl aus: „Das mag ja sein, aber ich halte mich genau an Günters Anweisungen."

„Kannst du mir denn einen Vorschuss auf den Unterhalt der Kinder zuschicken? Ich lebe im Moment nur auf Kosten meines Vaters."

„Geld? Ich kann dir kein Geld zusenden."

Ich konnte spüren, wie abweisend er mir gegenüber eingestellt war, und wurde ganz blass. Beschämt legte ich den Hörer auf.

Damals erkannte ich noch nicht, was zwischen meinem Mann und seinem Freund, dem Steuerberater, abgelaufen war, aber ich erhielt einige Tage darauf die Information, dass ihn mein Mann mit seinem Wagen und einem ganzen Kofferraum voller Aktenordner aufgesucht hatte.

Stellen Sie sich einmal eine solche Besprechung vor! Mein Mann schildert ihm unser Ehedrama und teilt ihm seine Selbstmordabsicht mit, gibt ihm aber genaue Anweisung, wie er nach seinem Tode zu verfahren habe und dass er als Testamentsvollstrecker eingesetzt werde. Zum Zeitpunkt meines Anrufs war das Testament noch gar nicht eröffnet. Also konnte er diese Information nur von meinem Mann erhalten haben. Diesen Besuch beim Steuerberater kann mein Mann auch nicht abgestattet haben, nachdem er erfolglos aus Ahlborn abgefahren war, als ihm das Jugendamt die Kinder verweigert hatte. Denn er kehrte erst am Nachmittag nach Eschenhagen zurück und daraufhin hatten ihn diverse Freunde besucht, um ihn aufzumuntern. Er aber habe nur am Computer gesessen und wie ein Verrückter getippt. Demnach muss der Besuch vorher stattgefunden haben. Aus meiner Sicht muss das ein perverses Gespräch gewesen sein und eigentlich hätte sich der Steuerberater an die Polizei wenden müssen, um eine Warnung abzugeben, dass eine Kurzschlusshandlung bei meinem Mann zu befürchten sei.

Am Abend rief ich den Pastor an, der die Trauerfeier zelebrieren sollte. Zunächst fragte ich ihn, ob es irgendeinen Einfluss auf die Beerdigung habe, wenn ich ihm über die Hintergründe berichtete. Meine Sorge galt meiner Schwiegermutter. Ich befürchtete, dass bei einem Selbstmord unter den Umständen keine ehrenvolle Bestattung stattfinden würde. Allerdings wollte ich nicht als solch boshaftes Wesen vor der Kirche erscheinen. Als der Pastor mir bestätigte, dass ich ihm beruhigt alles erzählen könne, befreite ich mein Herz. Er fragte mich noch, ob es Leute gebe, die meine Geschichte bestätigen könnten, und ich nannte ihm ihre Namen. Ansonsten bat ich ihn, die Trauerfeier nach den Wünschen meiner Schwiegermutter auszurichten.

Aus zwei anderen Telefonaten erfuhr ich, dass mein Mann sich schon die Folie zum Auskleiden des Kellers besorgt hatte, bevor er die Kinder holen gehen wollte.

Von Martin hörte ich, dass er wenige Tage zuvor mit Günter hatte essen gehen wollen. Günter aber hatte gesagt: „Ich kann in kein Restaurant mehr gehen, aber wir können einen Dönerimbiss besuchen." Dort hatte sich Günter einen Döner bestellt und sich eine Cola aus dem Kühlschrank genommen. Martin erzählte mir, dass Günter diese Dose in einem Zug geleert habe. Als der Kellner das Essen brachte, fragte dieser, ob die Dose noch vom vorigen Gast sei. Er habe sich nicht vorstellen können, dass jemand ein Getränk derartig schnell herunterschütten könne. Aber Günter habe geantwortet, dass er sie getrunken habe und gerne noch eine bekomme. Daraufhin hatte er seinen Döner in wenigen Bissen gierig heruntergeschlungen, während Martin, wie er mir selbst erzählte, angeekelt zugeschaut hatte.

Noch kauend fragte Günter: „Martin, weißt du, was das Schlimmste ist? Das Schlimmste ist, dass ich seit zwei Wochen keinen mehr hochgekriegt habe." Martin hatte sich beinahe verschlucken müssen über ein solches Gesprächsthema beim Essen. Der Appetit verging ihm und er fragte irritiert: „Ist das denn jetzt noch wichtig?"

Außerdem hatte mein Mann ihm noch den VW-Bus verkaufen und diverse Gegenstände schenken wollen, weil er sie nicht mehr gebrauchen könne.

Aus diesem Telefonat und der Tatsache, dass mein Mann sich schon die Folie besorgt hatte, schloss ich, dass er schon zuvor mit seinem Leben abgeschlossen hatte und nur die Kinder holen wollte, um sie mit in den Tod zu nehmen.

Am Wochenende fuhren mein Vater, mein Schwager und ich nach Eschenhagen zur Beerdigung. Meine Schwester und ihr Sohn kümmerten sich derweil um die Kinder.

Ich rief meine Schwiegermutter von unterwegs an und sie bat mich, direkt zu ihr zu fahren, damit man gemeinsam zur Beerdigung gehen könne. Günters Schwestern und ihre Ehemänner waren ebenfalls da. Wir fuhren zusammen zur Kapelle und kamen eine gute halbe Stunde vorher an. Doch es standen schon viele Freunde wartend davor. Ich stieg aus dem Auto, stützte mich auf meine Krücken und schaute zu ihnen herüber. Doch sie wichen meinem Blick aus und schauten zur Seite. Es war wie ein Spießrutenlaufen, aber ich hielt das Kinn oben, als ich an ihnen vorbeiging.

In der Kapelle vor mir ging meine Schwiegermutter gestützt auf ihre Töchter. Sie wandten sich nach rechts, um direkt vor der Kanzel zu sitzen. Deshalb wollte ich, flankiert von meinem Schwager und meinem Vater, mich nach links wenden. Doch Andrea, Günters älteste Schwester, schaute zurück und bedeutete uns, dass wir uns zu ihnen in die Reihe setzen sollten. Ich war ihr unendlich dankbar für diese noble Geste. Denn die Leute tratschten bestimmt nur Schlechtes über mich und würden sich nun bestimmt wundern, dass Günters Familie mich so aufnahm.

Einen weiteren Trost brachte mir die Predigt, in der der Pastor die Gemeinde mit den Worten ermahnte: „Es kursieren viele Gerüchte in Eschenhagen und jeder hat eine andere Geschichte. Doch alle diese Mutmaßungen sind Anmaßungen! Das Geheimnis, warum Günter den Freitod wählte, nimmt er mit in sein Grab."

Bei diesen Worten musste ich erleichtert aufschluchzen und lehnte mich gegen meinen Vater.

Am Ende wurde der Sarg hinausgetragen und meine Schwiegermutter, rechts und links von ihren Töchtern gestützt, folgte ihm. Ich ging einsam hinterher und versuchte so aufrecht wie möglich auf meinen Krücken zu gehen. Dabei achtete ich darauf, das Gesicht nicht gesenkt zu halten. Draußen vor der Kapelle verließ ich den Trauerzug und humpelte zum Auto. Das Kondolieren hätte ich nicht ertragen, womöglich hätten noch manche Leute vor mir ausgespuckt. Mein Vater fuhr mich noch den Weg hinunter an die Straße. Dort stieg ich aus, um zu sehen, wie der Leichenwagen wegfuhr. Ich musste weinen!

Danach setzte ich mich wieder ins Auto und wartete auf meinen Schwager, der dem Sarg gefolgt war.

Maren kam mit ganz verweinten Augen mit ihrem Mann und ihrer Tochter auf mich zu. Zuerst nahm mich ihre Tochter in den Arm, der ich früher Nachhilfeunterricht gegeben hatte und die mich danach noch oft besucht und mir mit den Zwillingsbabys geholfen hatte. Danach nahmen mich auch Maren und ihr Mann in den Arm und ich sagte Maren, dass ich ihr nicht mehr böse sei. Mein Mann hatte so gut reden können, dass er selbst mich immer wieder hatte einwickeln können.

Auch ein anderes befreundetes Paar kam zu mir, um zu kondolieren. Es war für mich eine große Erleichterung, dass nicht alle schlecht von mir dachten, obwohl Günter ganz bestimmt die schlimmsten Gerüchte über mich verbreitet hatte.

Danach fuhren wir zu meiner Schwiegermutter und aßen mit der Familie eine Suppe. Meine Schwiegermutter bestand darauf, dass wir nicht mit leerem Magen zurückfuhren, und ich nahm diese Geste dankend an.

Nun machten wir uns aber auf den Rückweg. Die schlimmste Hürde hatte ich nun genommen. Das, wovor ich die letzten Tage so große Angst gehabt hatte, hatte ich nun überstanden.

Ahlborn, November 2002

Ständig grübelte ich nun, was in den Briefen, die Günter ins Internet gestellt hatte, wohl stehen möge. Meine Schwester und ihr Mann sowie ein befreundetes Ehepaar hatten sie bereits gelesen. Alle hatten beim Lesen ihre Köpfe geschüttelt. Danach sagte mir die befreundete Frau, dass alles, was mein Mann dort geschrieben hatte, und auch, wie er sich ausgedrückt hatte, sie an ihren geisteskranken Bruder erinnere, und erzählte mir, wie ihr Bruder in seinen Anfällen die wildesten Vorwürfe und Drohungen ausspricht. Er ist definitiv als geistesgestört eingestuft worden, aber entmündigen lassen konnte man ihn trotzdem nicht.

Eines Tages hielt ich den besagten Umschlag, den mein Mann mir zugesandt hatte, in der Hand und öffnete ihn. Was sollte ich mir weiter den Kopf zermartern? Vielleicht waren ja meine Fantasien viel schlimmer als die Wirklichkeit. So begann ich zu lesen.

Katrin!

Spiele nicht die trauernde Witwe! Das glaubt Dir sowieso keiner mehr! Ich weiß, Du hast es billigend in Kauf genommen, dass ich bei Verlust der Kinder mir das Leben nehme. Aber vorher habe ich mir erlaubt, Dir und Deiner Familie die Würde zu nehmen, es ist das Blutgeld, das Du so gefürchtet hast. Gehe putzen oder auf den Strich meinetwegen; aber lass den Kindern eine reelle Chance.

Mit viel Hass nach 18 Jahren Liebe, die Du so einfach weggewischt hast!

Günter

„Wie sollten die Kinder eine reelle Chance haben, wenn seine Mutter auf den Strich ginge?", dachte ich so bei mir.

Danach folgte jener Brief, der an alle Anwohner der Straße meines Vaters gegangen war. Anschließend kam ein dicker Stapel zusammengehefteter Blätter, sein Tagebuch.

Tagebuch der Gefühle (Einführung)

Eschenhagen, im Oktober 2002

Diese Einführung soll einen Eindruck schaffen, was mir in den letzten knapp 20 Jahren unserer Beziehung wichtig erschien. Sie ist weder eine vollständige Aufzählung der Ereignisse noch ist sie in exakter chronologischer Reihenfolge.

Ich bin 45 und ...

Früher habe ich mal gedacht, dass ich es schaffe, mit 45 aufzuhören zu arbeiten, mein Leben lebe, wie ich es möchte. Ich war geschäftlich erfolgreich und glücklich verheiratet. Wir haben ein Zwillingspärchen, das im Jahre 1995 geboren ist, und ein drittes Kind, einen Sohn, im Jahre 1996 geboren.

Ich dachte, ich wäre glücklich verheiratet! Meine Frau hat mir im Frühjahr 2002 eröffnet, dass sie mich verlassen will. Ich habe das nicht ganz für voll genommen, da sie sich auch bald beruhigt hat. Sie sagte, ich sei ihr zu fett (120 kg), hätte keinen Waschbrettbauch und ihre Liebe wäre nicht mehr da. Rums! Ich hatte unsere Beziehung bis dahin für durchschnittlich glücklich angesehen und hatte keinen Grund, solche Geschehnisse zu befürchten. Unser Leben war geprägt von den drei Kindern, von dem Geschäft, das wir gemeinsam führten, und etlichen anderen Gemeinsamkeiten wie Freunden und Segelfliegen. Daneben habe ich noch das Hobby Jagen und meine Frau geht einmal die Woche zum Jazzdance bzw. Gymnastik.

Wir bewohnen ein großes Haus in guter Lage, fahren zwei Autos, leisten uns ab und zu mal was Gutes; halt guter Durchschnitt.

Meine Frau sagt, ich würde sie sexuell nicht mehr anziehen, sie bekomme Beklemmungen, wenn ich in ihre Nähe komme. Sie ekle sich vor mir. Toll!

Nun etwas zurück in der Zeit. Ich versuche mal, unsere Beziehung aus meiner Sicht zu durchleuchten. Wir kennen uns seit Anfang/Mitte der 80er Jahre und hatten zunächst eine Wochenendbeziehung mit regem Sexualverkehr. Sex hat mir immer schon sehr viel Spaß gemacht und ich glaube, ich bin recht potent, auch wenn ich nur durchschnittlich bestückt bin. Zu Anfang unserer Beziehung oder etwas später haben wir es sogar geschafft, an einem Tag fünfmal miteinander zu schlafen. Aber das waren Eskapaden, die niemand auf Dauer durchhält. Wenn wir uns am Wochenende gesehen haben, so hatten wir schon meistens ein- bis zweimal Geschlechtsverkehr, manchmal auch gar keinen, selten mehr.

Es gab einmal eine Situation im Urlaub in Kanada, wo Katrin zum ersten Mal – und dies sehr deutlich – sagte, dass sie nicht so oft mit mir schlafen wolle. Ich fiel aus allen Wolken, weil ich bis dahin dachte, ihr gefiele es sehr gut, da sie eigentlich recht orgasmusfähig ist und mir dies auch offen zeigt. Außerdem spüre ich als Mann eigentlich deutlich, ob meine Frau (denn nur die kenne ich seit Beginn unserer Beziehung) einen Orgasmus hat oder ihn nur vorspielt. Es war für mich ein freier Fall aus den Wolken der Liebe bis auf den Boden der Realität. Ich wollte allein sein und ging in den kanadischen Wald, der unmittelbar am Haus anfängt. Katrin muss schon damals etwas in mein Verhalten hineininterpretiert haben, da sie befürchtete, dass ich Selbstmord begehen würde. Damals war ihre Sorge noch aus Liebe.

Katrin beendete 1990 ihr Studium und wir heirateten auch prompt. Unsere sexuelle Beziehung hatte sich auf ein „normales" Maß reduziert und wir hatten auch mal außergewöhnliche Anlässe und Orte, unsere Liebe zueinander auszuleben. Ihr Leben wurde in meinem völlig integriert. Freunde, Umfeld, Arbeit, alles hatten wir gemeinsam. Es kam der Wunsch nach Kindern auf und schon nach kurzer Zeit (ca. zwei Jahre) wurde aktiv Familienplanung betrieben. Liebe wurde nach Zeitplan, Mondstand und Eisprung praktiziert, keine Rücksicht auf Gefühle. Dabei ging auch die Zärtlichkeit zu Bruch, es war kein Zungenkuss mehr erlaubt, Liebe

*wurde nur in der empfängnisträchtigen Stellung gemacht, und sowieso
nicht, wenn es keinen Zweck hatte. Es war keine einfache Zeit für uns.*
(Meine Anmerkung: Dass ich mich nicht mehr von ihm küssen lassen
wollte, kam viel später. Im Laufe der Jahre hatte mein Mann meine
Sexualität vollkommen zerstört. Obwohl ich früher ein lustbetonter
Mensch war, konnte ich nicht einmal mehr Kussszenen im Fernsehen
ertragen. Als ich mich schließlich von meinem Mann trennen wollte,
glaubte ich, ich würde nie wieder einen Mann an mich herankommen
lassen. Gott sei Dank begegnete ich etwa ein halbes Jahr nach dem
Tode meines Mannes einem sehr einfühlsamen Mann und genieße
wieder den Austausch von Zärtlichkeiten und die Betrachtung von
Liebeskomödien im Fernsehen.)

*Da es nicht klappte, wurden jetzt Ärzte hinzugezogen. Zunächst musste
ich mich auf die Eignung zur Zeugung prüfen lassen. Das Ergebnis war
überwältigend positiv. Ich hatte etwa 1,7-mal so viel Spermien lebend
und aktiv, wie der Durchschnitt von 100 Mio.; man brauchte nach der
damaligen Meinung ca. 50 Mio., um zeugungsfähig zu sein. Der Urologe
sagte, ich könne eine Fußballmannschaft auf einmal zeugen. Wie recht
er hatte und, dass er sich nur in der Sportart vertat, mussten wir später
erfahren.*

*So ging Katrin zum Frauenarzt und der überwies uns zur Klinik
nach Bremen, die sich auf künstliche Befruchtung spezialisiert hat. Viel
Erklärungen, Fahrerei, Hormone, Wartezeit, alles, was so eine Befruchtung
mit sich bringt. Alles ging auf Kosten der Liebe und Zuneigung. Wochen-
lang kein Verkehr oder gemeinsame Spielchen. Ich musste und wollte mich
fügen. Die erste Befruchtung war erfolgreich. Katrin wurden Eizellen abgenommen und gemeinsam mit dem Samen wurden drei Eizellen wieder
eingesetzt. Prompt wurde sie schwanger; und das bei einer Wahrschein-
lichkeit von 20–30%. Toll! Aber ihre Hormone spielten verrückt und sie
bekam einen starken Blähbauch. Mit Lösungen und besonderer Nahrung
wollten die Ärzte es in den Griff kriegen. Später kotzte Katrin nun wie ein
Reiher; sie nahm fünf bis zehn kg ab. Ich habe sie in jeder freien Minute
besucht; jedes Mal bei einer Anfahrt von dreißig Minuten. Letztendlich bekamen wir das Problem mit heimlich mitgebrachten Speisen vom Italiener
und unserem Hausarzt in den Griff. Sie erholte sich zusehends und ihr
Gesichtsausdruck wurde wieder freundlicher. Ihr Lachen kam zurück.*

Einmal warf uns eine Zwischenblutung zurück, aber auch dies überstand die neue Frucht. Bis uns die Nachricht traf, dass es nicht nur ein Kind, nicht nur Zwillinge, sondern gleich sieben Embryonen sind, die sich da im Bauch von Katrin entwickelten. Eine ganze Handballmannschaft also; Scheiße! Die Klinik hatte bei der Eientnahme nicht alle Eizellen gefunden. Mein Sperma fand sie. Es blieb kein anderer Weg als die vorsichtige Abtreibung der überzähligen Embryonen in einer Spezialklinik in Köln. Hier war die Anfahrt fünf Stunden und auch hier verbrachte ich jede freie Minute bei meiner Frau. An Sex war nicht zu denken. Trotzdem hatte wir eine glückliche und gemeinsame Zeit. Ich fuhr drei bis vier Tage in der Woche nach Hause, um zu arbeiten, und den Rest der Woche, manchmal auch zweimal die Woche zu Katrin. Ich hauste in einem Wohnwagen, den ich zuvor in Köln abgestellt hatte. Vier bis fünf Wochen hat diese Strapaze gedauert. Jedes Mal wurde immer ein Embryo abgespritzt und ein paar Tage danach – es bestand die Gefahr, dass alle Embryonen abgehen – war das große Bangen vor der Untersuchung, ob die anderen Kinder noch leben. Einmal war ich bei einer Behandlung dabei; es war, als ob mir selbst die lange Spritze in den Bauch gestoßen wurde. Schrecklich! Ich habe geweint.

Aber auch dies haben wir glücklich überstanden. Zum Schluss hatten wir noch zwei Embryonen, die meine Frau auch austragen wollte.

Zwillinge, die hatte ich mir schon gewünscht, bevor ich Katrin kannte. Und es sind prächtige Kinder geworden. Bei der Geburt ein bisschen klein, aber sie sind gewaltig gewachsen. Ein Kind passte auf einen Unterarm! So kleine Würmer waren das. Jetzt stehen sie den anderen Kindern in nichts nach, nein, im Gegenteil, ich meine, sie haben eine bessere soziale Ader für Probleme anderer, weil sie immer mit anderen Kindern aufgewachsen sind. Sie wurden der Mittelpunkt unseres Lebens. Alles drehte sich um die kleinen Würmer. Es war nicht leicht für mich, die Zuneigung von Katrin zu teilen. Vor der Niederkunft hatten wir noch regelmäßig Verkehr, aber nach dem Kaiserschnitt dauerte es noch lange, bis Katrin zum Austausch von Zärtlichkeiten oder gar zu Verkehr bereit war. Die Schwangerschaft und nach der Geburt wurde die Zeit, in der ich anfing, meinen Trieb regelmäßig durch Masturbation zu befriedigen. Nach einem halben Jahr normalisierte sich der Zustand von Katrin und es wurde auch wieder Sex betrieben; dabei wurde aber immer häufiger betont, dass es Pflichterfüllung *sei. Die Pflicht muss aber doch Spaß gemacht haben, denn in der Regel war bei jedem 2. oder 3. Mal auch ein Orgasmus bei ihr drin.* Es begann auch die Zeit, dass Katrin an meiner Figur herumnörgelte und eigentlich immer weniger Sex wollte. *Jeder Anlass, den ich ihr gab, sei es, mal betrunken nach Hause zu kommen und zu schnarchen oder mal zur Jagd zu gehen, wenn es ihr nicht passt, wurde genutzt, um mir „böse" zu sein und den Verkehr zu verweigern. Immer häufiger wurden die Kinder aus ihren Bettchen geholt, wenn sie schrien, und zwischen uns gelegt, damit keine fordernde Hand rüberkommen konnte.* (Meine Anmerkung: Ich stelle mir gerade vor, wie romantisch Geschlechtsverkehr sein muss, wenn nebenan die Babys schreien.) *Ich habe es damals noch nicht so empfunden, aber heute sehe ich dies als Zeichen des Rückzugs von mir.*

Da hinein platzte die Nachricht von der Schwangerschaft mit einem neuen Kind. Nach der Geburt der Zwillinge haben wir nicht damit gerechnet, dass wir während der Stillzeit und als anscheinend nicht zeugungsfähiges Paar verhüten müssten.

Aber auch dies war kein großes Problem für uns. Wir wollten das Kind und planten, Katrin eine Haushaltshilfe oder ein Aupairmädchen an die Seite zu stellen. Die Schwangerschaft war eine schöne Zeit. Ohne jegliche Probleme wuchs der Bauch und die werdende Mutter wurde rund und glücklich. Auch im Bett war in der Zeit der Schwangerschaft noch reger Betrieb bei uns. Es waren plötzlich keine Vorbehalte und Forderungen mehr, die uns entzweiten.

Nach der Geburt von Sebastian, der mit einem Dammschnitt zur Welt kam, kam noch einmal richtig Leben in die Bude. Wir hatten ein gutes Aupairmädchen und Katrin hatte alles so weit im Griff. Nur sexuell wollte sich das Leben nicht so recht normalisieren. Der Dammschnitt machte große Probleme bei Katrin und es dauerte lange, bis wieder eine einigermaßen normale sexuelle Beziehung hergestellt war. Aber ganz auf eine normale Ebene hat es sich nie wieder eingestellt; Küsse beim Sex waren absolut tabu und führten normalerweise zum sofortigen Abbruch. Selbst eine nicht sexorientierte Annäherung wurde sofort als „Ich möchte mit Dir schlafen!-Antrag" gewertet und auch möglichst umgangen. In einigen seltenen Fällen kam auch mal etwas Verlangen von ihr, aber meistens wurden Bitten oder Zärtlichkeiten abgelehnt oder mit den Worten „wenn's denn sein muss" erduldet. Wenn es hochkam, hatten wir in den letzten fünf Jahren alle ein bis zwei Wochen einmal Sex; auch wenn Katrin es anders darstellt. In den Äußerungen von Katrin klingt es immer, als ob sie in den letzten fünf Jahren die Matratze für mich gemacht habe und in ihr Widerwillen aufgekommen sei. Tatsächlich war es höchst selten, dass wir zweimal in einer Woche Sex hatten, öfter hatten wir zwei Wochen lang keinen Sex, bis ich dann muffelig wurde und die dummen Ausreden satt hatte, wie die Kinder zwischen uns etc. Ich hatte einfach Frust, den ich loswerden musste. Oft habe ich mich schmollend in die Ferienwohnung zurückgezogen. Irgendwann kamen wir uns wieder näher und begannen, wieder den normalen Umgang und auch Sex miteinander zu haben.

Seit ca. zwei bis drei Jahren provoziert Katrin diese Situation regelrecht. Oft muss ich mir Wasserfälle von bösen Schimpfworten und Beleidigungen anhören. Die ich auch meist einstecken kann; manchmal bringt sie auch das Fass zum Überlaufen und ich ziehe schmollend ab. Selbst an diesen Umstand habe ich mich inzwischen gewöhnt (was man(n) nicht alles aus Liebe macht bzw. erduldet). Denn zwischendurch kann sie auch lieb und zärtlich sein, Freude bereiten und es macht Spaß, mit ihr zusammen zu leben. Auch in dieser Zeit hat sie zwar nicht häufig, aber regelmäßig Sex bis zum Orgasmus genossen. Ich habe meine Ansprüche an sie schon gewaltig zurückgeschraubt und erwarte keine Sexabenteuer oder Zuneigungsschwalle mehr.

Aber ein gewisses Maß an Zuneigung und Nähe, Vertrauen und Gemeinsamkeit erwarte ich in einer solchen Beziehung. Dabei ist es auch wichtig, dass die Würde des Gegenüber erhalten bleibt. Wenn ich auch nicht immer der bestaussehende, liebste, alles richtig machende und bestbestückte Ehemann bin (Meine Anmerkung: An seinem „besten Stück" habe ich nie herumkritisiert, ich meine eher, dass er ganz gut bestückt war, ich kann seinen Komplex nicht verstehen.) – *ich habe Fehler, das gebe ich offen zu – habe ich denn verdient, von Katrin so behandelt zu werden und wie ein abgegriffener Spielball in den Dreck geworfen zu werden? Habe ich nicht auch ein Recht auf ein bisschen Liebe?*

Katrin sagt nur, sie habe zu lange einstecken müssen und alles in sich hineingefressen. Ist damit das Recht verbunden, seine Umwelt in den Abgrund zu stoßen?

Ein Zusammenleben ist ein Nehmen und Geben. Vieles, was der eine Partner will, passt dem anderen nicht. Dann muss man Wege suchen, wie man eine gemeinsame Lösung findet. Das kann entweder der Vorschlag des einen Partners sein, der sich als besser herausstellt, oder ein Weg zwischen den Positionen der Partner. Und so eine Lösung muss von beiden getragen werden.

Katrin – so glaube ich – weiß gar nicht, wie oft in unserer Beziehung ich bedingungslos ihre Position angenommen habe, weil sie oft kluge und weise Entscheidungen fällt. Sie vertritt ja sogar die Auffassung, dass ich ihr überhaupt nie zugestimmt habe. Stattdessen kramt sie in jeder Auseinandersetzung immer wieder Punkte hervor, wo ich mich mal durchsetzen konnte, wo ich mal Fehler, wo ich mal 'ne Dummheit gemacht habe.

Aus meiner Sicht ist diese Bilanz zumindest ausgeglichen, wenn sie nicht sogar zu Gunsten von Katrin ausfällt.

Dies ist nun also die Entwicklung einer Beziehung. Im Gegensatz zu Katrin glaube ich, dass dies Bruchstücke sind, die etwas Kitt benötigen, um wieder zusammengesetzt werden zu können. Man muss aber aufpassen, dass die Spannungen nicht erneut entstehen, vielleicht, wie Katrin sagt, „Freiräume" schaffen, die ein gemeinsames Leben in der Zukunft ermöglichen. Wir hatten in den letzten vier Wochen solche Ansätze der Gemeinsamkeiten. Dazu gehört nach meiner Meinung auch, dass man miteinander spricht, wenn einem am Partner etwas gefällt oder einem nicht passt, dass man ihm sagt, was man <u>will</u> und was man <u>nicht will</u>. Es gehört aber auch eine Duldung, Geduld und Toleranz für die Fehler des anderen dazu, denn er bzw. sie müssen sich ja erst einmal an die veränderten Ansprüche des Partners gewöhnen.

Ich habe versucht, unsere Beziehung aus meiner Sicht darzustellen. Während Katrin immer auf meine Fehler pocht, mir ständig vorhält, wie ich aussehe und wie ich mich falsch verhalte, habe ich in dieser Einführung solche Betrachtungsweisen abgelegt und nur auf das mir Wichtige in der Beziehung hingewiesen. (Meine Anmerkung: Man erkennt sehr leicht, was ihm das Wichtige in unserer Beziehung war – nämlich der Sex!)

Wenn ich Katrin einen Fehler vorwerfe, so ist es geschehen, dass sie diesen abrupten Abbruch vollzieht und mich in den Scherben <u>unserer</u> Beziehung liegen lässt.

Anmerkung beim Tippen am 17.10.2002

Es sind inzwischen viele gravierende Sachen geschehen, die am besten in den täglichen Texten nachzulesen sind. Aber in Anbetracht dieser Erkenntnisse sehe ich es immer deutlicher, dass die ehemals kühle und berechnende Katrin längst nicht mehr die Selbstsicherheit und Souveränität der vergangenen Jahre hat. Sie scheint mit der dreifachen Belastung Mutter, Geschäftsfrau und Ehefrau nicht zurechtzukommen, sie braucht einfach Hilfe und Ruhepausen, Entspannung vom Alltagsleben, um wieder zu sich selbst zu finden. Leider habe ich viel zu spät die Änderungen in ihrem Verhalten und ihren Äußerungen richtig interpretiert. Viele Menschen, die Katrin seit Jahren kennen, betonen immer wieder, wie sie sich verändert hat, dass da eine leere Hülle geht, dass man nicht ihr Handeln versteht, dass das nicht Katrin ist, die da so gewissenlos handelt. (Meine Anmerkung: Er bezieht sich auf eine Äußerung von Martin in der Nacht, als ich das Haus unter Polizeischutz verlassen wollte. Martin hatte mir erzählt, dass Günter ihn gefragt habe, was er von mir halte, als ich auf Krücken gestützt an ihm vorbei die Treppe hochhumpelte, um mich mit dem Rechtsanwalt zu beratschlagen. Da habe er Günter geantwortet, dass er den Eindruck gehabt habe, eine leere Hülle gehe an ihm vorbei. Günter habe ihn dann heftigst dazu aufgefordert, dies als schriftliche Zeugenaussage abzugeben.)

Tagebuch der Gefühle

9.10.2002

Ich habe die folgenden Seiten „Tagebuch der Gefühle" genannt, weil ich endlich beginnen will, meine Worte niederzuschreiben, da ich keinen mehr habe, der darüber mit mir redet. Die Sichtweise ist natürlich subjektiv, obwohl ich versuchen werde objektiv zu berichten. Stellen die mit ... gekennzeichnet sind, sind im handschriftlichen Text nachzulesen, möchte ich aber nicht hier veröffentlichen.

Nach Nächten ohne viel Schlaf und mit vielem Denken hab ich heute begonnen ...

(Meine Anmerkung: Der Text wird Ihnen bekannt vorkommen. Er stammt aus dem Brief, den mein Mann mir am 11.10. überreicht hatte. Ich habe ihn nur der Vollständigkeit halber noch mal mit aufgenommen, verzichte aber darauf, ihn weiter abzutippen, und fahre mit der nächsten Eintragung fort.)

10.10.2002

Es tat gut, sich die Sorgen vom Leib zu schreiben; es tat weh, die Zukunft aus einer Perspektive, wie ich sie derzeit habe, zu betrachten. Ich habe bittere Tränen geweint, wie ich meine ...

Sich vorzustellen, wie die Kinder ohne Vater aufwachsen sollen, ist schon schwer, noch viel schwerer ist es, wenn man selbst der Vater ist. (Meine Anmerkung: Die Kinder hätten nicht ohne Vater aufwachsen müssen. Ich wäre in ein anderes Haus umgezogen und hätte weiterhin im Laden gearbeitet, so dass er seine Kinder jeden Tag hätte sehen können. Als sich die Lage weiter zugespitzt hatte, hätten wir ein normales Besuchsrecht vereinbaren können, wenn seine seelische Verfassung sich wieder stabilisiert hätte.)

Heute hat sich eine Wende ergeben. Der Sturz von Katrin am Dienstag Abend hat sich als Bänderriss in dem Sprunggelenk im linken Fuß herausgestellt (Meine Anmerkung: Es war der rechte Fuß.)*, der operiert werden muss.*

Mein ... (Mein Mann hat diesen Begriff ausgelassen.)*, habe ich aufgrund dieser Umstände verschoben.*

Nach dem Besuch beim Arzt habe ich Katrin vorgeschlagen, einen „vierwöchigen Waffenstillstand" zu vereinbaren, unsere Beziehung auf dem Stand der Dinge vor dem Besuch beim „Therapeuten" bei Pro Familia (dem Trottel) fortzusetzen. Dabei versuche ich, weitgehend auf ihre Nähe und Berührungen sowie sexuelle Annäherungen zu verzichten. Dies hat Katrin akzeptiert, aber gleich hinzugefügt: „Mach Dir bloß keine Hoffnungen!" Der Besuch beim Arzt hat geschlagene dreieinhalb Stunden gedauert. Zwischendurch bin ich zurück zur Arbeit gefahren.

Gleich nach dem Mittagessen habe ich mich um alles Weitere gekümmert und etliche Telefonate geführt, eine Aushilfe im Laden für meine

Abwesenheit besorgt, mir für alles den Arsch aufgerissen, um nicht ein Wort
des Dankes zu ernten. Nur wieder „Mach Dir bloß keine Hoffnungen!"
Wenn da Worte des Dankes dabei gewesen sein sollten, so sind sie in Gesten
der Ablehnung untergegangen.

Auf dem Weg zur Untersuchung im Krankenhaus hat Katrin bei ihrem
Vater angerufen und etwas von „verschieben" gesagt; d.h. wohl, dass sie
ihren Abgang mit den Kindern schon geplant hat, da sie auch schon mal
geäußert hat, dass sie nach Ramsberg ziehen will.

11.10.2002

Heute habe ich die gesamte Einführung in das „Tagebuch der Gefühle"
geschrieben: 16 Seiten handschriftliche Niederkunft meiner Erinnerungen
oder was mir davon wichtig erscheint aus den letzten 16 Jahren.

Den ganzen Tag habe ich mir schon Gedanken über das Gespräch von
Katrin mit ihrem Vater gemacht. Ich habe nur Katrins Stimme gehört und
nicht das, was ihr Vater gesagt hat. Aber es scheint eine abgesprochene Sache
zu sein, wann und wie sie ausziehen will; nur ihre Krankheit hindert sie
daran.

Ich werde mir nun klar, welche Konsequenzen dieses Verhalten haben
wird für mich und mein Umfeld, sprich den Laden, meine Mutter, meine
Geschwister, die sich auf das Erbe meines Vaters stürzen werden, welches
wir noch immer nicht geklärt haben, usw.

Ich überlege auch, mit welcher Selbstverständlichkeit Katrin die 20 000
€ angenommen hat, die ich ihr zugeschoben habe und die aus meinem
Anteil vom Janus und Entnahmen kommen. Wie es werden soll mit der
Schenkung meiner Mutter; mit welchem Recht mir Katrin die Kinder über-
haupt nehmen darf; viele Gedanken schießen durch den Kopf, Lösungen
sind noch lange nicht in Sicht.

Auch werde ich böse auf Katrin, wenn ich an unsere gemeinsame Ver-
gangenheit denke. Sagte der Pastor nicht bei der Trauung „in guten und
in schlechten Zeiten"? Solche Gedanken gehen mir nicht aus dem Kopf. In
den fetten Jahren war es für Katrin kein Problem, bei mir zu sein (Meine
Anmerkung: So schlecht können die Zeiten nicht gewesen sein, wenn

er mir mal eben locker 20 000 € zuschieben konnte, die er mir, so weit er konnte, wieder von meinem Konto abbuchte und für eigene Zwecke verwendete.), *kommen jedoch Schwierigkeiten, sowohl in der Beziehung als auch die, die von außen kommen, so verlangt sie von mir eine Lösung oder wendet sich ab. Und dies in einer seelischen Verfassung von mir, in der ich die Zuwendung für die Lösung der Probleme viel nötiger hätte.* (Hier sieht man, dass er in der Eheberatung nichts verstanden hat. Eigentlich hätte er sehen müssen, wie lange ich schon unzufrieden in unserer Beziehung und wie kaputt ich war. Ich hatte mich nicht erst im letzten Monat von ihm abgewandt, sondern schon im Jahr davor eine Scheidung angestrebt. Er glaubte zwar, dass dies erst im letzten Frühjahr stattfand, aber ich erinnere mich, wie ich meine Eheprobleme meiner Schwester in Kanada schilderte, die dort ihren Sommerurlaub verbrachte. Wahrscheinlich war das bei Günter ein Verdrängungsmechanismus, damit er sich selbst nicht den leisesten Anflug von Schuld eingestehen musste. Bei einer Borderline-Persönlichkeit wäre das fatal, weil sie sofort ins „schwarze Feld" (siehe Anhang) rutschen würde, denn Grauzonen gibt es nicht.)

Auch denke ich darüber nach, wie Katrin allein – denn ich denke, ein fast siebzigjähriger Vater und eine schon beim Anblick der Kinder genervte Schwester sind keine dauerhafte Hilfe – mit der Zukunft zurechtkommen will, so wie sie sich das vorstellt. Auch ist es ihr nicht möglich, in der Situation zu arbeiten, geschweige denn ein geregeltes Leben zu führen. Außer dem Kindergeld (462 €) hat sie kaum etwas zum Leben. Das Sozialamt pocht darauf, dass erst das Vermögen verbraucht wird, bis Zahlungen einsetzen. (Meine Anmerkung: Das stimmt nicht! Sie geben Vorschüsse, die sie in Raten zurückfordern, wenn Renten bzw. Unterhaltszahlungen erfolgen.) *Das Vermögen ist positiv geschätzt bei x €, wenn es gepflegt wird.* (Und es war höher bei Beginn der Ehe!) *Ohne dass sich jemand aktiv um die Immobilien und das Geschäft kümmert, öffnen sich von allen Seiten die Hände – von der Bank, den Nachfolgern, Erben etc. – und das Geld ist futsch. Der Ertragswert des Vermögens beträgt ca. x € im Monat, zu wenig für zwei Haushalte, genug für ein bescheidenes Auskommen für 1 Haushalt.* (Meine Anmerkung: Er übertreibt! Ich habe die Zahlen unserem Pastor gezeigt und er meinte, er kenne viele Familien, die mit weit weniger Geld auskommen müssten. Natürlich hätte mein Mann nicht seinen gewohnten Lebensstil weiterführen können. Er hätte auf die Jagd und das Segelfliegen verzichten müssen.) *Wenn sich niemand darum kümmert, dauert es zwei Jahre, und das Sozialamt muss dann doch zahlen. Damit geben sich weder Katrin noch die Kinder zufrieden.*

Wie soll die Zukunft werden?... Wenn ich weiß, dass ich den Kindern in Notsituationen doch nicht helfen kann, dass ich nur tatenlos zusehen kann, wie die Missgeschicke und Unglücke zu Brüchen und Verletzungen werden, reibt es mich auf. Ich habe keinen Einfluss mehr auf sie und sie sind bedingungslos ans Schicksal der Mutter gebunden.

„Zu sehen, wie die Kinder ohne Vater aufwachsen ..." (siehe Tagebuch der Gefühle 10.10.02); es schließt sich ein ständiger Kreis von Gedanken.

12.10.2002

Diese Zeilen sind am 19. Oktober niedergeschrieben worden; direkt in den Computer ohne handschriftliche Seiten!

Es hat mich noch viel Energie gekostet, die 16 Seiten der Einführung zu schreiben. Es war schon sehr anstrengend, 16 Seiten aus dem Kopf laufen zu lassen und dabei noch einigermaßen objektiv zu bleiben. Aber es hilft ungemein! Der Kopf ist frei geschrieben für andere wichtige Sachen. Alles, was einem so im Kopf herumspukt, ist plötzlich auf Papier, der Blick auf die wesentlichen Sachen wird wieder frei.

Danach habe ich auch gleich angefangen, diese Seiten auf den Computer zu übertragen. Unter Tränen und von den Gedanken aufgewühlt ist es schwer genug, den handschriftlichen Text zu entziffern.

Nach der Arbeit am Morgen und den Vorbereitungen im Laden habe ich heute Nachmittag begonnen (einen Tag vor dem Seifenkistenrennen), die Kisten für unsere Kinder vorzubereiten. Den ganzen späten Nachmittag und den ganzen Abend (bis ca. 23.00 Uhr) habe ich gebraucht. Es machte sich bezahlt, dass ich in der Nacht mal wieder mehr als drei Stunden schlafen konnte. Danach habe ich noch Plakate für die Veranstaltung entworfen, die ich aber erst am Sonntag Morgen ausgedruckt habe.

Diese Zeilen sind am 19. Oktober niedergeschrieben worden; direkt in den Computer ohne handschriftliche Seiten! Die handschriftlichen Seiten habe ich am Morgen des 14. Oktober im Wartezimmer verfasst und liegen der RAin Holtmann (Meine Anmerkung: RAin ist die Abkürzung für Rechtsanwältin.) vor, die diese als Vorlage benötigte.

Heute ist der große Tag! Das Seifenkistenrennen startet bei mir um 6.30 Uhr mit dem Decken des Frühstückstisches für die Helfer. Keine Hilfe von meinen Leuten hier im Haus; Katrin kann nicht mit ihrem Fuß und das Aupairmädchen war kaum oder gar nicht zu sehen.

Den ganzen Tag lief die Veranstaltung; mittags habe ich noch mit den Kindern und Katrin gegessen, nachmittags hat Katrin mit Silvia Möller und mir zusammen die Urkunden für die Kinder geschrieben. Wir haben uns noch locker unterhalten, und es sprach nichts dafür, dass das vereinbarte „Stillhalten", vereinbart am 10.10.2002 mit Katrin, damit sie ihren Bänderriss auskurieren kann, gebrochen wird. Aber dazu später. (Meine Anmerkung: Er muss diese Seite ja später geschrieben haben, denn an diesem Tag hatte er keine Zeit, sich an den Computer zu setzen. Deshalb muss er von Christines Anruf gewusst haben, als er diese Zeilen schrieb, und muss auch gewusst haben, dass ich aufgrund dieses Anrufes so schnell handelte.) *Nach Ende der Preisverleihung haben wir gleich begonnen, die Rampe abzubauen. Ich war aufgrund der Ereignisse der Vortage recht niedergeschlagen, was von den anderen nicht unbemerkt blieb. Den ganzen Tag war mir nicht danach, Glühwein oder Bier zu trinken, so dass ich vollkommen nüchtern war. Ich habe mich vor der Abschlussfeier gedrückt mit der Ausrede, ich müsse noch die Strohballen der Absperrung zurückbringen. Dies habe ich auch in der Zeit von ca. 18.45 bis 19.30 Uhr gemacht. Als ich mich für das Ausleihen der Ballen bei dem Landwirt bedankte, kamen wir auf unsere Begegnung am Montag zu sprechen, als er mich während des Marsches vom „Therapeuten" nach Eschenhagen gefragt hatte, ob er mich nach Hause bringen könne. Als ich das verneinte, war es das erste Mal, dass ich mit einer weiteren Person (außer Martin, einem Trauzeugen und Freund, der uns bei vorherigen Streitereien geholfen hatte) über unsere Probleme gesprochen habe. In* diesem Zusammenhang habe ich mich auch nach einem Anwalt für Familienrecht erkundigt. Auf dem Weg zurück nach Eschenhagen habe ich dann Rainer angerufen, mit dessen Anhänger die Strohballen transportiert wurden. Wir trafen uns noch zum Abhängen des Hängers und kamen auch auf die derzeitigen Verhältnisse bei uns im Hause zu sprechen. Auch Rainer fragte ich nach einem geeigneten Anwalt. Nach kurzer Zeit beendeten wir das Gespräch.

Als ich kurz vor 20.00 Uhr durch unsere Straße fuhr, fiel mir schon ein Streifenwagen auf, der vor dem Hause parkte. Ich kontrollierte noch, ob die Absperrungen der Veranstaltung des Tages weggeräumt worden waren. Dies dauerte nur zwei Minuten, so dass ich noch vor 20.00 Uhr auf die Auffahrt fuhr und das Garagentor mit der Fernbedienung öffnete. Es dauerte weitere sieben Minuten, bis ich den Wagen ausgeräumt und etwas gereinigt hatte. Als ich dann in die Ferienwohnung ging – hier hatte ich seit ein paar Tagen meine Sachen untergebracht und schlief hier auch –, saßen zu meiner Überraschung meine Frau und zwei Polizisten in der Wohnung. Sie erhoben sich und sprachen mich an, ob ich Herr Brinker sei. Als ich dies bejahte, eröffneten sie mir, dass meine Frau angerufen habe, weil von mir Gewalt gegen meine Frau und die Kinder ausgehe. Ich war total perplex und wusste erst nicht, wie mir geschah. Meine Frau sagte, ich wolle sie entmündigen lassen. Als sie mir dann noch eröffnete, dass sie mich noch in der Nacht mit den Kindern verlassen wolle, sie von ihrer Schwester abgeholt werde, fiel ich zusätzlich noch aus allen Wolken. Als ich die Polizisten fragte, ob das rechtmäßig sei und wie ich das verhindern könne, wurde mir in gewaltigen Redeschwallen von Haftordnung, über Entnahme der Schlüsselgewalt bis hin zur Anordnung des „Fernbleibens(?)" alles Mögliche angedroht. Ich habe erwidert, dass ich genau wie meine Frau über die Kinder bestimmen könne und es nicht zulassen könne, dass meine Frau die Kinder aus ihrem Zuhause mitten in der Nacht wegbringe. Dem widersprachen die Polizisten mit diversen Argumenten, die für mich aber unverständlich waren. Ich sagte dann, dass ich die Sache nicht mehr überblicke und die rechtlichen Argumente der Polizisten nicht nachvollziehen könne. Mit dem Mobiltelefon telefonierte ich hinter dem befreundeten RA Herbert her, den ich auch prompt bei einer privaten Feier erreichen konnte. Er kam unverzüglich zu mir nach Hause und es dauerte keine zwei Minuten, bis die Polizisten mit Worten der Entschuldigung und der Ermahnung *an meine Frau, dass sie die gemeinsame Wohnung mit den Kindern nicht ohne eine familienrichterliche Entscheidung verlassen dürfe. Sie könnten auch keine Gefahr erkennen, die von mir ausgehe. RA Herbert garantierte zusätzlich gegenüber den Polizisten für mein Verhalten.*

Ich hatte noch mit Rainer telefoniert, der auch unverzüglich kam und gegenüber den Polizisten bestätigte, dass ich in unserem Gespräch über mein Verhalten in den letzten vier Wochen gesprochen hatte und keinerlei Aggressivität im Gespräch aufgekommen sei. Bis zum Eintreffen der Schwester aus Schleswig-Holstein zusammen mit ihrem Mann und einer weiteren Person (Bundesgrenzschutzbeamter? – aber dazu später) wurde noch in vernünftiger Art und Weise diskutiert, und RA Herbert bat um ein Gespräch nur mit meiner Frau unter vier Augen; ich habe erst einmal geduscht und danach mit Rainer noch weiter gesprochen. Dieser verließ dann das Haus. Danach saßen wir noch eine ganze Zeit zusammen (auch meine Frau!), RA Herbert hatte vernünftige Vorschläge, denen wir zustimmten. Als auslösende Aktion wurde von meiner Frau ein Anruf von Christine (der Frau von Martin) genannt. Sie habe geäußert, dass ich meine Frau entmündigen wolle. Dies rührt von einem Telefonat mit Martin her, welches ich einige Tage zuvor geführt hatte. Darin hatte ich geäußert, dass ich die Beziehung zu Katrin aufgegeben hätte und nicht mehr um ihre Liebe kämpfte. Mein Ziel sei es jetzt, dass ich Einfluss auf die Kinder behielte und es nicht hinnehmen könne, dass sie weit außerhalb meines Einflussbereiches erzogen würden. In diesem Zusammenhang erwähnte ich (im Konjunktiv!), dass ich so weit gehen würde, dass ich Katrin für unzurechnungsfähig erklären würde, um meine Kinder zu behalten. Dies war vor der Vereinbarung des „Waffenstillstandes" nach ihrem Bänderriss. Später musste ich auch noch erfahren, dass die ganze Fluchtaktion schon im Voraus geplant war und es nur ein fiktiver Grund war.

Es kamen noch Martin und Maren Breuer, beides Freunde, die den Abgang von RA Herbert bei der privaten Feier beobachtet hatten und sich Sorgen machten. Maren sprach mit Katrin im Schlafzimmer; wir Männer saßen in der Ferienwohnung und warteten auf die Ankunft der angekündigten Personen aus Schleswig-Holstein. Da ich die resolute Art meiner Schwägerin kenne und fürchte (sie ist eine stattliche Erscheinung von 185 cm und 110 + ? kg; sie ist in ihren Aktionen und Reaktionen allgemein in ihrem Umfeld gefürchtet), wollte ich eigentlich nicht, dass sie bei mir im

Hause übernachtet. (Meine Anmerkung: Mein Mann war eine ebenso stattliche Erscheinung und musste sich wahrlich nicht fürchten, körperlich gegen meine Schwester zu unterliegen.) *Ich machte den Vorschlag, schon mal Zimmer für die Leute zu bestellen, da auch nicht genug Platz im Hause vorhanden sei. Dies wurde jedoch von RA Herbert abgewiegelt; er meinte, ich hätte kein Recht dazu, wenn meine Frau dies wolle.*

Beim Eintreffen der „Abholer" (sie waren mit zwei Pkws um ca. 21.45 Uhr angekommen), *rannte meine Schwägerin Maren, die die Tür öffnete* (Meine Anmerkung: Auch Maren verfügt über eine stattliche Erscheinung.) *nahezu um und stürmte zu meiner Frau ins Schlafzimmer. Die dritte Person fuhr unverrichteter Dinge wieder ab. Unter der Auflage, dass der Flur abgeschlossen wird und dass ich den Schlüssel zum Waffenschrank bei RA Herbert abgebe, wurde dem Verbleib meiner Frau und meiner Kinder bis zum richterlichen Entscheidungstermin zugestimmt. Beide Wünsche wurden erfüllt. Die Besucher RA Herbert, Martin und Frank Schreiner, der Ehemann meiner Schwägerin, tranken dann noch einige Biere; Frank S. wurde dann durch resolute Worte von seiner Frau zurückgepfiffen. RA Herbert ging gegen elf, halb zwölf, Martin gegen ein Uhr. Ich hatte den ganzen Tag wenig gegessen und gar keinen Alkohol getrunken; ich war ziemlich down und hatte noch die ganze Nacht mit den Gedanken über diese Situation zu kämpfen.*

Es ist schon einige Tage her, aber auch heute bekomme ich wegen der traumatischen Situation Herzklopfen und Angstzustände, wenn ich einen Polizeiwagen, einen Polizisten sehe oder auch nur das Martinshorn höre. Vorher habe ich ein sehr ungezwungenes Verhältnis gehabt, in meinem unmittelbaren Bekanntenkreis sind einige Personen als Polizeibeamte tätig, aber es bleibt der negative Nachgeschmack dieses Sonntagabends.

14.10.2002

Diese Zeilen sind am 21. Oktober niedergeschrieben worden; direkt in den Computer ohne handschriftliche Seiten!

Ich habe am Morgen die Kinder in die Schule gebracht. Mit Katrin. Anschließend habe ich im Laden per Online-Banking die Überweisung auf Katrins Konto rücküberwiesen auf mein Konto. (Meine Anmerkung:

Er hatte bereits am 10.10. mit den Rücküberweisungen begonnen.) *Bis auf 500 € habe ich alles wieder; die 22 500 € hätte sie wohl gern mitgenommen!* (Meine Anmerkung: Die Summe betrug ursprünglich 20 000 €.) *Pustekuchen! Danach bin ich zum Rechtsanwalt gefahren, der mir empfohlen worden war, um einen (meinen ersten!) Termin zu vereinbaren. Der früheste Termin war gegen zehn Uhr. Ich habe zunächst im Auto gewartet und bin dann doch nach Eschenhagen zurückgefahren. Im Haus war alles ruhig, und ich habe nicht weiter nachgesehen, da ich ja die Zusage von meiner Frau und ihrem „Besuch" hatte, dass sie eine familienrichterliche Entscheidung abwarten wollten. Als ich gegen 9.50 Uhr beim RA ankam, hatte ich noch Zeit, den Ablauf des 13. Oktober im Wartezimmer handschriftlich zu verfassen.*

Im Gespräch mit der RAin Holtmann war erst kein besonderes Interesse der RAin zu bemerken; aber je mehr Details ich erzählte, desto mehr horchte sie auf.

Nach dem Verfassen der Schrift an den Familienrichter fuhr ich nach Hause. Ich war spät dran und bat meine Mutter, die Kinder schon mal von der Schule abzuholen. Zu unserer Überraschung waren die Kinder bereits am Morgen noch vor Unterrichtsende wieder von meiner Frau abgeholt worden. Sie sind entgegen der Absprache weggebracht worden.

Wieder konnte ich mich von allen drei Kindern nicht verabschieden!

Es dauerte eine Stunde, das Testament zu ändern, und ca. 15 Minuten, um als bezugsberechtigte Personen die drei Kinder einzusetzen. Ich will nicht, dass Katrin den Kindern einen Cent wegnimmt. Im Falle meines Todes klebt Blut an jedem EURO und jedem CENT, den sie den Kindern nimmt.
Wir haben noch die eidesstattliche Erklärung zu diesem Umstand ergänzt.

Am Nachmittag habe ich die Erklärung unterschrieben, die Kündigung gegen Katrin ausgesprochen (per Telegramm und per Einschreiben) und die Kontrollvollmachten gesperrt.

Diese Zeilen sind am 21. Oktober niedergeschrieben worden; direkt in den Computer ohne handschriftliche Seiten!

Nach und nach schließt sich das Puzzle. Alles war abgemachte Sache. In der Woche zuvor war Monika schon beim Rechtsanwalt, der Termin der Operation war schon vorher in Wedel abgesprochen worden. (Meine Anmerkung: Diese Aussagen sind alle falsch und ich wüsste gerne, wie er zu solchen Informationen gekommen ist. Ich glaube, dass er sich dies einfach ausgedacht hat.) *Der erste Anruf an die Polizei kam aus Wedel und war ein „Kollege vom Bundesgrenzschutz"! Die hatten nie vor, die Anweisungen der Polizisten und des Rechtsanwaltes Herbert zu befolgen. Ich meine sogar, dass meine Frau ganz genau wusste, wie ich reagieren würde, wenn ich die Kinder verliere; sie hat bewusst meinen Freitod in Kauf genommen. Doch ich habe mich zunächst noch nicht geschlagen gegeben und habe mit der RAin Holtmann einen Teilerfolg errungen. Ich habe ohne vorherige mündliche Verhandlung das Aufenthaltsbestimmungsrecht zugesprochen bekommen! Dieses kann aber frühestens am Montag durchgesetzt werden. Ich war mir sicher, dass ich die Kinder wenigstens für einige wenige Wochen wiederbekommen würde.*

Habe heute zum ersten Mal mit den Kindern telefoniert. Habe mich schon so auf ein Wiedersehen gefreut!

Diese Zeilen sind am 21. Oktober niedergeschrieben worden; direkt in den Computer ohne handschriftliche Seiten!

Heute ist der Tag, an dem ich die Kinder wiederbekommen soll! Ich habe mich mit dem sehr freundlichen Obergerichtsvollzieher Köhl in Herbersdorf verabredet.

Wir haben ein Treffen mit den Polizisten und Personen vom Landkreis (Frau Thesing) in Ahlborn vereinbart. 11.50 Uhr vor dem Hotel.

Gegen 8.00 Uhr sind Maren Breuer und ich losgefahren. In Hamburg dicker Stau; wir sind aber noch pünktlich um 11.48 Uhr angekommen. Die Polizei wartete schon; der Gerichtsvollzieher und die Frau vom Jugendamt verspäteten sich. Nach einer höflichen Begrüßung wurde ich gefragt, ob ich Widerstand erwarten würde. Ich sagte, dass ich nur meinen Schwiegervater erwarte und er eigentlich keine Gefahr darstelle.

Zunächst, als die Vertreterin vom Jugendamt und der Gerichtsvollzieher ins Haus gingen, war ich noch recht zuversichtlich. Sie kamen zwanzig Minuten später zurück und erklärten, dass meine Frau anwesend sei und alle Personen sich gegen die „Wegnahme" sperrten. Als dann noch die Vertreterin des Jugendamtes einer Zwangswegnahme widersprach, war das, als ob ich meinem Todesurteil zuhörte. (Meine Anmerkung: In dem Brief an die Nachbarn meines Vaters hatte er geschrieben, er wolle den Kindern eine Zwangsdurchsetzung nicht zumuten. Hier aber schrieb er die Wahrheit, nämlich dass sich die Frau vom Jugendamt dagegen ausgesprochen hatte.) *Zunächst habe ich noch versucht, mit Argumenten wie „Wille des Richters" usw. zu argumentieren. Aber alles fruchtete nichts. Wir sind unverrichteter Dinge abgezogen. Ich kam zur Einsicht: <u>Ich habe verloren.</u> Maren ist gefahren.* (Meine Anmerkung: Ich habe später erfahren, dass zunächst Günter fuhr, aber Maren bekam bei seinem Fahrstil Angst um ihr Leben und sagte ihm, sie werde aus dem Auto springen, wenn er nicht sofort anhalte und sie fahren lasse.) *Ich habe schon mal überlegt, was ich alles machen muss, damit ich mich heute noch erschießen kann. Maren hat nichts mitbekommen.*

Folgende Briefe habe ich heute noch geschrieben:

- Abschiedsbrief an Katrin handschriftlich
- Vollendung des Tagebuchs der Gefühle

... und will noch schreiben:

Dem „Trottel" von Pro Familia, dem ich die Eskalation der Ereignisse zu verdanken habe. Er hat mich damals mit den Worten „Ich spreche erst mit Ihnen, wenn Sie ganz unten sind!" rausgeschmissen. Ich dachte nur, bevor du mit dem sprichst, stellst du dich vor deinen Schöpfer! Da

180

muss er sich schon an mein Grab stellen, um sich zu entschuldigen. Da ich aber kein Grab möchte, wird er schon mal dicke Probleme bekommen mit seinem Gewissen. (Meine Anmerkung: Auf solche Bemerkungen bezog sich später die Psychologin. Mein Mann befand sich auf dem seelischen Entwicklungsstand eines sechsjährigen Kindes nach dem Motto: „Wenn Mama mich nicht mehr lieb hat, dann laufe ich eben weg oder bringe mich um. Dann wird sie schon sehen, wie traurig sie ist. Dann tut es ihr Leid und ich habe ihr ordentlich eins ausgewischt.") *Er sollte sowieso die Beratung an den Nagel hängen, damit er nicht noch mehr Unglück anrichtet.*

- *Rechtsanwältin Holtmann*
- *Richter Hamann*
- *Obergerichtsvollzieher Köhl mit der Bitte um Weitergabe an Frau Thesing*
- *Edith Halbach und Thomas Schaller zur Erklärung der Pakete*
- *Stefan Bramlage für die Hundebetreuung*
- *Einen Abschiedsbrief an meine Mutter*

Diese Seiten waren nur etwa einen Tag lang im Internet, bis eine barmherzige Seele sie löschte. Dennoch war diese Hinterlassenschaft in aller Hände und Munde, weil die Leute es sich gegenseitig kopiert und zugeschickt hatten. In einer Küstenregion erschien sogar ein Zeitungsartikel über einen armen Ehemann, der von seiner Frau in den Selbstmord getrieben worden war und der seinen Freitod im Internet angekündigt hatte. Diese Zeitung muss sogar überregional gelesen worden sein, denn als ich seinerzeit bei der Versicherung in Hamburg anrief, sprach mich die Sachbearbeiterin darauf an.

Wie sich später herausstellte, handelte es sich bei der barmherzigen Seele um meinen Schwager, den Ehemann von Günters ältester Schwester.

Ich war nun in psychologischer Betreuung und gab meiner Psychologin die Seiten, die mein Mann im Internet veröffentlicht hatte. Als ich sie das nächste Mal traf, erklärte sie mir, dass er eine schwere Persönlichkeitsstörung gehabt habe. Psychisch gesehen sei er auf dem Entwicklungsstand eines

Sechsjährigen stehen geblieben. Im übertragenen Sinne habe er blindlings um sich geschlagen, um alles ohne Sinn und Verstand zu zerstören.

Ich brach in Tränen aus: „Ich will Ihnen meine allerschlimmste Vorstellung erzählen. Wenn er die Kinder rausgeholt hätte, wäre ich wahrscheinlich mitgefahren. Dann hätte ich da mit meinem Gipsbein im Bett gelegen und hätte die Schüsse gehört. Ich wäre in den Keller gehumpelt und hätte dort meine toten Kinder gesehen und mein Mann hätte mir grinsend das Gewehr gereicht und mir ins Gesicht gesagt: ‚So, Katrin, nun kannst du mir den finalen Schuss setzen und dich dann anschließend selbst umbringen!‘“

Die Psychologin schaute mich mitfühlend an und sagte in ruhigem Tonfall: „Das war alles bei Ihrem Mann drin.“

Es hatten sich noch andere Komplikationen aufgetan. Christoph tyrannisierte seine Geschwister und sperrte sich gegen meine Anordnungen. Wenn ich ihm verbot, beim Essen vom Tisch aufzustehen, tat er es trotzdem, griff nach einem Messer und setzte es sich an die Brust: „Dann bring ich mich eben um!“ Innerlich schrak ich zusammen. Er wollte mich genauso erpressen wie sein Vater, doch ich hatte gelernt, dass man sich darauf nicht einlassen durfte. Selbstmordgefährdete Menschen werden so in ihrem Verhalten verstärkt. Ich zwang mich also, äußerlich gelassen zu wirken, und meinte: „Ich lass mir nicht drohen!“ Heulend ließ Christoph das Messer fallen und rannte ins Schlafzimmer.

Ein anderes Mal hörte ich einen Riesentumult im Kinderzimmer, als ich gerade Mittagsschlaf hielt. Ich schnappte mir meine Krücken und humpelte hinüber. Christoph drangsalierte seine Geschwister. So schnappte ich ihn mir und brachte ihn in mein Schlafzimmer.

„Christoph, was ist los?“

„Ich will auf dem Stuhl sitzen, auf dem Sebastian sitzt.“

„Deswegen kannst du ihn doch nicht so mit Gewalt herunterzerren und auch noch deiner Schwester weh tun.“

„Ich will aber!“

Nun kreuzte er seine Arme und schob trotzig die Unterlippe vor. Ich konnte kein Wort mehr aus ihm herausholen. So lag er stumm neben mir, sprang dann plötzlich auf und wollte das Zimmer verlassen. Ich hielt ihn auf: „Wo willst du hin?“

„Ins Kinderzimmer!“

„Hast du dich denn wieder beruhigt?"

„Ja!"

„Kannst du dich denn bei deinen Geschwistern entschuldigen?"

Plötzlich brauste er auf, rannte auf mich zu und schmiss mir sein Portemonnaie an den Kopf. Dann hob er es auf und schüttete sein Taschengeld auf meinen Schoß.

„Hier, du kannst mein ganzes Geld haben."

Ich war sprachlos. Wie konnte ein siebenjähriges Kind solch ein Verhaltensmuster von seinem Vater übernommen haben? Mein Mann wollte auch immer alles mit Geld richten. Mir war nur nie bewusst geworden, dass die Kinder dieses Verhalten mitbekommen hatten.

Ich riss Christoph an meine Brust: „Christoph, ich will dein Geld nicht! Ich werde keinen Cent davon annehmen und du tust mir weh damit. Ich hab dich lieb, aber ich kann nicht zulassen, dass du deine Geschwister so schlägst."

Nun flossen bei uns beiden die Tränen und er stemmte sich noch gegen mich. Ich ließ ihn aber nicht los und irgendwann entspannte er sich. Darauf gingen wir gemeinsam zu Sebastian und Hanna und schauten mit ihnen fern.

Christoph litt am stärksten unter dem Verlust des Vaters. Er war sein Kronsohn gewesen. Sein Vater hatte ihm immer wieder kleine Geschenke mitgebracht, während seine Geschwister meist leer ausgingen. Hanna hatte sich auch noch einigermaßen von ihrem Vater geliebt gefühlt, aber Sebastian klagte mir gegenüber einmal, dass ihn sein Vater niemals geliebt habe. So wiederholte sich Günters Familientradition in unserer Familie ebenfalls. Günter war damals selber das bevorzugte Kind gewesen, während seine Geschwister als zweitrangig behandelt wurden.

Manchmal sagte Christoph, dass er zu Papa in den Himmel wolle. Darauf antwortete ich ihm: „Der liebe Gott findet es nicht gut, wenn sich Menschen selber umbringen. Sie haben nämlich noch nicht ihre Aufgabe auf der Erde erfüllt. Das ist so wie in der Schule. Wenn du deine Hausaufgaben nicht machst, gibt dir der Lehrer eine Strafarbeit auf. Dein Vater möchte jetzt in den Himmel, aber vielleicht lässt der liebe Gott ihn noch nicht rein und schickt ihn wieder auf die Erde zurück, damit er seine Aufgabe erfüllen kann. Dann ist er vielleicht schon wiedergeboren worden." So wollte ich verhindern, dass Christoph sich das Leben nahm, um seinem Vater nahe zu sein.

Ein paar Tage darauf überraschte mich Christoph mit einer neuen These.

„Mama, ich weiß jetzt, wo Papa ist."

„Na, wo denn?"

„Er steckt jetzt in mir!"

„Ach, du Armer!" Dies war mir so entschlüpft und ich erschrak selbst über meine Reaktion, aber Christoph musste lachen.

Als ich meiner Psychologin davon erzählte, fragte sie mich, ob ich das wirklich gesagt oder nur gedacht hätte. Beschämt gestand ich ihr, dass ich das tatsächlich gesagt hatte. Ihr Kommentar: „Das haben Sie gut gemacht!"

Ich war ganz erstaunt und erklärte ihr: „Eigentlich wollte ich meinen Kindern die Geschichte erzählen, dass ihr Papa jetzt im Himmel und ihr Schutzengel sei. Aber Christoph wollte so gerne zu seinem Papa in den Himmel. Deshalb musste ich ihn davon abbringen."

„Sie dürfen Ihren Mann nicht glorifizieren. Die Kinder haben viel mehr von Ihrer Ehe mitbekommen, als Sie glauben. Wenn Sie jetzt den Vater idealisieren, vertrauen die Kinder nicht mehr auf ihr eigenes Urteilsvermögen und werden unsicher. Außerdem bekommen sie irgendwann die Briefe von ihrem Vater. Haben sie dann dieses glorifizierte Bild von ihrem Vater, wenden sie sich gegen Sie. So hätten die Kinder dann beide Elternteile verloren."

Von Günters Schwestern erfuhr ich nun auch so einige haarsträubende Geschichten aus seiner Jugendzeit. Danach wurde mir einiges klarer, u.a. warum Günter so ein schlechtes Verhältnis zu seinen Schwestern hatte. Mir gegenüber hatte mein Mann erklärt, dass seine Geschwister geldgeil seien und ihm das Erbe seines Vaters missgönnten, obwohl sie wohl selbst stattlich abgefunden worden seien. Diese Betrachtungsweise wurde von meiner Schwiegermutter unterstützt. Tatsächlich sah es natürlich etwas anders aus, wie ich von Andrea erfuhr:

Andrea ist Günters älteste Schwester. Sie hat eine Krankenhausphobie, die aus ihrer Kindheit resultiert, als Günter mit etwa eineinhalb Jahren ins Krankenhaus musste, um sich die Mandeln herausnehmen zu lassen.

Damit Günter nicht allein im Krankenhaus bleiben musste, ging sein Vater in die Schule und holte Andrea aus dem Unterricht. Sie war damals etwa acht Jahre alt. Sie wurde nun mit ihrem Bruder ins Krankenhaus gesteckt und eine Krankenschwester kam zu ihr und sagte ihr, dass sie ihre Mama nun etwa eine Woche lang nicht sehen könne. Andrea war damals ganz verzweifelt und glaubte, sie sei unartig gewesen. So wurden beiden Kindern die Mandeln entfernt und seit diesem Tag kann Andrea selbst den Geruch spezieller Putzmittel nicht ertragen, der sie ans Krankenhaus erinnert.

Günter hat mir diese Geschichte genau andersherum geschildert, dass nämlich seine Schwester die Mandelentzündung hatte und man ihn gleichzeitig mitoperiert hatte. Ich habe jedoch noch bei einer anderen Person Erkundigungen eingezogen, die Andreas Version bestätigte.

Dann wollte Andrea mir noch erzählen, welche Bewandtnis es mit ihrer Narbe am Unterschenkel hat, als sie von ihrer Schwester Susanne unterbrochen wurde. Auch diese hatte ein schreckliches Erlebnis mit Günter. Sie erzählte mir, dass sie, die beiden Mädchen, im Haushalt helfen mussten und die Straße zu fegen hatten, während sich ihr Bruder im Fernsehsessel räkeln durfte. Als Susanne einmal gegen ihren Bruder aufmuckte, bekam dieser einen Wutanfall, griff sich einen massiven Aschenbecher und warf ihn nach ihr. Er verfehlte nur knapp ihren Kopf und prallte gegen eine Tür, in der er ein schönes Loch hinterließ. Dieses Loch kenne ich noch aus unserem Wohnhaus, doch ich wusste nicht, was es verursacht hatte.

Ich fragte die Schwestern, wie denn ihre Mutter darauf reagiert hätte. Beide sprachen wie aus einem Munde: „Ihr dürft auch den Jungen nicht immer so reizen!"

Die beiden Schwestern fühlten sich immer wie Kinder zweiter Klasse, es zählte nur der Kronsohn, dem alles in den Hintern gesteckt wurde.

Eine Nachbarin, die Günter von klein auf kannte, ließ, als sie die Nachricht von Günters Selbstmord hörte, eine Bemerkung fallen: „Da hat er wohl einmal nicht seinen Willen bekommen!"

So muss mein Mann ein total verwöhntes Kind gewesen sein, dem alles gegeben wurde, was man mit Geld besorgen konnte. Außerdem mussten sich alle Leute seinem Willen fügen. Ich hatte die Dreistigkeit besessen, mich nicht seinem Willen unterzuordnen und ihn sogar zu verlassen. Da er nie gelernt hatte, für sein Glück selbst verantwortlich zu sein, dass nämlich alle anderen ihm ein bequemes Leben ermöglichen mussten und ihn zu umsorgen hatten, bewirkte, dass für ihn seine Welt zusammenbrach.

Ich habe auch noch einmal mit dem Eheberater von Pro Familia, dem „Trottel", telefoniert. Er vertrat die Ansicht, dass mein Mann schon lange den Plan gefasst hatte, sich das Leben zu nehmen, und er als Eheberater und ich als seine Frau seien nur Akteure auf seinem Bühnenstück gewesen. Dazu passt auch die Information, die ich von Martin bekam. Er hatte die Jagdsachen meines Mannes aussortiert und war dabei auf eine Videokassette gestoßen, die dieser dort versteckt hatte. Darauf war eine Folge der Krimiserie „Magnum" zu sehen. In der Eingangsszene baute eine Frau eine Videokamera auf und hinterließ ihrem Mann folgende Nachricht: „Du glaubst, eine Frau würde sich nicht den Kopf wegschießen, sie würde eher Gift nehmen. Aber ich werde dir das Gegenteil beweisen!" Mit diesen Worten erschoss sie sich vor laufender Kamera. Diese Serie lief mindestens fünf Jahre vor Günters Tod und muss ihn damals schon fasziniert haben.

Ich glaube, dass mehrere Elemente zusammenkamen, die meinem Mann den Lebensmut raubten. Zum einen spürte er, dass sich seine Jagdkameraden immer mehr von ihm zurückzogen, obwohl er sich so bemühte, ihnen Gefallen zu tun. Aber er bemerkte nicht, dass sie sich über seine Besserwisserei lustig machten.

Zum anderen ging es mit dem Laden bergab. Dabei wollte er doch so gerne mit 45 Jahren ein Vermögen angehäuft haben, so dass er für den Rest seines Lebens nicht mehr arbeiten müsste. Doch schon Jahre zuvor fehlte ihm der rechte Biss beim Einkauf. Kunden fragten mich damals schon, ob jetzt ein anderer für den Einkauf verantwortlich sei. Früher sei mehr Schick im Sortiment gewesen.

Durch eine Scheidung, meinte mein Mann, würde ich ihn finanziell ruinieren. Dabei sind es gerade geschiedene Frauen von Selbstständigen, die keinen Unterhalt bekommen, da ihre Männer ihr Einkommen durch irgendwelche steuerlichen Belastungen schmälern können. Solche Frauen leben meistens von Sozialhilfe.

Das dritte Element war natürlich der Gesichtsverlust, den er erleiden würde, wenn seine Frau ihn verließe. Es wäre etwas anderes gewesen, wenn er eine jüngere Geliebte gehabt hätte. Aber dass ich ihn sexuell abwies und sogar so weit gehen wollte, ihn offiziell zu verlassen, konnte er nicht ertragen.

Rückblickend meine ich, dass wir zwei vollkommen unterschiedliche Menschen waren. Er war egozentrisch und der Ansicht, dass seine Mitmenschen für sein Glück zuständig seien. Ging es ihm schlecht, so lag es daran, dass ich ihm nicht genug Zärtlichkeiten zukommen ließ oder ihn nicht genug beim Abnehmen unterstützte.

Dagegen war ich ein Mensch, der sich selbst nicht so wichtig nahm, sich eher als kleines Zahnrad in einem großen Getriebe betrachtete. Doch ich gehöre auf diese Welt und auch ich habe ein Anrecht darauf, glücklich zu sein. Deshalb versuchte ich mir eine Welt zu erschaffen, die parallel zu der meines Mannes existierte. Ich trieb Sport. Ihm war das zu anstrengend. Ich schlug ihm diverse Sportmöglichkeiten vor, aber meist war er zu erschöpft. Ich beschäftigte mich mit den Kindern. Er schlief oder sah fern in der Ferienwohnung. Wenn er Lust auf seine Familie hatte, dann umgab er sich in der Öffentlichkeit stolz mit uns, aber ansonsten störten wir nur seine Ruhe und seine Entspannungsphasen, die er so dringend nach seiner „anstrengenden" Arbeit brauchte.

Natürlich braucht jeder seine Freiräume und ich habe sie ihm auch oft genug eingeräumt. Manchmal aber überspannte er den Bogen und wenn ich ihn dann zur Rede stellte, beendete ich seiner Ansicht nach damit unsere Beziehung. Da ich mit ihm nicht reden konnte, verdrängte ich unsere Probleme und suchte mir eigene Betätigungsfelder wie Elternratsarbeit, Sport und Weiterbildung.

Nun stand er aber nicht mehr im Zentrum meines Lebens. Wenn er mal wieder zur Jagd in den Osten wollte, ließ ich ihn bereitwillig ziehen. Damit kam er nicht klar und musste deshalb mein Selbstwertgefühl zerstören.

Nur weil wir so grundverschieden waren, konnte unsere Ehe so lange funktionieren. Zwei Egozentriker hätten sich schon nach kürzester Zeit die Köpfe eingeschlagen.

Außerdem kam ich mit seinem unstillbaren Hunger nach Sex nicht klar. Eigentlich bin ich ebenfalls ein Mensch mit einer starken Libido, aber er war maßlos. Diese Maßlosigkeit zeigte sich nach seinem Tod in einer mir peinlichen Situation. Ich verwendete Günters Computer, um dieses Skript zu erarbeiten, und erweiterte auch meine Kenntnisse im Umgang mit dem Internet. Vorher hatte ich mich noch nie mit diesem Computer befasst. Nun stieß ich auf pornographische Dateien. Da meine Kinder ebenfalls an diesem Gerät sitzen, wollte ich diese Dateien löschen. Leider kannte ich mich darin überhaupt nicht aus und ein Bekannter half mir dabei. Er arbeitete eine halbe Stunde daran, ohne sich die Programme und Videoclips näher anzusehen. Es ging immer nur „klick" – „löschen", „klick" – „löschen".

Nun dachte ich, dass jetzt alles gelöscht sei, aber weit gefehlt. Als ich Probleme mit meinem Drucker hatte, kam mir ein anderer Bekannter zu Hilfe und durchforstete die Festplatte. Plötzlich erschien wieder ein pornographischer Videoclip. Ich lief rot an und sagte: „Das muss von meinem Mann stammen. Ich dachte, es wäre schon alles heruntergelöscht."

Er grinste mich an und sagte: „Ist doch nicht so schlimm. Ich habe selbst ein paar Bilder auf meinem Computer."

Nach einer Stunde Löscharbeit war ihm aber das Grinsen vergangen und er schüttelte nur den Kopf. Es vergingen weitere eineinhalb Stunden – Sie können mir glauben, wir haben immer nur kurz geschaut, ob es sich um Pornographie handelte – und wir waren immer noch nicht zum Ende gekommen. Nun musste mein Bekannter aber nach Hause, versprach mir aber, am nächsten Tag wiederzukommen. Er löschte weiter, es waren insgesamt einige Gigabyte, die von der Festplatte gefegt wurden. Im Internet war mein Mann über diverse Webcams mit entsprechenden Damen verbunden gewesen. Auf einem Bildschirm konnten fünf verschiedene Kameras angesteuert werden. Das Bildmaterial konnte er sogar mit Spezialprogrammen bearbeiten. Dies hatte er sich nicht alles erst im letzten Jahr unserer Ehe eingerichtet, sondern einige Dateien reichten bis ins Jahr 1995 zurück.

Mittlerweile ist ein halbes Jahr vergangen. Ich hatte versucht, wieder nach Eschenhagen zurückzukehren, aber dies scheiterte am Testamentsvollstrecker und an den Angestellten des Ladens, die meinten, dass meine Person geschäftsschädigend sei. Ich erkundigte mich bei diversen Freunden über die Stimmung im Dorf. Sie meinten, dass es eine gute Idee sei, wenn ich den Laden weiterführte. Es gebe zwar ein paar Leute, die mir die Schuld am Tod meines Mannes gäben, aber ein großer Teil sei auf meiner Seite, vor allem Frauen und Mütter. Aber das ist nun Schnee von gestern. Nun beginne ich ein neues Leben in einem anderen Ort. Die dunklen Monate sind vorbei.

Mit meinen Kindern zusammen machte ich zunächst einmal eine Mutter-Kind-Kur. Hier wurde ich körperlich und seelisch wieder aufgebaut und fasste neuen Lebensmut.

Aber auch jetzt noch verfolgte mich mein Mann aus dem Grab heraus. Als ich zur ersten Sportstunde gehen wollte, holte ich meinen Jogginganzug aus dem Schrank und wunderte mich, was ich darin fand. Es waren zwei Briefe. Zuerst dachte ich, dass es sich bei beiden um den gleichen Brief handelte, weil sie gleich begannen, sie unterschieden sich aber im weiteren Verlauf. Mich beschlich der Verdacht, dass mein Mann schizophren gewesen sein könnte.

Katrin!

Ich will dir auf diese Weise meine Vorgehensweise erläutern, weil ich nicht erwarte, dass du für meine gesprochenen Worte empfänglich bist.
Zunächst einmal:
Ich will dir nicht die Kinder wegnehmen!

Als ihr am Montagmorgen die Kinder auf schändlichste Weise entführt habt, war ich zum ersten Male beim Rechtsanwalt, um die Rechtslage der Geschehnisse am Vortag zu klären. Entgegen der Anweisung der Polizisten und der Vereinbarung mit Herbert, die Entscheidung des Familienrichters abzuwarten, seid ihr abgefahren; wieder ohne mir zu ermöglichen, mich von den Kindern zu verabschieden, ohne Worte des Abschieds, der Entschuldigung. Das zweite Mal! Kommt ihr euch dabei nicht schäbig vor?
Meine Mutter stand am Montag verzweifelt vor der Lehrerin und verstand nur Bahnhof, bei mir fing schon wieder an, der Boden unter den Füßen zu entschwinden. Ich war schon wieder am Fallen, als ich hörte, dass die Kinder weg sind. Weißt du, welche Qualen ich in den letzten Tagen durchgemacht habe?
Am Vortag wurde die Polizei von einem „Kollegen vom Bundesgrenzschutz" (oha!) über meine angebliche Bedrohung informiert. Als die Polizei daraufhin sagte, sie könne nicht einschreiten, hast du dann direkt bei der Polizei angerufen. (Meine Anmerkung: Ich habe niemals bei der Polizei angerufen!) Dies sind eindeutige Hinweise dafür, dass du nicht selbst auf solche Ideen gekommen bist, sondern „Berater" hast in deinem Kampf gegen mich.
Als ich dann hörte, dass Monika im Gespräch mit Herbert erwähnte, dass sie bereits einen Anwalt für dich eingeschaltet hat und auch schon

der Termin für die Operation in Wedel feststände, war mir klar, wer hinter dieser Aktion stand. *Für wie dumm hältst du mich eigentlich?* (Meine Anmerkung: Das sind alles seine Hirngespinste. Können Sie sich vorstellen, wenn man über einen längeren Zeitraum mit solchen Unwahrheiten terrorisiert wird, dass man dann unsicher werden kann? Vielleicht hat man doch Wahrnehmungsstörungen. Mein Mann konnte deshalb so überzeugend sein, weil er selbst daran glaubte. Er bastelte sich seine Realität so zusammen, wie er es am leichtesten mit seinem Gewissen vereinbaren konnte. Zu dieser Erkenntnis bin ich gekommen, nachdem ich mich mit der Psychologie von Borderlinern beschäftigt habe. Vorher hatte ich von solchen Mechanismen keine Ahnung und habe eher an mir selber als an meinem Mann gezweifelt. Gott sei Dank gibt es für die letzten Ereignisse Zeugen, die mir bestätigten, dass ich keine Wahrnehmungsstörungen hatte.)

Merkst du nicht, dass es immer Außenstehende sind, die unserer Beziehung den Todesstoß geben? Bist du eigentlich selbst noch im Stande, eine Entscheidung zu treffen, die du auch selbst verantworten kannst? Im Gespräch mit Maren und Herbert haben dich beide als vernünftig und einsichtig beschrieben, deine Taten unter Einfluss von Monika waren mehr als dumm. Aber genug der Vorwürfe!

Ich habe seit Donnerstag, dem 17.10.2002 die familienrichterliche Entscheidung für die „Wegnahme" der Kinder, da mir das vorläufige Aufenthaltsbestimmungsrecht zugesprochen wurde. Am liebsten wäre ich gleich losgefahren, aber ich muss mit einem Gerichtsvollzieher und einer Vertretung des Jugendamtes die Kinder wegnehmen! Dies fällt mir nicht leicht, obwohl ich von euch schon zweimal so arg enttäuscht worden bin. Es wird Montag oder Dienstag sein, wenn der Beschluss durchgesetzt werden kann. Ich habe mich bemüht, einen moderaten Termin für die Aktion zu bekommen, aber ich habe keinen Einfluss, ich muss nur dabei sein, wenn die anderen Zeit haben. Ich habe Maren gefragt, ob sie mich begleiten kann, damit sie dich schonend darauf vorbereiten kann. Ich habe vor, dich mit den Kindern noch einmal im Krankenhaus zu besuchen. Auf meine Anfrage, wie deine Operation verlaufen sei, sagte dein Vater nur „gut"; auf Nachfrage, wie lange du im Krankenhaus bleibst, sagte er, wobei er immer betonte, dass er nichts sagen dürfe, dass es noch einige Tage dauern wird. Es sei kompliziert gewesen.

Nach diesen Erfahrungen halte ich es nicht für ratsam, die Kinder dort aufwachsen zu lassen; dein Vater ist fast siebzig, hat einen Herzinfarkt hinter sich und hat genug mit sich selbst zu tun; Deine Schwester und Schwager sind beide berufstätig und können dich ebenso wenig entlasten. Ihr Verhalten zu Recht und Wahrheit zeichnen sie als unfähig für die Erziehung meiner Kinder aus. Was willst du machen, wenn du dir mal ein Bein brichst? Du bist doch schon überlastet, wenn die Kinder bei uns im Hause Unsinn machen.

Günter

Katrin!

Ich will dir auf diese Weise meine Vorgehensweise erläutern, weil ich nicht erwarte, dass du für meine gesprochenen Worte empfänglich bist.

Zunächst einmal:
Ich will dir nicht die Kinder wegnehmen!

Jetzt zu dem Wichtigsten in meinem Brief:
Ich möchte, dass du mit den Kindern nach Eschenhagen kommst, da ich denke, dass du dich hier in Eschenhagen in der Nähe der Kinder am besten erholen kannst! Da ich ja bereits nahezu ausschließlich in der Ferienwohnung lebe, können wir dann hier vor Ort neue Entscheidungen und Klärungen treffen. Für alle Fälle habe ich die Wohnung über dem Laden noch nicht vermietet. Zu Hause hast du Zeit, kannst bei deinen Kindern sein und mit Hilfe von dem Aupairmädchen und mir deinen Bänderriss heilen. Ich erwarte nichts von dir als Gegenleistung; ich biete dir nur in räumlich getrennten Wohnungen die unmittelbare Nähe zu den Kindern. Im Interesse des Friedens möchte ich über Besuch von deinen Verwandten zuvor informiert werden. Bitte keine Übernachtungen im Hause. Ebenso biete ich dir an, später wieder im Laden arbeiten zu können, um eigenes Geld zu verdienen.

*Du siehst, dass ich dies nicht nur in meinem Interesse, sondern **im Interesse der Kinder** mache. Dies sollte eigentlich eine Basis für eine vernünftige Lösung des Sorgerechts sein. Die Kinder werden nicht aus ihrem gewohntem Umfeld gerissen und wir beide haben direkten Kontakt zu ihnen. Wir können uns in der Erziehung ergänzen und abwechseln.*

Außerdem würde ich begrüßen, wenn du eine weitergehende Behandlung wie eine Mutter-Kind-Kur mit Sebastian oder Ähnliches in Anspruch nimmst. Dies würde deinem Fuß und deiner mentalen Kraft wieder auf die Sprünge helfen.

Eigentlich hatte ich erwartet, dass du am Montag oder Dienstag die Klinik wieder verlassen dürftest, und hatte damit gerechnet, dich gleich mitnehmen zu können, wenn du gewollt hättest. Ob das Aupairmädchen mitkommen will oder soll, muss es selber entscheiden. Ich benötige sie nicht unbedingt, da morgens eine Putzfrau kommt und ich die Nachmittage nicht mehr arbeiten muss.

Außerdem habe ich mit Herbert gesprochen; er hat mir zugesagt, dass er auf unserem weiteren Weg helfend (nicht als Klienten, sondern als Freunde) zur Seite stehen will und im Bedarfsfall auch zwischen uns vermitteln will.

Katrin, du weißt genauso gut wie ich, dass keinerlei Gefahr von mir gegenüber dir und den Kindern ausgeht. Niemals habe ich gegen dich oder die Kinder oder irgendjemanden sonst meine Hand erhoben und werde dies auch in Zukunft nicht tun.

Günter

P.S.: Ich habe deinen Vater um ein Gespräch mit dir gebeten. Er sagte sofort, dass du kein Interesse habest. Als ich darauf sagte, dass ich dies von dir hören möchte, sagte er mir, dass er dir das mitteilen würde. Da ich noch nichts von dir gehört habe, gehe ich davon aus, dass diese Bitte nicht mitgeteilt wurde.

Du kannst uns immer über Handy oder zu Hause erreichen!

Es mutete schon seltsam an, die Bitte eines Verstorbenen zu lesen, ihn anzurufen. Er musste mir damals einen Koffer für das Krankenhaus gepackt haben, als er die Kinder holen wollte. Nachdem er unverrichteter Dinge nach Hause gefahren war, musste er wohl meine Sachen wieder im Schrank verstaut haben. Von meinen Freunden, die mir beim Auszug geholfen hatten, hatte keiner die Briefe bemerkt und nun hielt ich sie verwirrt in der Hand. Mich machte so einiges stutzig. Als Erstes stolperte ich über die Aussage, dass ich mich nicht an die Abmachung mit Herbert gehalten hätte, die richterliche Entscheidung abzuwarten. Er hatte mir doch im Auto, auf dem Rückweg von der Schule, gesagt, dass er Herbert davon abgebracht habe. Wenn dieser Brief nun für die Öffentlichkeit bestimmt gewesen wäre, hätte ich es als einfache Lüge abgetan, die den Leser überzeugen sollte, dass mein Mann von mir hintergangen worden sei. Doch dieser Brief war ausschließlich für mich bestimmt. Ihm hätte es doch klar sein müssen, dass ich darüber stolpern musste. Schließlich fiel mir wieder ein, was ich in dem Buch über Borderliner gelesen habe, dass sie nämlich in der Lage seien, störende Erinnerungen vollkommen auszulöschen. Nur so konnte ich mir Günters Verhalten erklären.

Zum anderen mutete es mich seltsam an, dass ich zwei so ähnliche und doch so unterschiedliche Briefe von ihm bekam. In dem einen machte er mir hauptsächlich Vorwürfe, während er mir im anderen „goldene Brücken baute", damit ich wieder nach Eschenhagen zurückkäme, auch wenn dies nur unter dem Deckmantel „zum Wohle der Kinder" geschah.

Irgendwie habe ich den Eindruck, zwei Seelen lebten in meinem Mann. Die eine, die mich abgrundtief hasste und mich aus dem Dorf jagen und bloß nichts mehr mit mir zu tun haben wollte. Und die andere, die nicht von mir lassen konnte und mein schlechtes Verhalten damit entschuldigte, dass ich einfach überlastet sei und mich von meiner böswilligen Schwester steuern ließe.

Aus meinem Gedächtnis werde ich meinen Mann nie verbannen können. Es erstaunt mich immer wieder, wie ich so viele Jahre mit einem Menschen zusammenleben konnte, ohne zu merken, wie krank er war. Aber das Leben geht weiter und man muss den Blick nach vorne richten.

Vom Arbeitsamt habe ich eine Fortbildungsmaßnahme im Fach Steuer- und Rechnungswesen bewilligt bekommen. Nun drücke ich vormittags wieder die Schulbank wie meine Kinder. Ich bringe auch gute Noten mit nach Hause, die meine Kinder staunend bewundern.

Die Jungs machen Karate und das Mädchen Ballett. Wir wohnen in einer kleinen Doppelhaushälfte und kommen sehr gut allein klar. Ich breche auch nicht unter der Belastung von Schule und Erziehung der Kinder zusammen. Meine Nachbarin bewundert mich sogar, wie ich das so allein mit drei Kindern schaffe, obwohl sie nicht berufstätig ist und nur zwei Kinder hat. Meine einfache Antwort darauf ist, dass ich das selbst nicht wisse, man wurstele sich halt so durch. Natürlich sind meine Kinder zwangsläufig wesentlich selbstständiger geworden und haben sich so richtig in die ortsansässige Kinderclique eingelebt. Schmunzelnd beobachte ich, wie die fremden Kinder hier ein und aus gehen. Manchmal wird es mir auch zu viel und ich scheuche sie allesamt hinaus. Dann steigen alle auf ihre Fahrräder und ich beobachte, wie meine Kinder mit ihnen lachend davonradeln. Wir leben auf einem Dorf und unsere Straße ist verkehrsberuhigt. So frei und ungebunden konnten sie in Eschenhagen, im Ortskern mit belebter Geschäftsstraße, nicht aufwachsen, zumal es in der Nachbarschaft keine Kinder gab.

Eine neue Liebe hat sich auch gefunden. Er besitzt übrigens keinen Waschbrettbauch! Das war mir nie wirklich wichtig.

Das Leben ist schön und ich freue mich, dass ich noch einmal von vorne anfangen kann.

Anhang

Demjenigen, der ein wenig mehr Einblick in die Seele einer Borderline-Persönlichkeit gewinnen möchte, empfehle ich folgendes Buch:

Jerold J. Kreisman, Hal Straus:
Ich hasse dich – verlaß' mich nicht.
Die schwarzweiße Welt der Borderline-Persönlichkeit.
Kösel-Verlag, München 1992.

Da mein Mann zu keiner Zeit in psychologischer Behandlung war, ist es nicht erwiesen, dass er eine Borderline-Persönlichkeit war. Doch als ich einem Psychologen meine Ehegeschichte erzählte, bestätigte es ihn immer mehr in dieser Annahme. Ich hatte zuvor noch nie etwas über diese Krankheit gehört. Um die Handlungsweise meines Mannes zu verstehen, und dies war mir ein dringendes Bedürfnis, habe ich das oben genannte Buch, das mir der Psychologe empfohlen hat, durchgearbeitet.

Die Welt eines Borderliners ist schwarz-weiß. Grauzonen kann er nicht erkennen. Es gibt für ihn immer nur entweder gut oder schlecht.

Beispielsweise setzte mein Mann seinen Freund Martin psychisch unter Druck. Martin hatte meinem Mann in den letzten Wochen jeden Tag zur Seite gestanden, damit er nicht Selbstmord begehe. Günter verlangte nun von Martin, mit ihm die Kinder von mir wegzuholen. Dies lehnte Martin ab und schon glitt er auf die schwarze Seite und bekam den Vorwurf zu hören: „Dir ist wohl meine Familie egal!"

Borderliner idealisieren ihren Partner, bei Enttäuschung aber wird der Partner vollkommen abgewertet. In unserer Beziehung erklärte mir mein Mann einmal, dass ich zu knapp 100% seinem Idealbild entspräche. Am Ende unserer Ehe aber wertete er mich total ab und wollte mich gar zerstören, obwohl er mich seiner Meinung nach vorher abgöttisch geliebt hatte.

Borderliner sind anderen gegenüber sehr sensibel. Dies ist für sie zwingend notwendig, da sie von den Sympathien ihrer Mitmenschen leben, aber echtes Mitleid können sie nicht aufbringen. Sie brauchen die Bestätigung von außen, um sich lebendig zu fühlen und ihre innere Leere anzufüllen. Deswegen lernen sie, auf jede Person das passende Verhaltensmuster anzuwenden, um ihren Respekt zu gewinnen. Mein Mann hatte einen mitleidigen Blick bis zur Perfektion antrainiert, mit dem er mich eigentlich immer überzeugt hatte, bis zu dem Augenblick beim Eheberater, wo ich mich von ihm zunächst verstanden fühlte, er aber mich mit demselben Gesichtsausdruck fertig machte.

Ein impulsiver Charakter in mindestens zwei Bereichen, wie Drogenmissbrauch, sexuelle Promiskuität, Spielsucht, Ladendiebstahl, Kaufsucht, übermäßiges Essen, Anorexia nervosa oder Bulimie, gehört ebenfalls zur Borderline-Persönlichkeit. Zumindest in jungen Jahren hatte mein Mann Drogen genommen. Ansonsten fallen Kaufsucht, übermäßiges Essen und ein unstillbarer sexueller Hunger unter diese Kategorien.

Auch unterlag mein Mann radikalen Stimmungsschwankungen. Überaktive Phasen wurden von depressiven Phasen abgelöst. Wenn mein Mann mit Martin in Blombach zur Jagd war, konnte er wie ein Berserker am Wohnwagen arbeiten und ließ sich auch nicht von Martin daran hindern. Zu Hause aber wurde ihm alles zu viel und er klagte ständig darüber, wie überarbeitet er sei und wie dringend er sich erholen müsse. Lediglich, wenn besondere Ereignisse anstanden, kam mein Mann auf Touren und musste am besten das ganze Haus umkrempeln, wobei er dem Aupairmädchen und mir genaue Anweisungen gab, was wir zu tun hätten. Erholungspausen wurden uns auch nicht gegönnt und es mussten auch Stellen im Haus auf Vordermann gebracht werden, wo kein Gast wirklich hinkam.

Ein herausragendes Merkmal der Borderline-Erkrankung sind Selbstmorddrohungen und ein selbstzerstörerisches Verhalten. Dazu gehört sein Trotz-Hungern, mit dem er mich bestrafen wollte, wenn wir uns gestritten hatten.

Borderliner müssen sich ständig neu beweisen, da sie ein geringes Selbstwertgefühl haben. Deshalb musste mein Mann zwanghaft anderen gute Ratschläge geben und erhielt als Spitznamen den Titel „Besserwessi". Andererseits musste er meine Selbstsicherheit zerstören, um sich selber besser fühlen zu können.

Normalerweise ziehen sich Borderline-Persönlichkeiten gegenseitig an, aber diese Beziehungen halten nicht lange, da sie sich rasch gegenseitig aufreiben. Aber es kann passieren, dass die Borderline-Persönlichkeit wie ein Parasit funktioniert. Ihre fordernde Abhängigkeit überlastet den Partner. Ständig muss der Partner Rücksicht nehmen und sitzt meist zwischen zwei

Stühlen, denn egal, was man macht: es ist verkehrt. Ich denke da z.B. an unsere Weihnachtsfeiern. Banden meine Familie und ich meinen Mann in die Vorbereitungen mit ein, so beschwerte er sich, alles sei viel zu stressig für ihn. Nahm man ihm aber alles ab, so schimpfte er, man habe ihn übergangen. Ein friedliches Weihnachtsfest ohne heftigen Streit gab es nicht. Schließlich wird die Umklammerung des Partners, der Wirtsperson so stark, dass diese unter dem Druck zusammenbricht und geht. Dies kann zur vollständigen Zerstörung der Borderline-Persönlichkeit führen. Ich denke, dass dies auf unsere Beziehung zutrifft.